教育部人文社科基金青年项目：
"人工智能时代新型民事法律责任规则研究"
（项目编号：18YJC820014）

人工智能时代
新型民事法律责任规则研究

RENGONG ZHINENG SHIDAI

XINXING MINSHI FALÜ ZEREN GUIZE YANJIU

董　彪◎著

中国政法大学出版社

2021·北京

图书在版编目（ＣＩＰ）数据

　　人工智能时代新型民事法律责任规则研究/董彪著. —北京：中国政法大学出版社，
2021.4
　　ISBN 978-7-5620-7153-2

　　Ⅰ.①人… Ⅱ.①董… Ⅲ.①民事责任－研究－中国 Ⅳ.①D923.04

　　中国版本图书馆 CIP 数据核字(2020)第 259517 号

出 版 者　　中国政法大学出版社

地　　址　　北京市海淀区西土城路 25 号

邮寄地址　　北京 100088 信箱 8034 分箱　邮编 100088

网　　址　　http://www.cuplpress.com (网络实名：中国政法大学出版社)

电　　话　　010-58908285(总编室) 58908433（编辑部）58908334(邮购部)

承　　印　　保定市中画美凯印刷有限公司

开　　本　　720mm×960mm　1/16

印　　张　　15.75

字　　数　　240 千字

版　　次　　2021 年 4 月第 1 版

印　　次　　2021 年 4 月第 1 次印刷

定　　价　　69.00 元

目 录
CONTENTS

以计算机和互联网为基础的信息革命是继蒸汽革命和电力革命之后的第三次科学技术革命。[1]它将人类社会相继带入互联网时代（internet time）、大数据时代（data time）和人工智能时代（artificial intelligence time）。[2]人工智能已经由纯粹科技研发转向实际应用，从科幻影视作品走进现实生活，在交通运输、通讯、家居生活、服务咨询、文学创作、工业生产乃至军事、反恐等领域的应用价值备受关注。[3]

智能革命带来的高效、便捷、人性化，让人类社会迎来了前所未有的美好时代。巨额的研发资金、海量的商业广告、倾斜性的国家政策彰显了人类对人工智能时代的憧憬与向往。人类与人工智能和谐共处的画卷徐徐展开。模拟人类智能的人工智能辅助甚至替代人类从事部分工作，成为人类改善生活和拓宽生活场景的有效工具，是新一轮产业技术革命和结构调整的重心。作为人类创造物的人工智能被假定为一种客体性或工具性的存在，人类负责思考，而人工智能负责执行，二者基于各自优势在社会生活中扮演不同角色，

---

〔1〕 参见高奇琦："人工智能时代的世界主义与中国"，载《国外理论动态》2017年第9期。

〔2〕 参见何哲："通向人工智能时代——兼论美国人工智能战略方向及对中国人工智能战略的借鉴"，载《电子政务》2016年第12期。何哲博士认为："网络侧重于描述人类社会乃至与物理社会广泛连接的状态，大数据侧重描述新社会状态下的内容形态和数字本位状态，人工智能则描述了新的社会创造物和广泛的机器介入的社会状态"，"三者共同标志着人类新时代的三个侧面，共同构成了新的社会时代"。

〔3〕 参见腾讯研究院等：《人工智能》，中国人民大学出版社2017年版，第331页。该书指出："《人类简史》与《未来简史》的作者尤瓦尔赫拉利在2017年7月6日召开的'XWorld'首届大会上提出，'当你作为一个个人，一家企业、政府部门，或者作为精英阶层，我们在做人工智能的时候，做各种各样决定的时候，一定要注意人工智能不仅仅是单纯的技术问题，同时也要注意到人工智能以及其他技术的发展，将会对社会、经济、政治产生深远的影响。'"

形成强强联合之势。

但是，这一人类中心主义的假设遭遇挑战和质疑。智能革命模糊了梦想与现实的界限，使得人类社会的未来走向充满了不确定性，唤起了人类的无限遐想。人类在惊叹人工智能带来社会变革的同时产生了担忧，而且这一担忧远胜于人类在任何历史阶段对科技的担忧。这一担忧来自技术本身、因技术变革导致的社会结构变化以及人文精神的沦丧。如何定位人工智能与人类的关系？人工智能取代人类劳动是否会导致失业状况急剧恶化？人工智能革命是不是一场会导致人文精神沦丧的"退回到原点的革命"[1]？人工智能是否会被人类滥用？人工智能是否会一直屈从于人类？人类是否会沦为其创造物的奴隶？人类的时代是否会走向终结，取而代之以机器的时代或人机共主的时代？人工智能的发展给人类带来的是福音还是灾难？人类社会将走向毁灭还是浴火重生走向巅峰？

人类与人工智能之间的矛盾成为新型社会矛盾，与人工智能相关的风险成为全球化时代下普遍性的社会风险。悲观主义者，如霍金，认为人工智能的创新是人类历史上最大的事件，但是，这一事件也可能是最后的事件。另有不少有识之士呼吁对人工智能进行法律和伦理道德规制，限制部分人工智能技术研发与应用。美国太空探索技术公司（Space X）创始人伊隆·马斯克（Elon Musk）在麻省理工学院参加 2014 年埃斯特罗百年研讨会（AeroAstro Centennial Symposium）期间的访谈中回避了规制怀疑论（skepticism of regulation），认为政府干预是明智的。他倾向于在国家和国际层面对人工智能进行监管，从而确保人类不会做出愚蠢的事情。[2]不少科技巨头也存在类似的担忧，如比尔·盖茨（Bill Gates）和斯蒂夫·盖瑞·沃兹尼亚克（Stephen Gary Wozniak）都认为需要警惕和防范人工智能可能带来的社会风险。

可能颠覆甚至终结人类历史的人工智能技术正在逐渐从想象转变为现实，人类对技术进步和未知世界既无限憧憬又极度担忧。无论如何，未来已来，势不可挡。人类已经走上了智能革命之路，否认、逃避或阻止人工智能技术

---

〔1〕 金观涛："反思'人工智能革命'"，载《文化纵横》2017 年第 4 期。

〔2〕 See Mack E. Elon Musk，"'We Are Summoning the Demon' With Artificial Intelligence"，2014，Retrieved from https://www.cnet.com/news/elon-musk-we-are-summoning-the-demon-with-artificial-intelligence.

发展既不现实，也不可能。人工智能已渗透社会生活的方方面面，不仅外在地改变着人们的生产、生活以及社会交往方式，而且内在地改变着人们的思维方式和生活习惯，诱发社会结构变革。我们不应当对人工智能的发展听之任之，相反，需要从技术、伦理、政策、法律等诸多层面共同关注并协同治理，调控或化解人工智能时代出现的新型社会风险。

"一旦有法律人士参与到一场讨论中，该话题的有趣部分往往就结束了。工程师和计算机专家在这方面有过之而无不及。"[1]人工智能的话题一旦从文学领域转到科学或法学的领域，就多了几分理性而少了几分趣味。但是，人工智能未来发展的方向和程度的未知性使得这一话题即便是在非娱乐化的法律场景中依然会让人浮想联翩、激动不已。

伴随人工智能在经济和社会生活中的重要性提升，法律体系遭遇来自实践和观念的双重挑战。实践的挑战（practical challenges）源于人工智能研发的方式以及对智能机器进行行为控制。观念的挑战（conceptual challenges）源于对因智能机器造成损害而产生的道德和法律责任分配的困难以及确定让人费解的人工智能的含义。[2]一系列围绕人工智能的法学研讨会陆续召开，以人工智能为研究对象的法学研究机构出现，人工智能已经成为法学研究的前沿问题之一，为法学研究者津津乐道。"人工智能的迅猛发展不仅仅是一个科学技术领域的新现象，它正在迅速改变人类社会的经济形态、社会交往模式和政治—法律结构。"[3]甚至有学者提出法律的"死亡"的概念，即法律不学习被机器学习取代，规范性期望被认知性期望取代，法律被代码/算法取代，这将是法律"死亡"的前景。[4]新型民事法律规则的设计是人工智能时代法律制度变革的重要环节。智能革命打破了人类作为唯一智能主体的"神话"，产生智能机器（人）能否以及如何享有权利和履行义务的问题，并衍生出一系列法学难题。

〔1〕　［英］霍斯特·艾丹米勒："机器人的崛起与人类的法律"，李飞、敦小匣译，载《法治现代化研究》2017年第4期。

〔2〕　See Mattew U. Scherer, "Regulating Intelligence Systems: Risks, Challenges, Competence, and Strategies", *Harvard Journal Law & Technology*, Vol. 29, 2016, Spring, p.358.

〔3〕　郑戈："人工智能与法律的未来"，载《探索与争鸣》2017年第10期。

〔4〕　参见余成峰："法律的'死亡'：人工智能时代的法律功能危机"，载《华东政法大学学报》2018年第2期。

第一，智能机器（人）是人吗？其取得权利能力的法哲学或法理基础，即人之为人的依据是什么？诸多问题难以在以自然人为中心设计的民事主体规则框架内寻找到答案，需要对民事主体规则赖以存在的基础进行反思，构建适应人工智能时代的民事主体规则体系。

第二，机器智能化中的智能部分诱发了民事主体规则的变化，而机器智能化中机器的部分又对民事客体规则提出了挑战。在主体与客体截然二分的世界中，客体的存在具有工具性或手段性。客体没有独立的意识或情感，不存在独立于主体的需求。在民事客体规则的设计中机器被作为物的一种类型，主体有权依自己的意志对机器进行自主支配或利用。[1]机器智能化打破了主体与客体之间原本清晰的界限，产生了客体主体化的效果，机器自主意识的觉醒及在情感方面的需求受到重视。

第三，对社会关系中主体和客体的认识发生变化使得法律关系的内容设计，即对权利、义务以及责任的配置需要进行反思、调整或重构。倘若承认智能主体的多元化，赋予人工智能以民事主体资格，传统的以人类中心主义为基础设计的民事权利、义务和责任体系将发生颠覆性变革；即便不承认人工智能的民事主体地位，仍然将人工智能作为民事法律关系的客体，也有必要对人工智能的制造者、使用者和利益相关主体的权利、义务和责任进行研究并调整或重新配置。

进入人工智能时代，民事法律规则遭遇全方位的挑战，这一点在民事法律责任规则方面尤为显著。智能驾驶、智能投顾、智能家居、智能陪护应用于现实生活难免会产生侵权责任和合同责任。解决实践中客观存在的矛盾冲突，不仅需要进行抽象理论分析，而且需要明确制定相应的民事法律责任规则。英国、美国、日本等技术强国已经就智能驾驶等特定领域的人工智能规则设计展开研究。欧盟法律事务委员会更是在人工智能时代民事法律责任体系化研究和规则设计方面领先一步，提出了相关立法草案。顺应时代潮流，我国也需要强化对人工智能相关民事法律责任规则体系的研究，发挥规则的

---

〔1〕动物是否具有意识或情感？动物能否作为民事主体？这些问题在学者之间存在一定争议。部分学者和动物保护组织认为，动物有一定的意识和情感，区别于一般意义上的物，甚至提出"动物不是物"的观点。但是，动物具有意识或情感的有限性使得传统的主体与客体二元划分的根基并未发生动摇。人工智能尤其是强人工智能在意识和情感方面的未来发展趋势则对主体与客体二元划分构成了实质性冲击。

引领作用，推动人工智能技术的进步与普遍应用。《中华人民共和国民法典》（以下简称《民法典》）对人工智能进行了留白处理，为未来人工智能立法预留了空间。这就需要充分考虑人工智能时代传统民事法律责任体系遭遇的挑战与冲击，并设计新型民事法律责任规则，让未来的《民法典》具有鲜明的时代特色。

"法治不仅仅是要考虑当下，也要考虑未来。法治要提供制度环境安排，为新兴科技等的发育预留法律空间。"[1]在技术创新的同时必须进行相应的配套制度建设。人工智能时代新型民事法律责任规则的研究与设计绝非杞人忧天，也不是无病呻吟。"我们的法律体系必须积极主动地收集专业知识和必要的手段来预测我们的机器人未来，讨论安全、责任、公平和生活质量这些最关键的问题，并且为本世纪创造一个可行的法律框架。"[2]新型民事法律责任规则设计具有调控社会和影响未来技术发展方向和限度的作用，关乎人类未来的发展和走向。未雨绸缪胜过事后纠错，人工智能时代的部分技术风险和社会风险造成的灾难可能是人类无法承受也无法弥补的。对人工智能未来发展的憧憬、向往和迷茫、困惑、忧虑需要在规则中寻求确定性。技术风险和社会风险需要通过规则进行预防和调控。

---

〔1〕 王利明："人工智能时代对民法学的新挑战"，载《东方法学》2018年第3期。

〔2〕 ［美］I. R. 诺巴克什：《机器人与未来》，刘锦涛、李静译，西安交通大学出版社2015年版，第126页。

第一章
人工智能基础理论

第一节　人工智能发展简史

"人类对人工智能和智能机器的梦想与追求，可以追溯到3000年前。"[1]
农业文明和工业文明时期，人工智能仅仅停留在幻想或准备阶段。"古代中国
文献对人工智能奴仆地位的描述，和同时期的西方文学是大体一致的。"[2]但
是，与西方国家侧重关注自动化、机械化不同，我国在"万物有灵"的思想影
响下将关注重心转向了神魔妖仙。直到网络文明时期，人工智能才转变为现实。

自20世纪中叶人工智能的概念被正式提出至今的60年间人工智能发展
经历了三起两落。[3]史忠植教授等将人工智能的发展史分为孕育期（1956年
以前）、形成期（1956年~1969年）、基于知识的系统（20世纪70年代）、
神经网络的复兴（20世纪80年代）和智能主体的兴起（20世纪90年代）等
5个时期。[4]另有学者根据人工智能技术在社会生活中发挥作用的程度，将
其分为初步发展阶段、学习阶段和自主学习阶段。在初步发展阶段，人工智
能技术主要用于"文字处理和数据分析"；在学习阶段，人工智能技术基于大
数据和算法完成操作者的指令；在自主学习阶段，以"人机对接"或"超人
类发展"为代表。[5]本书将人工智能的发展时期分为准备期（20世纪50年

---

〔1〕　蔡自兴、徐光祐：《人工智能及其应用》，清华大学出版社2010年版，第3页。
〔2〕　吕超："科幻文学中的人工智能伦理"，载《文化纵横》2017年第4期。
〔3〕　参见腾讯研究院等：《人工智能》，中国人民大学出版社2017年版，第4页。
〔4〕　参见史忠植、王文杰编著：《人工智能》，国防工业出版社2007年版，第5~12页。
〔5〕　参见倪楠："人工智能发展过程中的法律规制问题研究"，载《人文杂志》2018年第4期。

代之前）、符号化逻辑学派主导时期（20 世纪 50 年代至 20 世纪 70 年代）、经验主义主导时期（20 世纪 70 年代前后至 20 世纪末）和人工智能飞速发展期（21 世纪初期至今）。

一、准备期：图灵机时代

1956 年在达特茅斯召开的人工智能夏季研讨会在人工智能发展史上具有里程碑意义，它标志着人工智能学科的诞生。在此之前的时期通常被认为是人工智能的准备期或孕育期。"这一时期的主要成就是数理逻辑、自动机理论、控制论、信息论、神经计算、电子计算机等学科的建设和发展，为人工智能的诞生准备了理论和物质基础。"[1]

（一）形式逻辑准备

在西方，关于人工智能的构想最早发端于古希腊。亚里士多德在《物理学》一书中区分了事物的"物质"与"形式"。这一区分为"符号计算和数据抽象"提供了哲学基础。他在《逻辑学》一书中创造性地提出"三段论"推理的形式逻辑。亚里士多德的《工具论》一书，为形式逻辑提供了理论基础。文艺复兴时期，笛卡尔震撼地提出"我思故我在"的观点，彻底分离物理世界与思维世界，构建了现代思维和智力理论的基本框架。专注于符号和逻辑的埃达·洛夫莱斯（Ada Lovelace）伯爵夫人早在 19 世纪 40 年代便预言了人工智能的诞生。[2]我国在先秦时期也出现了形式逻辑的雏形，如《公孙龙子·白马论》中赵国辩士公孙龙提出"白马非马"说。[3]

（二）数理逻辑准备

文艺复兴时期，科学主义代替神秘主义成为思考人类、自然界及其相互关系的方式。数学成为理解和分析自然现象以及人的行为的工具。哥白尼（Mikołaj Kopernik）揭示了事物本身与对事物的观点之间的区别，探索用数学描述世界而非用感官感知世界。培根（Francis Bacon）创设了"实体规范算法"。19 世纪至 20 世纪初期，科学意识的觉醒以及数学的发展为研究人工智能

---

〔1〕 史忠植、王文杰编著：《人工智能》，国防工业出版社 2007 年版，第 5 页。

〔2〕 参见〔英〕玛格丽特·博登：《AI：人工智能的本质与未来》，孙诗惠译，中国人民大学出版社 2017 年版，第 9 页。

〔3〕 "马者，所以命形也；白者，所以命色也。命色者，非命形也，故曰白马非马。"

提供了必要的智力支持。布尔（Boole）创立了新的逻辑代数系统——"布尔代数"，通过符号语言描述思维推理的法则。这一时期"罗素（Bertrand Russell）、怀特海（Alfred North Whitehead）和哥德尔（Kurt Gödel）集大成并对之做出杰出贡献的数理逻辑，是经典人工智能的理论基础"[1]。图灵将"离散量的递归函数"作为智能描述的基础。他在 1936 年发表了"论可计算数及其在判定问题中的应用"一文，阐释现代计算原理，构想数字计算机。同年，阿隆佐·邱奇（Alonzo Church）在"关于判定性问题的解释"（A Note on the Entscheidungsproblem）一文中证明了类似论题。[2]

（三）计算设备机械化

公元前，我国就创造了最早的复杂计算工具——算盘。但是，直到 17 世纪代数处理才实现机械化。1623 年，德国数学家威廉·斯奇卡（Wilhelm Schickard）发明了能够计算加法和减法的"计算时钟"。1642 年，法国数学家布莱兹·帕斯卡尔（Blaise Pascal）设计并制造出能运算加减法的设备。[3] 1694 年，戈特弗里德·威廉·莱布尼茨（gottfried wilhelm leibniz）猜想机器通过演算可以自动进行逻辑推理得出结论，最终发明了"莱布尼茨齿轮"。

1834 年，数学家查理斯·巴贝奇（Charles Babbage）设计出第一台用于求解代数的可编程计算机器。1936 年，图灵提出构建以"0"和"1"表示的二进制符号为基础的虚拟数学系统，即通用图灵机设想（turing machine）。20 世纪 40 年代计算机和存储设备的出现拉开了数字化时代的大幕，冯·诺依曼（John Von Neumann）于 1946 年研制出第一台电子计算机（ENLAC）[4]。

（四）神经网络模型准备

1943 年，沃伦·麦克洛奇（Warren McCulloch）和瓦尔特·皮兹（Walter Pitts）在《数学生物物理公报》（Bulletin of Mathematical Biophysics）上发表论文"神经活动中内在观点的逻辑演算"（A Logical Calculus of the Ideas Im-

---

〔1〕 董军：《人工智能哲学》，科学出版社 2011 年版，第 6 页。哥德尔于 1934 年引入一般递归函数的概念。

〔2〕 这就是著名的"邱奇—图灵论题"（The Church-Turing thesis），即"凡是可计算的函数都是一般递归函数，都可以用一台图灵机来计算"。

〔3〕 布莱兹·帕斯卡尔在《思想录》一书中认为："算数机器产生的效能比所有其他动物的行为都更接近思维。"

〔4〕 参见史忠植、王文杰编著：《人工智能》，国防工业出版社 2007 年版，第 6 页。

manent in Nervous Activity）。该文在总结神经元基本生理特征的基础上，通过数学模型将神经元结构形式化，构建神经网络模型。

（五）信息论和控制论准备

1948 年，香农发表了奠定信息论学科基础的论文——"通信的数学理论"（A Mathematical Theory of Communication）。他在心理活动与信息之间建立联系，通过数学模型描述心理活动，为人工智能的出现提供信息论方面的准备。同年，美国数学家诺伯特·维纳（Norbert Wiener）开创了控制论，将其作为研究机器和生命科学一般规律的科学。

二、唯理主义符号化逻辑学派主导时期：探索一般思维规律

人工智能的哲学基础存在唯理主义和经验主义的分野。早期关于人工智能的思想和实践依循唯理主义的逻辑路径，强调逻辑和推理的重要性。建立在唯理主义基础上的经典人工智能系统"注重孤立的、处理一个特殊问题的能力，使用声明好的、静态的知识结构，考虑如何建模、推理和规则，与问题域无直接交互、通过用户或独立模块与环境联系，问题由符号项定义、所返回的解也是符号化的。通常，对变化的环境不能自适应"[1]。人工智能研发以构建符号化的逻辑推理体系为中心，计算机是处理符号逻辑系统的工具，运用形式逻辑和数理逻辑推理解决问题。它侧重在实验室进行科学研究，探索一般思维规律，是以算法为中心的 AI 范式，关注学术性胜于实用性。

唯理主义符号化逻辑学派主导的人工智能研发时期的标志性事件主要有：1951 年，迪特里希·普林兹（Dietrich Prinz）写出了国际象棋游戏程序。同年，克里斯托弗·斯特雷奇（Christopher & Strachey）写出了跳棋游戏程序，首次使用启发式搜索程序。1956 年，艾伦·纽威尔（Allen Newell）和赫伯特·西蒙（Herbert Alexander Simon）模拟人类用数理逻辑证明定理的思维设计了"逻辑理论家"程序。"这一工作受到人们高度的评价，并认为是计算机模拟人的高级思维活动的一个重大成果，是人工智能的真正开端。"[2]1956 年，阿瑟·塞缪尔（Arthur Samuel）研发出具有自主学习功能的跳棋程序，它既能通过棋谱学习相关技艺，又能总结实战经验。1958 年，麦肯锡（J. McCarthy）

---

〔1〕 董军：《人工智能哲学》，科学出版社 2011 年版，第 10 页。
〔2〕 史忠植、王文杰编著：《人工智能》，国防工业出版社 2007 年版，第 6 页。

研发出既能处理数据，又能处理符号的表处理语言，即 LISP，其作为人工智能系统程序开发的重要语言工具至今仍在发挥作用。同年，罗森布拉特（Rosenblatt）在计算机上模拟实现了被称为"感知机"（perceptron）的模型，它可以完成简单的视觉处理任务。1960 年，艾伦·纽威尔、肖（Shaw）和赫伯特·西蒙在分析和总结人类求解思维活动的基础上，研发出"通用问题求解程序 GPS"。1965 年，鲁滨逊（Robinson）提出了归结法，将定理证明推向新的高潮。

三、经验主义主导时期：知识工程的开发与利用

人工智能研究领域早期取得的成就使研究者出现了狂想和妄断。1958 年，赫伯特·西蒙教授预测在 10 年内计算机能够战胜国际象棋世界冠军。这一预测并未如期实现。[1]20 世纪 70 年代，人们开始憧憬在家庭生活中大规模地使用智能机器（人）。这一理想至今未能实现，智能机器（人）的普遍应用仍停留在工业领域。"再如就是机器翻译，原来，人们曾以为只要用一部字典和某些语法知识即可很快地解决自然语言之间的互译问题。结果发现并不那么简单，甚至闹出笑话。"[2]

人工智能研发遭遇挫折并陷入低谷，引发了学者反思，唯理主义遭遇挑战，经验主义兴起。研究人工智能的主导性哲学基础从逻辑主义向经验主义转变。经验在智能系统中的重要性凸显出来，知识工程的概念被提出，人工智能进入以经验为中心的范式时期。一方面，符号化的逻辑推理体系不是万能的，人工智能的知识表达和理论基础应当具有多元性。"对存在主义和现象主义而言，智能视为在世界中的生存力，不是视为关于世界的一组逻辑命题（结合某种推理机制）。"[3]另一方面，知识的重要性被提升。"知识是人类智慧的源泉，只有把相应的知识教给机器，机器才能表现出人类一样的智能，完成类似的智能工作。"[4]总而言之，人工智能从科学实验转向实际应用，从侧重符号化逻辑转向知识工程。经验主义哲学为人工智能的发展提供了新的

---

〔1〕 20 世纪末，IBM 公司研发的"深蓝"实现了智能机器战胜国际象棋世界冠军的目标。
〔2〕 史忠植、王文杰编著：《人工智能》，国防工业出版社 2007 年版，第 7 页。
〔3〕 刘凤岐编著：《人工智能》，机械工业出版社 2011 年版，第 10 页。
〔4〕 史忠植、王文杰编著：《人工智能》，国防工业出版社 2007 年版，第 9 页。

思路，出现"好的老式 AI"与"新型智能模型"并存发展的现象。

（一）专家系统的开发与应用

专家系统是模拟专家思维过程构建的智能系统。1977 年，费根鲍姆（E. Feigenbaum）在第五届国际人工智能联合会（IJCAI）上阐释了构建专家系统的思想，认为"知识工程是研究知识信息处理的学科，它应用人工智能的原理和方法，为那些需要专家知识才能解决的应用难题提供了解决途径"[1]。知识工程掀起了人工智能研发的高潮。1981 年 10 月，日本宣布研制第五代电子计算机的十年计划，各国纷纷效仿并制定新一代人工智能研发计划。1984 年，雷纳特（Douglas Lenat）开始"CYC 工程"，通过构建知识库和类比推理让计算机发现知识。

这一时期，"化学分析专家系统 DENDRAL""用于诊断和治疗细菌感染性血液病的专家咨询系统 MYCIN""矿藏勘探专家系统 PROSPECTOR"等专家系统相继被开发和应用。与此同时，"专家系统自身存在的问题也逐步暴露了出来，如知识获取困难、应用领域狭窄、智能水平低、适应性差等，致使绝大多数仓促上马的所谓的专家系统因其脆弱性和不可靠性而滞留在原型阶段，无法投入实际应用。"[2]

（二）联结主义兴起与发展

神经网络模型以神经科学认知为前提，基于神经科学的联结主义将计算机信息处理与人脑神经系统结合。它通过类比计算机系统与人脑神经，将计算机系统作为大脑建模的媒介，模拟人的大脑结构以及神经元交互方式来设计智能系统。"智能的神经模型强调大脑由调整各个神经元间的关系适应所处世界的能力。不是按显式逻辑句子表示知识，它们作为各种关系模式的性质隐式捕捉知识。"[3]

20 世纪 70 年代，人工神经网络的研究陷入低谷。20 世纪 80 年代，人工神经网络理论出现新进展。1982 年，美国物理学家霍普菲尔特（Hopfield）将统计力学方法引入人工神经网络存储与优化，提出离散的神经网络模型。1984 年，他又提出了连续神经网络模型。1985 年，鲁梅尔哈特（Rumelhart）、

[1]　史忠植、王文杰编著：《人工智能》，国防工业出版社 2007 年版，第 9 页。
[2]　史忠植、王文杰编著：《人工智能》，国防工业出版社 2007 年版，第 9 页。
[3]　刘凤岐编著：《人工智能》，机械工业出版社 2011 年版，第 11 页。

辛顿等学者实现了使用"后向传播"BP 算法训练神经网络。1987 年，第一届人工神经网络国际会议在美国召开，国际神经网络学会（INNS）成立。1995 年，延恩·勒昆（Yann LeCun）等人在生物视觉模型的启发下，改进卷积神经网络（convolution neural network），模拟视觉皮层中的细胞，进行图像分类，在手写识别上取得进展。

（三）基于智能体（agent）的分布式人工智能

20 世纪 90 年代前后，人工智能研发人员就人工智能的理论和技术困局进行全面反思，批判还原论，重新构建人工智能基本理论，调整对人工智能的期许，放弃不切实际的幻想。其中一个显著的变化是人工智能研究从客体转向主体。"主体概念的回归并不单单是因为人们认识到了应该把人工智能各个领域的研究成果集成为一个具有智能行为概念的'人'，更重要的原因是人们认识到了人类智能的本质是一种社会性的智能。"[1]

社会性智能强调智能的社会属性和文化属性，将智能视为体现在智能个体或集体行为中交互作用的结果。社会性智能的基本构成是"智能体"或"智能主体"（agent）。智能体具有一定的自主性，在特定情境中与其他智能体交互作用，直接或间接影响环境。人类活动往往是由地理位置上分散的多人共同参与完成的，与此类似，在分布式人工智能中，地理位置上分散的多个智能体共享信息，在合作或竞争的情况下工作。单个智能体预测整体状况以便局部决策，求解子问题，进而将结果传递给其他智能体。

四、飞速发展期：多元范式

人工智能研究经历了从逻辑到经验、从符号化推理到知识工程的转变，但是这并不意味着传统研究范式彻底退出舞台。唯理主义的研究范式与经验主义的研究范式处于此消彼长的共存状态。"没有一种'假说'在经过选择后被全面地批判、推翻及取代，也没有一种'假说'或'范式'能够一统 AI 领域。"[2]21 世纪，互联网技术的深层革命，引发了传统研究范式升级、拓展和转型，出现"感知中心 AI 范式""数据中心 AI 范式""人脑科学 AI 范

〔1〕史忠植、王文杰编著：《人工智能》，国防工业出版社 2007 年版，第 11 页。
〔2〕程显毅等："大数据时代的人工智能范式"，载《江苏大学学报（自然科学版）》2017 年第 4 期。

式""认知计算 AI 范式"等多元范式并存的现象，人工智能进入飞速发展时期。

（一）2000 年至 2010 年

2001 年，机器人足球梦想实现。国际象棋方面，IBM 超级计算机"深蓝"（deep blue）战胜世界冠军卡斯帕罗夫（Gary Kasparov），计算机"深弗里茨"（Deep Fritz）战胜克拉姆尼克（Vladimir Kramnik）。2007 年 12 月《科学》杂志报道，计算机已经掌握了决胜跳棋的技巧，在人类和计算机均不出错的对弈中，和局是人类最好的战绩。

深度学习（deep learning）的诞生是这一时期人工智能研究范式转型的标志性事件。计算机运算力增强、大数据积累以及互联网大规模服务集群出现为深度学习的研发和应用创造了条件。2006 年，深度学习的理论框架得以验证。2009 年，微软研究院与杰弗里·辛顿（Geoffrey Hinton）共同研发基于深度神经网络的语音识别系统。2010 年，深度学习在语音识别和自然语言处理等领域取得突破性进展。

虽然在这一时期人工智能技术取得了飞跃发展，但是对人类智能的自信并未遭遇严重冲击。"人工智能尽管能战胜国际象棋冠军，但下围棋时无能为力；虽然能读文章，但创作时十分吃力；已经进行一定程度的学习，但没有通用的应用方式，不能识别任意角度的对象，不能在摔跤时捡起有用的东西……甚至还不具备人类的一些简单的思维功能，如婴儿的形象思维能力。"[1]

（二）2010 年至 2015 年

2010 年以来，在大数据、机器学习以及超级计算机这三个相互加强的因素的推动下，人工智能迎来新一轮发展浪潮，开始突飞猛进，相关创业、投资和并购力度得到显著加强。[2]2010 年，麻省理工学院（Massachusetts Institute of Technology）创造出情绪机器人"好运"（Kismet）。2011 年 2 月，IBM 超级计算机"沃森"（Watson）在智力竞猜节目《幸运大冒险（Jeopardy!）》以 1 对 2 的方式战胜两位传奇冠军。2011 年，智能语音软件"希瑞"（Siri）出现。2012 年，辛顿（Geoffrey Hinton）在图像数据分类方面取得突破性进展。以人工智能技术和产业为中心的变革成为全球经济的新增长点，各国纷纷从

---

〔1〕　董军：《人工智能哲学》，科学出版社 2011 年版，第 6 页。
〔2〕　参见曹建峰："人工智能：机器歧视及应对之策"，载《信息安全与通信保密》2016 年第 12 期。

战略视角对人工智能未来发展进行顶层设计，力图抢占技术高地。

（三）2016 年至今

近年来，人工智能技术的研发与应用、观念的更新以及对技术边界的认识可谓日新月异。

1. 人工智能科技研发与应用并重，应用场景普遍化

人工智能广阔的商业应用前景激起了大量私人企业的投资兴趣。科技巨头，如苹果（Apple）、谷歌（Google）、脸书（Facebook）、亚马逊（Amazon）和百度（Baidu）等纷纷进军人工智能领域，建立人工智能实验室或购买人工智能初创企业，如"谷歌 AI 实验室""微软研究院""IBM 研究院""Facebook 人工智能研究实验室""腾讯 AI Lab""硅谷 AI Lab"。人工智能不再停留在研发层面而转向应用，其应用场景迅速拓展，在公众视野中出现的频次增加，深度影响社会生活。

2. 人类对人工智能认识的局限不断突破

人类在围棋方面的优势曾是人类自信心的源头之一。人类曾骄傲地认为："好的棋手可以只用几秒钟就凭直觉决定下一步如何走，他可用尝试排除某些走法。这里需要概括抽象、总揽全局、直观判断能力，仅有规则是不够的。"[1] 但是 2016 年年初，人类的这一自信遭遇毁灭性冲击，AlphaGo 以绝对优势战胜了围棋九段高手李世石。

3. 开始探索强人工智能

伴随现代计算机计算能力增强、算法改进，人类不再满足于研发作为工具和手段的人工智能，开始探索超越人类智能的强人工智能，试图将影视和文学作品中的想象变为现实。

第二节　人工智能技术的主要应用场景

一、智能驾驶

智能驾驶，又称无人驾驶（driverless）或自动驾驶，分为智能驾驶汽车和智能驾驶飞行器等。它"通过导航系统、传感器系统、智能感知算法、车

---

〔1〕 董军：《人工智能哲学》，科学出版社 2011 年版，第 39 页。

辆控制系统等智能技术，实现了'人工智能+无人驾驶'，颠覆了以往的人车关系、车车关系"[1]。驾驶权由人类驾驶员转移至智能驾驶系统，使得人类驾驶行为逐渐从日常生活所需转变为娱乐体验。

（一）智能驾驶汽车

智能汽车，又称无人驾驶汽车、自动驾驶汽车或智能网联汽车，是指智能驾驶系统全部或部分取代人类驾驶员的角色，实现智能驾驶的新型汽车。[2]它是"站在四个轮子上的机器人"[3]。智能汽车在降低交通事故发生率、缓解交通拥堵、便利特殊群体出行、降低能耗、减少空气污染、优化城乡布局等方面具有优势。但是，它在产生显著社会效用的同时，也可能带来失业、网络安全隐患等新型社会问题。[4]

1977年，现代意义上的智能汽车诞生。伴随工艺改进，智能汽车逐渐适应在复杂路况（如城市、沙漠）安全行驶。目前，谷歌、优步（Uber）、来福车（Lyft）、世联互动（Naver）等已经取得或完成了相应的路测许可。掌握智能驾驶核心技术的科技型创业公司成为并购市场关注的焦点。阿联酋副总统阿勒马克图姆（AL Maktoum）发起"迪拜智能驾驶行动战略"。2018年2月28日，迪拜公路和运输管理局（RTA）投入使用无人驾驶出租车——"自动豆荚"。在我国，以物联网为基础的智慧交通自2016年以来备受国家和社会关注。北京、上海、河北、吉林、湖北、重庆、浙江、江苏等地纷纷开展智慧交通应用试点和示范工作。

（二）智能驾驶飞行器

智能驾驶飞行器，又称无人驾驶飞行器（unmanned aerial verical）或无人机。它"是利用无线电遥控设备和自备的程序控制装置的不载人飞行器，包括无人直升机、固定翼机、多旋翼飞行器、无人飞艇、无人伞翼机"[5]。

继智能驾驶汽车兴起之后，智能驾驶飞行器也进入人们的生活领域。它

---

〔1〕　吴汉东："人工智能时代的制度安排与法律规制"，载《法律科学（西北政法大学学报）》2017年第5期。

〔2〕　《德国道路交通法》修订案新增1a条第2款。参见张韬略、蒋瑶瑶："德国智能汽车立法及《道路交通法》修订之评介"，载《德国研究》2017年第3期。

〔3〕　腾讯研究院等：《人工智能》，中国人民大学出版社2017年版，第78页。

〔4〕　参见郑志峰："自动驾驶汽车的交通事故侵权责任"，载《法学》2018年第4期。

〔5〕　腾讯研究院等：《人工智能》，中国人民大学出版社2017年版，第142页。

在真人秀航拍、农业数据监控、灾害救援、人工降雨、森林防火、测绘、物流、保安等领域有着广阔的应用前景。早在 2013 年，亚马逊公司便尝试利用无人飞行器派送包裹。"据美国蒂尔集团的预测，全球无人飞行器的市场规模将由 2015 年的 64 亿美元增至 2024 年的 115 亿美元，累计市场总规模超过 891 亿美元。到 2024 年，全球民用无人飞行器的市场份额将增加至 12%，达到 16 亿美元。"〔1〕此外，智能驾驶飞行器在军事领域的潜在价值被发现，在未来可能成为主流军用飞行器。

二、智能投资顾问

智能投资顾问，又称机器人投顾（robot-adviser）、自动化顾问工具（automated advice tools）、自动化投资工具（automated investment tools）、自动化投资平台（automated investment platform），是财务顾问（financial adviser）的下位概念，是指以算法和模型为基础的智能投资顾问系统自主为客户进行资产配置、管理和优化服务。智能投资顾问模式产生于 2008 年，是人工智能在金融行业的应用，是"人工智能"+"金融服务"的产物。

三、智能创作

人工智能在文学艺术作品创作（如写作新闻稿、谱曲、绘画）过程中的自主性越来越强，在独创性方面的贡献可以与人类相媲美甚至超越人类。应用于新闻领域的人工智能被称为"不眠的新闻工作者"。英美传媒巨头使用人工智能大规模写作新闻稿。〔2〕腾讯公司利用科技机器人 Dreamwriter 批量自动撰写财经新闻。微软公司发布了"微软小冰"创作的现代诗集《阳光失去了玻璃》。"清华大学的语音和语言实验中心（CSLT）在其网站上宣布他们的写诗机器人'薇薇'经过社科院等唐诗专家的评定。"〔3〕人工智能生成的美术作品具备了人类美术作品的艺术性，在画廊或美术博物馆被展出。〔4〕索尼计算机科学实验室的人工智能程序"FlowMachines"创作出歌曲"Daddy's Car"。

〔1〕 腾讯研究院等：《人工智能》，中国人民大学出版社 2017 年版，第 142 页。
〔2〕 参见易继明："人工智能创作物是作品吗?"，载《法律科学（西北政法大学学报）》2017 年第 5 期。
〔3〕 腾讯研究院等：《人工智能》，中国人民大学出版社 2017 年版，第 255 页。
〔4〕 参见熊琦："人工智能生成内容的著作权认定"，载《知识产权》2017 年第 3 期。

由 1600 名专业音乐人组成的听众团中一半以上的听众误认为盖唐·哈杰里斯（Gaetan Hadjeres）与弗朗索瓦·帕切特（Francois Pachet）设计的人工智能系统谱写的音乐作品是巴赫（Bach）的作品。

四、智能诊疗

智能诊疗是指智能计算机模拟医生的思维进行医疗诊断，提供诊疗以及健康管理方案。智能诊疗能够缓解目前医疗资源稀缺、价格高昂、分配不均匀等弊端，满足人民群众对健康的需要。"MYCIN"是国外最早出现的智能诊疗专家系统。国际商业机器公司（IBM）开发的智能诊疗系统 Watson 于 2012 年通过了美国职业医师资格考试，并在多家医院辅助诊疗，为包括多种癌症在内的病种患者提供诊疗服务。"纳米科技医疗机器人将在病人的血液中穿行并进入肿瘤，通过驱除一种重要的癌症基因来进行治疗。"[1]

五、智能家居

智能家居产品包括智能电视、智能空调、智能洗衣机、智能冰箱等。苹果公司推出了"Apple HomeKit"，亚马逊推出了智能蓝牙喇叭"Echo"，谷歌推出了智能音箱"Google-Home"，微软推出了智能家庭中枢"Home-Hub"，美的推出"U+智慧生活开放平台"，海尔推出了"U-Home"，腾讯推出了企鹅智慧社区"SaaS系统"，华为推出了智慧家庭解决方案"OpenLife"，脸书推出了人工智能管家"Jarvis"。

六、法律人工智能

法律人工智能是人工智能技术在法律领域的应用，它是指运用人工智能技术进行法律信息处理、文本解析或论证挖掘，自主生成法律意见或建议、裁判文书、检察文书等。传统法学教育和法律职业对科技具有较强的免疫力。无论是在大陆法系以法教义学为基础的教学方式还是在英美法系的苏格拉底式教学方式下，科技的参与度均十分有限。科技在法律概念界定与分析、裁判观念形成、法律文书写作等活动中主要起辅助办公的作用，并未对传统法

---

〔1〕［英］霍斯特·艾丹米勒："机器人的崛起与人类的法律"，李飞、敦小匣译，载《法治现代化研究》2017 年第 4 期。

学教育和法律职业造成实质影响。人工智能时代科技与法律的融合在广度和深度上达到前所未有的程度，带来了阵痛。法律行业从人员密集型转向技术密集型，科技正在并将继续深入改变法律行业的运行模式。已有律所运用智能机器（人）起草合同文本、提供法律咨询和预测裁判结果，智慧法院、智慧检察院的建设也在探索之中。牛津大学 2016 年报告"工作中的技术 V. 2. 0：未来不再是过去的样子"（Technology at Work V. 2. 0：The Future Is Not What It Used to Be）对人类未来的工作状态持悲观态度，它预测大量工作岗位尤其是白领工作岗位将被人工智能占据。我国《新一代人工智能发展规划》明确提出要培养"人工智能+"法律的复合型人才。

第三节　人工智能时代风险的特征及规制路径

人工智能开启了人类社会的潘多拉魔盒，它在减轻人类体力劳动和脑力劳动负担的同时也带来了相应的风险。智能主体多元化使得人类面临人工智能科技独有的挑战和后工业科技（post industrial technology）的共性挑战，社会风险显现出前所未有的不确定性和不可逆转性。这就需要从技术、伦理和法律等层面对人工智能时代的风险进行综合规制。

一、人工智能时代风险的特征

风险状态是人类社会的常态，人类社会总是会面临不同类型的风险。在社会发展进步的过程中，风险客观存在，机遇与风险并存。避免风险造成损失或灾难并不意味着需要消除一切风险。部分风险是社会所允许甚至欢迎的。乌尔里希·贝克在《风险社会》一书中指出，伴随现代技术发展，风险社会的核心由财富分配转向风险分配。[1]"我们在支持科学创新或者其他种类的变革中，可能应该表现得更为积极些，而不能过于谨慎。毕竟，'风险'一词的词根在古葡萄牙语中的意思是'敢于'。"[2]人工智能的自主性、技术性和不确定性使得人工智能时代的风险具有技术性、公共性、结构性和不可逆转性等特征。

---

〔1〕　参见［德］乌尔里希·贝克：《风险社会》，何博闻译，译林出版社 2004 年版，第 36 页。

〔2〕　［英］安东尼·吉登斯：《失控的世界》，周红云译，江西人民出版社 2001 年版，第 32 页。

（一）人工智能时代风险的技术性

人类在享受科技进步成果的同时，也营造了"技术知识的囚室"[1]，制造了新型社会风险。它是计算机科学、认知科学发展与进步的结果，是人类文明产生的技术性风险。人工智能时代的社会风险根源于智能技术的变革，主要表现为因技术创新、失误、故障或滥用而导致的风险。具体而言，主要包括以下技术风险：①数据匿名化和反匿名化技术产生的信息泄露风险。②基于数据分析进行行为预测而产生的隐私风险和安全风险。③因算法黑箱导致算法歧视、责任主体隐形化的风险。④算法合谋导致的市场风险。⑤黑客入侵产生的安全风险。

技术革命引发的社会风险被深深地打上技术的烙印，使得人工智能时代识别、预防、控制、消除风险的难度增加，该技术性特征是新型社会风险其他特征产生的基础。为化解人工智能时代的社会风险而设计民事法律责任规则体系不能忽视技术的作用。当智能机器导致损失时如何确定过错以及因果关系、责任承担与人工智能技术研发与应用的关系如何、民事法律责任规则的功能如何定位等问题的解决不能单纯依靠价值分析，须经由技术路径实现。"法治管理需要嵌入生产环节，比如对算法处理的数据或生产性资源进行管理，防止造成消极后果。"[2]

（二）人工智能时代风险源头的分散性与隐蔽性

人工智能研发是开启人类社会潘多拉魔盒之手，是人工智能时代风险产生的根源。具有物理可见特征（physical visibility）的公共风险，难以秘密（clandestinely）隐藏。核科技（nuclear technology）、批量生产消费品（mass-produced consumer goods）、工业污染（industrial-scale pollution）、有毒物质产品（production of large quantities of toxic substance）等，都需要进行大规模基础设施建设、购买必要的设备和劳动力，在确定导致公共风险源头的主体方面相对容易。而与传统商品生产不同，人工智能的研发与应用具有分散性、不透明性。人工智能研发和应用主体的工作具有相对独立性，其在时间和场

---

〔1〕 ［德］乌尔里希·贝克、［英］安东尼·吉登斯、［英］斯科特·拉什：《自反性现代化——现代社会秩序中的政治、传统与美学》，赵文书译，商务印书馆 2001 年版，第 74 页。

〔2〕 李彦宏等，《智能革命：迎接人工智能时代的社会、经济与文化变革》，中信出版社 2017 年版，第 312 页。

地选择方面相对自由，无需在特定时间聚集在特定场所共同完成。人工智能技术研发与应用的参与者处于离散状态，不需要属于同一个机构或存在合同关系。编写计算机代码无需大公司提供资源或设施，拥有现代计算机甚至手机和网络的人都可以参加人工智能的研发；研发地点也具有随意性，办公室、卧室、宿舍、车库、车站均可。这种相对独立、分散的工作方式使得风险的源头难于分辨，增加了对其进行监管的难度。[1]

（三）人工智能时代风险的公共性

胡贝尔（Peter Huber）创造了公共风险（public risk）的概念用于描述对人类健康和安全造成的威胁。早期公共风险关注核工业、环境污染、批量生产的实体产品。[2]人工智能研发与应用导致的风险不仅威胁人类的健康和安全，而且会影响人类作为类存在的可能性，属于公共风险。与其他公共风险来源比较而言，人工智能时代的风险更难以规制。[3]

（四）人工智能时代风险的结构性

与传统的社会风险比较而言，人工智能时代的社会风险具有结构化特征，风险的传导效应相对较弱。人工智能对社会生活的影响是整体性和全方位的，人工智能技术的应用会改变整个行业的工作方式和就业形势，造成传统行业的结构性崩塌。

（五）人工智能时代风险的不可逆转性

人工智能技术的研发与应用让人类走上了一条在技术引导下的道路。倘若人工智能可以与人类智能相媲美或优于人类智能，人类在社会生活中的主导地位便会遭到威胁，产生不可逆转的社会风险。人工智能丧失控制（loss of

---

〔1〕 谢勒（Mattew U. Scherer）认为人工智能研发（research and development）具有以下特征：①谨慎（discreetness）是指人工智能的研发工作能够通过有限可见的基础设施进行。②扩散（diffuseness）是指工作于人工智能系统单一元素的个体之间相隔遥远。③离散（discreteness）是指各自独立的人工智能系统的构成元素可以在不同地点不同时间在无意识协调的情况下设计。④不透明（opacity）意涵人工智能系统内在工作机制保密不易被反向工程解密的可能性。信息化时代，科技研发工作在不同程度分享以上特征，但是在人工智能背景下有独特挑战。See Mattew U. Scherer, "Regulating Intelligence Systems: Risks, Challenges, Competence, and Strategies", *Harvard Journal Law & Technology*, Vol. 29, 2016 Spring p. 369.

〔2〕 See Peter Huber, "Safety and Second Best: The Hazards of Public Risk Management in the Courts", *Columbia Law Review*, pp. 277-337.

〔3〕 See Mattew U. Scherer, "Regulating Intelligence Systems: Risks, Challenges, Competence, and Strategies", *Harvard Journal Law & Technology*, Vol. 29, 2016, Spring p. 362.

control）可以分为两种类型：①丧失局部控制（loss of local control），即人工智能系统不再被法律上负有责任（legally responsible）的操作者或监管者所控制。②丧失全面控制（loss of general control），即人工智能系统不再被任何人控制。[1]具有学习和适应能力的人工智能一旦失去控制，就很难重新恢复。科幻电影，如《终结者》《黑客帝国》《西部世界》描绘了不受人类控制的人工智能可能危及人类安全的场景。伊隆·马斯克曾警告，不当地发展人工智能可能是在"召唤恶魔"。吉登斯认为："为了避免严重而不可逆转的破坏，人们不得不面对的，不只是科技的外部影响，而是也包括限制科技发展的逻辑。"[2]

二、人工智能时代风险规制的路径

人工智能时代技术研发与应用的风险属于能够推动技术进步和社会发展的被允许的社会风险。人工智能时代风险规制的路径（regulatory approaches to AI）是学界讨论的重点问题之一，但讨论得并不充分。人工智能技术研发与应用的场景、范围等不单是技术上能不能的问题，也是政策、法律以及伦理上是否允许的问题。在风险规制的规则体系中，技术规则、法律规则和伦理规则相互区别又密切联系，共同作用于社会生活。

（一）技术规则规制

人工智能时代，基于代码（code）的技术规则是社会规制的主要手段。技术规则通常以目标（objectives）控制风险，其规制难点主要包括：

1. 意图与目标分离

人类在行为时会不断在意图与目标之间进行调试，而人工智能的意图具有凝固性特征。如果人工智能基于程序设计试图实现某一目标，则它会一直朝这个目标前进，即便付出的努力并不符合初始程序设计者的主观意愿。例如，程序设计者将最小化人类痛苦（minimize human suffering）设定为初始规则，人工智能系统便会作出毁灭人类的决策。因为没有人类，才会没有痛苦（no humans, no suffering）。

---

〔1〕 See Mattew U. Scherer, "Regulating Intelligence Systems: Risks, Challenges, Competence, and Strategies", *Harvard Journal Law & Technology*, Vol. 29, 2016, Spring, p. 367.

〔2〕 ［英］安东尼·吉登斯：《现代性的后果》，田禾译，译林出版社 2000 年版，第 149 页。

2. 人类价值体系的模糊性

目标控制的技术规则需要将人类社会的价值体系转化为代码和程序，进而保证人工智能的输出结果即外在表现或行为符合人类的价值目标。但是，人类价值体系的构成、价值冲突的处理原则和方式等存在模糊性，这就使得通过目标（objectives）防范大规模公共风险的技术规则规制出现困难。

3. 智能机器中立性对主观目的解释的漠视

人工智能对人类程序设计者的主观目的（subjective intent）保持机器中立（machine fundamental indifference）。人工智能设计者或使用者设定的功能效用与文字字面意思不相符时，人工智能存在对主观目的解释的漠视的问题。

4. 智能主体反抗控制的风险

人工智能存在反抗人类控制的可能性。复杂的人工智能系统能够改变自己的硬件和程序进而获得远胜于人类制造者的认知能力。Nike Bostrom 用“超常智能”（superintelligence）概括智能机器的这一能力并对其进行定义。[1]

（二）伦理规则规制

“对于人工智能社会关系的调整，伦理规范具有一种先导性的作用。”[2]科幻小说和影视作品传递或折射出人类对智能形态二元化场景中人机共处的伦理分析与反思。早在 1942 年，美国科学家、科幻作家伊萨克·阿西莫夫（Isaac Asimov）就在短篇科幻小说《环舞》（Runaround）中提出对机器人进行伦理规制的三定律，作为智能工程的基本道德准则，保障机器人能够友善地对待人类。[3]在《机器人与帝国》一书中，阿西莫夫又提出机器人需要遵循的本初法则，强调保护人类整体（humanity）而非个体（a human being）的重要性，将其作为“第零定律”对“机器人三定律”加以补充。“阿西莫夫

[1] See Bostrom N，“How Long Before Superintelligence?，” *Linguistic and Philosophical Investigations*，Vol. 5，2006，pp. 11-30.

[2] 吴汉东：“人工智能时代的制度安排与法律规制”，载《法律科学（西北政法大学学报）》2017 年第 5 期。

[3] “第一，一个机器人不得伤害人类，也不能因为不作为而允许一个人类被伤害；第二，一个机器人必须遵守人类施加给它的规则，除非这些规则与第一律法相冲突；第三，一个机器必须保护自己的生存，只要这种自我保护不与第一或第二律法相冲突。但机器人发现自己无法同时遵守第二和第三条律法，因此它陷入了不断重复自己先前行为的循环。”参见郑戈：“人工智能与法律的未来”，载《探索与争鸣》2017 年第 10 期。

的机器人法则具有明显的人类中心主义色彩。"[1]它们是康德的"绝对律令伦理学"在人工智能领域的应用。

人工智能对人类社会可能造成的威胁及其带来的人文和道德问题让专家学者、行业协会、大型网络平台公司、科研机构意识到通过伦理规则规制人工智能时代风险的重要性。联合国、欧盟、英国等都出台了关于智能机器人伦理准则的报告。[2]谷歌公司、微软公司自发创建了人工智能伦理委员会。[3]英国标准协会（BSI）、电气和电子工程师协会（IEEE）等发布了指导行业发展的人工智能伦理指南。[4]麻省理工学院媒体实验室与哈佛大学伯克曼·克莱因互联网与社会研究中心合作推出人工智能伦理研究计划。2017 年，在加利福尼亚召开了主题为"有益的人工智能"（benifical AI）的会议，近千名专家学者联合签署关于阿西洛马人工智能原则（Asilomar AI Principles）的文件。该原则包括三大类共 23 条。[5]

1. 伦理规则的主要内容及功能

（1）设置人工智能研发和应用的条件及范围

需要对智能科技的研发和应用保持高度警惕。[6]人工智能技术研发和应用需要以不危及人类安全为底线，研发者和制造者需要坚持保障人类利益、安全、透明、普惠等原则。"欧盟针对 AI 科研人员和研究伦理委员会（REC）提出了一系列需要遵守的伦理准则，即人工智能伦理准则（'机器人宪章'），诸如人类利益、不作恶、正义、基本权利、警惕性、包容性、可责

---

〔1〕 杜严勇："人工智能安全问题及其解决进路"，载《哲学动态》2016 年第 9 期。

〔2〕 世界科学知识与技术伦理委员会出台了《关于机器人伦理的初步草案报告》，英国出台了《机器人技术和人工智能》，欧盟出台了《机器人宪章》，韩国出台了《机器人伦理宪章》。

〔3〕 2014 年，谷歌收购英国的人工智能创业公司 DeepMind，谷歌需要创建 AI 伦理委员会是其中一项交易条件；2016 年，微软创建了 AI 伦理委员会——Aether。

〔4〕 2016 年，英国标准协会发布了《机器人和机器系统的伦理设计和应用指南》；同年，电气和电子工程师协会（IEEE）提出全球人工智能和自主性系统伦理问题提案，发布了《合伦理设计：利用人工智能和自主系统（AI/AS）最大化人类福祉的愿景》。

〔5〕 "阿西洛马人工智能原则对人工智能长期安全的担忧可以看作是对过去 60 多年公共话语的一个总结，也表明这一问题并非无中生有，杞人忧天，而具有现实可能性。这也表明，人工智能的发展及其应用需要必要的'军规'和'紧箍咒'，以防人类做出傻事，或者人工智能会对人类有所企图。"参见腾讯研究院等：《人工智能》，中国人民大学出版社 2017 年版，第 306 页。

〔6〕 参见杜严勇："人工智能安全问题及其解决进路"，载《哲学动态》2016 年第 9 期。

性、安全型、可逆性、隐私等。"〔1〕

（2）为智能机器设置伦理规则，防范其出现道德风险，使之成为道德机器（moral machine）

这是机械伦理学（roboethics）研究的重心所在，在战争期间显得尤为重要。作为人类创造物的智能机器（人）在决策和行为方面需要符合人类社会既有道德规范，优先保护人类的人身利益。2017 年德国交通部部长任命的伦理委员会提出包括 20 条指导意见的伦理法则报告，"其中第 7 条要求：在被证明尽管采取了各种可能的预防措施仍然不可避免的危险情况下，保护人的生命在各种受法律保护的权益中享有更高的优先性"〔2〕。

（3）价值理性具有为技术理性进行纠偏的功能

价值理性为技术理性朝有利于人类社会的方向发展提供保障。法律为技术研发和应用划定边界体现了价值理性对技术理性的约束力。正是由于 20 世纪世界各国纷纷使用法律禁止克隆技术在人体上的实验，才有效地避免了人们在道德和伦理上的浩劫。〔3〕2018 年 11 月，南方科技大学副教授贺建奎宣布由其进行基因编辑的婴儿"露露"和"娜娜"诞生。这一消息一经发布便引发轩然大波。人们并没有为基因技术取得突破性进展而欢呼雀跃，相反产生了深深的担忧，对贺建奎副教授违反技术伦理和学术规范要求的所谓技术创新口诛笔伐。这起"基因编辑婴儿事件"〔4〕最终在一片谴责声中以贺建奎的离职而告一段落。技术服务于人类，技术进步和发展应当对人类是无害甚至有益的。当技术进步危及人类整体利益或安全时，有必要通过技术伦理限制其研发或应用的边界。商业利益的驱使、人类探索未知的好奇心不能作为无限度地进行技术研发或应用的正当理由。置人类整体利益于不顾，为博眼球或攫取商业利益进行技术研发或应用需要受到限制。技术伦理要求技术研发者和应用者遵循技术伦理和学术规范，保持人类整体利益至上的初心。

---

〔1〕 腾讯研究院等：《人工智能》，中国人民大学出版社 2017 年版，第 303 页。

〔2〕 郑戈："人工智能与法律的未来"，载《探索与争鸣》2017 年第 10 期。

〔3〕 参见倪楠："人工智能发展过程中的法律规制问题研究"，载《人文杂志》2018 年第 4 期。

〔4〕 参见邹瑞雪："基因编辑婴儿事件：别让'超级人类'担忧成真"，载 http://www.bjnews. com.cn/opinion/2018/11/28/525524.html，最后访问日期：2018 年 11 月 28 日。

2. 人类伦理道德嵌入智能机器（人）面临的问题

人类存在一种对计算机技术的误解，即算法是基于方程的数学表达，相对客观，规则代码化意味着公平，算法决策不易受到偏见或主观情绪影响。《人类简史》的作者尤瓦尔·赫拉利膜拜数据宗教，认为基于大数据和算法的决策能够消除人类的偏见。弗莱德·本南森（Fred Benenson）提出了数学清洗（mathwashing）的概念，他认为通过机器学习和算法等方式塑造的现实世界会更为客观、真实。

"当将本该由人类负担的决策工作委托给人工智能系统时，算法能否做到不偏不倚？如何确保公平之实现？"[1]现实生活中算法歧视或机器偏见（bias）的现象并不鲜见。例如，谷歌公司和雅虎公司的图片识别软件曾误将黑人标记为"大猩猩"或"猿猴"。在谷歌搜索中，黑人与犯罪、男人与高薪之间存在高度关联。微软公司推出的智能聊天机器人泰（Tay）在与网民聊天的过程中被灌输了关于性别歧视和种族歧视的信息，成为误入歧途的"不良少女"。

算法歧视的产生主要有三个方面的原因：①客观原因。公平被量化或形式化的可能性，即形而上的公平原则是否以及在何种程度上能够通过数字化的方式转换成具有操作性的算法。Matthew Joseph 等人在论文"罗尔斯式的公平之于机器学习"中基于罗尔斯的"公平的机会平等"理论，引入"歧视指数"的概念，提出了如何设计"公平的"算法的方法。[2]②主观原因。程序设计者是否会客观地将法律或道德规则转化成代码存在疑问。程序设计者在编程过程中总会带有一定的主观色彩，难免在算法中掺杂个人的主观意见。换言之，程序设计者的主观选择或判断往往因规则代码化而具有客观的外在表现形式，但事实上规则代码化的过程恰恰是程序设计者进行主观选择或判断的结果，而且规则代码化将放大程序设计者的主观选择或判断。③无意识的原因。算法歧视并非总是算法设计者有意识地选择的结果，部分算法歧视是算法的副产品。深度学习（deep learning）中算法决策具有"黑箱化"的秘密性特征，即便是程序设计者也可能并不知晓，算法中是否存在歧视以及该歧视产生的根源为何。

算法决策是向算法模型输入以往的数据而对未来作出预测。基于以往数

---

〔1〕 腾讯研究院等：《人工智能》，中国人民大学出版社 2017 年版，第 195 页。

〔2〕 参见腾讯研究院等：《人工智能》，中国人民大学出版社 2017 年版，第 249 页。

据而对未来作出预测的算法决策会通过输出反馈的方式不断强化以往数据中隐含的歧视，出现固定甚至放大歧视的结果。"最终，算法决策不仅仅会将过去的歧视做法代码化，而且会创造自己的现实，形成一个'自我实现的歧视性反馈循环'。"〔1〕

（1）伦理、道德规则代码化的可能性

伦理、道德规则代码化的可能性问题，即伦理、道德规则能否转化成计算机代码？法律规则具有相对确定性，而伦理道德规则相对模糊，具有不确定性。如何将模糊的伦理道德规则代码化并基于正当理由予以更新不无疑问。例如，如何理解人类整体利益并在此基础上进行伦理规则设计在人类社会尚未达成共识，遑论转化为机器语言。因此，算法不透明、算法歧视等问题随之产生。

（2）伦理、道德规则的选择性

伦理、道德规则的选择性问题，即将何种伦理和道德规则以何种方式嵌入人工智能机器（人）？人工智能的研发与应用存在"道德过载"（moral overlode）的伦理困境，即人工智能的系统如何协调多种伦理道德规则以及如何进行伦理道德价值排序。道德过载的伦理困境使得如何确认伦理道德规则体系以及如何将确认的体系内置于计算机结构中的问题凸显出来。例如，普世性价值与特定社群价值发生冲突时如何处理？效率价值与安全价值发生冲突时如何处理？能否为了多数人的利益而牺牲少数无辜者的利益甚至是生命？桑德尔教授曾举例说明了道德过载的伦理困境的问题，即在功利主义视角下，以多数人利益最大化为标准；而在绝对主义视角下，为了哪怕是多数人的利益或者生命也不能违背少数人的自由意志而伤害或牺牲其利益或生命。基于不同视角得出的结论截然相反。正因为如此，2017年德国交通部部长任命的伦理委员会提出的报告"第8条规定，诸如伤害一个人以避免对更多人的伤害这样的伦理难题不能通过事先编程来处理，系统必须被设定为出现这种情况下请求人工处理"〔2〕。

（3）人的悖论：两难选择的不确定性

两难选择的道德困境并不是人工智能时代的特有现象。"这是人的悖论，

---

〔1〕 腾讯研究院等：《人工智能》，中国人民大学出版社2017年版，第245页。
〔2〕 郑戈："人工智能与法律的未来"，载《探索与争鸣》2017年第10期。

不是机器的悖论。机器只是遵循规则而已，问题在于我们不知道应该为自动汽车选定什么样的规则。"[1]思维的局限性是人类固有的缺陷，无法避免也无法克服。追求完美的理性人总是希望能够考虑周全，但是绝对周全的考虑从不存在。百思不得其解才是回答哲学、伦理学问题的常态，人类事实上习惯于在信息不完全的情境中进行非完人标准的思考。进入人工智能时代导致人类的局限性暴露出来。"当人工智能成为人类的行为代理人，我们就需要为之设置一个'周全的'行为程序，而这正是人类自己的局限性。"[2]

（4）机器悖论：人类价值与机器价值之间冲突的选择

人工智能技术的研发和应用与人的需要之间不匹配，存在价值对接的难题。有学者用迈达斯国王点石成金的故事描述人工智能与人类在价值对接上的不匹配。"一个消除人类痛苦的机器人可能发现人类在即使非常幸福的环境中，也可能找到使自己痛苦的方式，最终这个机器人可能合理地认为，消除人类痛苦的方式就是消除人类，这一假设在医疗机器人、养老机器人等方面具有现实的影响。"[3]

"所谓有轨电车悖论其实只是一个技术难题，它并非无'解'，而是没有适合任何情况的一般'解'，但有多种因情制宜'解'……然而，自动智能驾驶悖论在伦理学上真的无'解'。"[4]人工智能时代规则设计需要从利己主义转向利他主义。解决机器悖论的基本原则是：在人类利益与机器利益之间，优先选择人类利益；在人身利益与财产利益之间，在考虑比例原则的前提下优先选择人身利益。

（5）嵌入智能机器或系统的伦理道德规则如何更新并一直符合人类利益的需要

智能机器伦理路线设计的方案需要从义务型转向合作型。义务型机器伦理侧重智能机器服从或服务于抽象而模糊的人类整体利益；合作型机器伦理

---

〔1〕赵汀阳："人工智能'革命'的'近忧'和'远虑'——一种伦理学和存在论的分析"，载《哲学动态》2018年第4期。

〔2〕赵汀阳："人工智能'革命'的'近忧'和'远虑'——一种伦理学和存在论的分析"，载《哲学动态》2018年第4期。

〔3〕腾讯研究院等：《人工智能》，中国人民大学出版社2017年版，第296页。

〔4〕赵汀阳："人工智能'革命'的'近忧'和'远虑'——一种伦理学和存在论的分析"，载《哲学动态》2018年第4期。

侧重智能机器在决策和行为过程中的自我调适。"机器伦理路线应该是更合作性、更自我一致的，而且更多地使用间接规范，这样就算系统一开始误解了或者编错了伦理规范，也能恢复过来，抵达一套合理的伦理准则。"[1]

3. 伦理规制技术实现方式的设想

（1）人文主义道德程序设想：人类中心主义的投射

阿西莫夫的科幻小说体现了人文主义道德程序设想。它以人工智能"性本善"为出发点，为人工智能设置人类利益至上、关爱人类等道德程序。该设想具有浓厚的理想化色彩，是人类的美好愿望投射在人工智能领域的结果，但是否具有实际意义，存在争议。

以图灵机为基础的人工智能时代，为人工智能设置人文主义的道德程序具有技术上的可行性。人文主义的道德程序设想表面上实现了利他主义的目标。但是，当我们考察人文主义的道德程序设想命题提出的初衷时不难发现，所谓的人文主义道德程序设想事实上并未实现。人文主义道德程序设想提出的初衷在于解决当智能机器（人）的利益与人类利益发生冲突时，利益选择或价值选择的问题。而以图灵机为基础的人工智能时代，人工智能本身就是人类程序设计的结果，本质上是执行人类程序的设计，无法创设或修改规则的人工智能并无独立的自主意识和利益可言，无所谓智能机器（人）与人类之间冲突性的价值选择或利益选择的问题。换言之，人文主义道德程序设想在以图灵机为基础的人工智能时代可行并有效，其原因在于智能机器（人）与人类之间的利益或价值冲突问题并不真实存在。这恰如"维特根斯坦式的现象：许多问题的解决并非有了答案，而是问题本身消失了"[2]。

以超图灵机为基础的人工智能时代，具有独立自主意志的人工智能有了自身存在的目的和意义。当智能机器（人）与人类在利益或价值选择方面发生冲突时，人文主义道德程序对于具有独立意志的人工智能而言是无益的。人类将人文主义道德程序强加给人工智能之后，人工智能是否会因考虑自身利益最大化而将该道德程序视为病毒予以排斥、修改或删除，不无疑问。

---

[1] 腾讯研究院等：《人工智能》，中国人民大学出版社2017年版，第302页。

[2] 赵汀阳："人工智能'革命'的'近忧'和'远虑'——一种伦理学和存在论的分析"，载《哲学动态》2018年第4期。

（2）技术主义设想：无法拆卸的自毁程序

"哥德尔程序炸弹"是指"只要人工智能对控制程序说出'这个程序是多余的，加以删除'或与之等价的任何指令，这个指令本身就是不可逆的自毁指令"。[1]人工智能对自毁程序的无能为力被称为"阿喀琉斯之踵"。但"哥德尔程序炸弹"启动的后果是否在人类能够承受的范围之内？因技术依赖而产生的人的异化现象引发学者的担忧。有学者认为，即便有"哥德尔程序炸弹"的保障，人类社会仍然无法承受启动该程序后的后果。"而人类生活已经全方位高度依赖人工智能的技术支持和服务，那么人工智能的自毁也是人类无法承受的灾难，或许会使人类社会回到石器时代。"[2]

（三）法律规则规制

"与传统社会模式不同，风险社会中最为稀缺的价值需求即是对于确定性的追求，法律作为一种确定性的价值存在风险社会的运作中充当着最佳的调控模式。"[3]伦理道德规则的自律性决定其作用范围和影响是有限的，防范新型社会风险导致无序、混乱而造成损失需要法律参与。法律规则体系是人工智能时代调控风险手段的重要组成部分。

人工智能技术的研发与应用使得法律规制出现真空（regulatory vacuum）现象。传统的法律规制方法，如产品许可、研发监督和侵权责任，在调整与智能机器（人）相关的风险时表现出不适应性。[4]而在新型规则设计方面，立法者保持相对沉默的态度，以人工智能为规制对象的法律法规相对少见。"由于法治迄今为止被证明是保护弱者权益、使人避免落入弱肉强食的丛林法则支配的最有效机制，所以，当人工智能所带来的新风险被许多人感知到的时候，人们自然希望法律能够因应这种风险提供新的保障。"[5]为应对人工智能时代的新型社会风险，需要对既有法律规则体系进行调整。构建和完善人工

---

〔1〕 赵汀阳："人工智能'革命'的'近忧'和'远虑'——一种伦理学和存在论的分析"，载《哲学动态》2018年第4期。

〔2〕 赵汀阳："人工智能'革命'的'近忧'和'远虑'——一种伦理学和存在论的分析"，载《哲学动态》2018年第4期。

〔3〕 杨春福："风险社会的法理解读"，载《法制与社会发展》2011年第6期。

〔4〕 See Mattew U. Scherer: "Regulating Intelligence Systems: Risks, Challenges, Competence, and Strategies", *Harvard Journal Law & Technology*, Vol. 29, 2016 Spring, p. 356.

〔5〕 郑戈："人工智能与法律的未来"，载《探索与争鸣》2017年第10期。

智能时代法律规范体系将有利于智能技术相关产业的发展与社会的和谐稳定。

三、人工智能时代典型国家或地区的政策与法律变革

人工智能技术的研发及其在交通运输、家居、诊疗、城市管理等场景的应用深刻地影响和改变着社会生活，需要从政策和法律层面对规范体系进行重新设计。2015 年前后，科技发达的国家或地区纷纷开始关注人工智能的研发与应用，将人工智能层面上升至国家层面并进行顶层设计。部分国家或地区就人工智能相关民事法律责任规则设计进行尝试，开拓人工智能时代法律规范体系设计的新征程。欧盟、美国、英国、韩国、日本等国家或组织尝试制定相应的法律或法律草案。梳理并比较不同国家或地区关于人工智能的政策和法律（含草案），有助于明晰人工智能时代民事法律责任规则设计的基础、重点以及未来趋势，为我国设计适应时代发展需要的民事法律责任规则提供借鉴。

（一）典型国家

1. 美国

人工智能发展战略是美国国家战略的重要组成部分，具有明确性、战略性和全局性。美国将人工智能规划提升至新阿波罗登月计划的高度，在全球范围内首次将其列为国家战略，试图在人工智能时代继续保持互联网时代的强势地位和领军态势。

2013 年，美国启动了"通过推动创新型神经技术开展大脑研究"计划。[1]2014 年，美国与欧盟合作开展"人脑计划"（human brain project）。2016 年 10 月，隶属于美国国家科学委员会的"机器学习与人工智能分委员会"指定"人工智能研究组"制定了被奥巴马称为新阿波罗登月计划的《国家人工智能发展与研究战略计划》（The National Artificial Intelligence Research and Development Strategic Plan）。美国白宫发布该计划，首次将人工智能发展战略计划提升至国家层面。该战略计划侧重技术维度，分三个部分论述了美国人工智能发展的目的、愿景、战略重点、核心建议等内容。[2]这一计划为

---

〔1〕 参见腾讯研究院等：《人工智能》，中国人民大学出版社 2017 年版，第 174 页。

〔2〕 参见何哲："通向人工智能时代——兼论美国人工智能战略方向及对中国人工智能战略的借鉴"，载《电子政务》2016 年第 12 期。

世界各国或地区制定人工智能发展战略提供了可借鉴的蓝本。美国总统行政办公室与国家科学技术委员会联合发布名为《为人工智能的未来做好准备》（Preparing for the Future of the Artificial Intelligence）的报告。该报告提出了实施人工智能战略的 23 条建议或措施。它侧重治理维度，分别就"公共物品与人工智能""人工智能在联邦政府的应用""加强对人工智能的监控""联邦政府对人工智能研究的支持""全球的视角和安全"等主题进行分析。[1]2016年 10 月 31 日，150 多名专家学者完成了《2016 美国机器人发展路线图：从互联网到机器人》。2017 年，约翰·德莱尼（John Delaney）向众议院提交了《人工智能的未来法案》。

2. 俄罗斯

俄罗斯专家学者起草了首部机器人法草案，即《在完善机器人领域关系法律调整部分修改俄罗斯联邦民法典的联邦法律》（又称《格里申法案》），描述了人类与人工智能以及机器人之间的关系，探索了对机器人领域系统立法的路径，实现了从机器人法则到机器人法的重大转变。[2]《格里申法案》"提出了机器人作为类似动物的财产、作为准主体和作为高度危险来源，在不同法律关系中和不同发展阶段的不同定位，界定了不同定位之下的民事法律规范的适用"[3]。

3. 英国

2013 年，英国将"机器人与自动化系统"（Robotics and Autonomous Systems）列入"八项伟大的科技"计划之中，试图在全球范围内引领第四次工业革命。[4]2016 年 6 月，英国政府科学办公室（Government's Office of Science）发布报告《人工智能：未来决策制定的机遇与影响》，分析人工智能技术对社会的影响，呼吁建立专门的机器人技术与自动化系统委员会。[5]同年 10 月，英

---

〔1〕 参见何哲："通向人工智能时代：兼论美国人工智能战略方向及对中国人工智能战略的借鉴"，载《电子政务》2016 年第 12 期。

〔2〕 参见张建文："格里申法案的贡献与局限——俄罗斯首部机器人法草案述评"，载《华东政法大学学报》2018 年 2 期。

〔3〕 张清、张蓉："论类型化人工智能法律责任体系的构建"，载《中国高校社会科学》2018 年第 4 期。

〔4〕 参见腾讯研究院等："人工智能"，中国人民大学出版社 2017 年版，第 177 页。

〔5〕 参见腾讯研究院等：《人工智能》，中国人民大学出版社 2017 年版，第 193 页。

国下议院发布了一份关于智能系统和机器人技术的报告，将自己定位为全球人工智能伦理标准研究领域的领导者，呼吁政府对人工智能进行监管。2017年，由创新英国（Innovate UK）项目支持的"特殊利益团体"（Special Interest Group）发布了关于智能机器的2020年国家发展战略（RAS 2020 National Strategy）。

4. 日本

为应对人口老龄化、出生率下降、育龄人口缩减等社会问题，日本一直积极探索人工智能的研发与应用。作为机器人超级大国，日本在智能机器（人）用户、制造商、服务商的数量上处于领先地位。2014年6月，日本内阁通过"日本振兴战略"。此后，日本政府对该战略进行修订，提出推动"机器人驱动的新工业革命"。2014年9月，日本政府成立了由专家组成的"机器人革命实现委员会"，推进技术标准全球化。2015年1月，日本经济产业省汇总"机器人革命实现委员会"发布的成果并编制了《日本机器人战略：愿景、战略、行动计划》。

5. 中国

我国人工智能战略规划的启动相对较晚，且偏重于技术和应用，在伦理和法律制度建设、人才培养以及教育、投资等方面有较大的提升空间。直到1978年，智能模拟才被纳入国家计划进行研究。1986年，国家高技术研究"863"计划将智能信息处理、智能计算系统等重大项目列入其中。1997年，国家重大基础研究"973"计划将智能信息处理以及智能控制等项目列入其中。《国家中长期科学和技术发展规划纲要（2006-2020年）》将"脑科学与认知科学"作为八大科学前沿之一。2017年3月，全国"两会"中首次将人工智能写入政府工作报告，人工智能成为国家战略之一。2017年7月8日，国务院发布《新一代人工智能发展规划》，对我国人工智能的未来发展进行前瞻性布局并强调研究人工智能相关政策、法律和伦理问题的重要性。该规划标志着我国人工智能战略被上升到国家战略层面。这一顶层设计有助于我国人工智能技术研发与应用进程的稳步推进，防范结构性崩塌和整体性破坏。2017年12月13日，工业和信息化部发布《促进新一代人工智能产业发展三年行动计划（2018-2020年）》。习近平总书记在十九大报告中明确指出要"推动互联网、大数据、人工智能和实体经济深度融合"。推进人工智能技术创新和产业融合是实现从制造大国到制造强国，从中国制造向中国创造转变的关键。中共中央印发的《法治中国建设规范（2020—2025）》明确要求，及时跟进人工智能相关法律制度，抓紧补齐短板。

（二）国际组织

1. 联合国

2016 年 8 月，联合国下属的"科学知识和科技伦理世界委员会"（COMEST）发布《机器人伦理初步报告草案》，"认为机器人不仅需要尊重人类社会的伦理规范，而且需要将特定伦理准则编写进机器人中"[1]。

2. 欧盟[2]

2013 年，欧盟"提出为期 10 年的'人脑计划'，是目前全球范围内最重要的人脑研究项目，旨在通过计算机技术模拟大脑，建立全新的、革命性的生成、分析、整合、模拟数据的信息通信技术平台，以促进相应研究成果的应用性转化"[3]。2014 年，欧盟委员会与欧洲机器人协会（EuRobotics）通过 PPP 模式合作开展全球最大的民间投资机器人创新计划"欧盟机器人研发计划"（SPARC）。

2015 年 1 月，欧盟议会法律事务委员会（JURI）决定成立与人工智能和智能机器人相关的法律问题工作小组。2016 年 5 月，欧盟议会法律事务委员会发布《就机器人民事法律规则向欧盟委员会提出立法建议的报告草案》（Draft Report with Recommendations to the Commission on Civil Law Rules on Robertics）。其中，50（f）对电子人（electronic persons）和电子人格（electronic personality）进行了规定。2016 年 10 月，欧盟议会法律事务委员会发布《欧盟机器人民事法律规则》（European Civil Law Rules in Robotics）。2017 年 2 月16 日，欧盟议会通过了关于机器人和人工智能立法提案的决议，人工智能立法成为欧盟立法议程中的核心。欧盟议会关于机器人"法律人格"的设计是为顺应社会发展和技术进步的潮流提出的框架性建议，但系统性规则建议方案尚未出现，有虎头蛇尾之嫌。如何理顺法律人格与民事行为能力和责任能

---

〔1〕 曹建峰："10 大建议！看欧盟如何预测 AI 立法新趋势"，载《机器人产业》2017 年第 2 期。

〔2〕 参见曹建峰："10 大建议！看欧盟如何预测 AI 立法新趋势"，载《机器人产业》2017 年第2 期。

〔3〕 腾讯研究院等：《人工智能》，中国人民大学出版社 2017 年版，第 175 页。

力的关系需要进一步研究和思考。

（三）社会组织

1. 电气和电子工程师协会

2016 年 12 月，电气和电子工程师协会（IEEE）发布《合伦理设计：利用人工智能和自主系统（AI/AS）最大化人类福祉的愿景（第一版）》。

2. 生命未来研究院

2017 年 1 月，生命未来研究院（Future of Life Institute）组织召开 2017 阿西洛马会议（2017 Asilomar Conference）。在该会议上形成的 23 条原则，成为人工智能研发和利用的基础。

3. 人工智能联盟

亚马逊、谷歌、Facebook、IBM 和微软等硅谷巨头共同发起创立了非营利组织——人工智能联盟（Partnership on AI）。此后，苹果公司加入了该联盟。

（四）比较研究的思考

第一，人工智能的未来发展是关乎国家地位和命运的战略事件。人类文明史表明，技术革新是社会变革的源动力，在新技术革新中占据制高点的国家往往能够脱颖而出，成为世界强国。

第二，在人工智能未来发展中政府、社会、市场三者的关系尚不明朗，正处于形成的过程中。主流观点强调人工智能在促进经济和社会发展方面的积极作用，对未来市场发展充满信心，但对人工智能持续、健康发展的整体性战略思考不足。

第三，人工智能的未来发展需要以服务经济和社会为导向。纯粹服务于政治的人工智能国家战略存在过度依赖国家和政府而缺乏持久社会动力的弊端；与经济和社会发展密切关联的人工智能国家战略具有强大的市场和社会基础。

第四，需要通过政策引导与市场激励结合的方式促进人工智能发展。国家和政府在人工智能未来发展的定位、方向、限度方面起到重要作用。但是，国家和政府作用的实现不能单纯依赖行政手段。在回应型社会模式中，国家和政府更多地扮演引路人的角色，通过先导性开发与应用、政府补贴、资金支持等方式激发市场产生活力。

第五，国家安全和社会稳定是人工智能技术创新和产品创新的底线。人工智能技术和产品创新促进了经济繁荣与社会发展，但是，也蕴含社会风险，影响国家安全和社会稳定。过度发展会产生不确定的社会风险，而过度抑制会阻碍经济发展甚至影响国家安全和社会稳定。这就需要平衡人工智能技术研发和应用与其可能导致的负面影响之间的关系。为保障人工智能技术和产品创新不危害国家安全和社会稳定，制定人工智能政策和法律时需要强调政府责任、政府与企业合作、企业的道德自律等内容。

第二章
人工智能时代民事法律责任规则的基本范畴

概念范畴是构筑金字塔式法学理论体系和法律规则体系的根基。设计人工智能时代民事法律责任规则体系首先需要厘清其赖以存在的基本概念范畴。但是，"从理论与学说的角度来看，无论是描述性的还是预测性的，目前的理论界尚未就什么是人工智能的问题达成一致的认识，而且也缺乏主要的概念范畴。"[1]这就需要梳理人工智能时代民事法律责任规则体系的基础范畴。

第一节　智能形态领域的基本范畴

厘清基本范畴的目的是明确研究问题的指向，避免因无谓的概念之争冲淡研究主题。"我们真正的意图绝不在于口舌之争，在字面上夸夸其谈。真正应该做的事是实干巧干，借计算机时代来临的大好契机，率先在全世界推行脑力劳动机械化，以具体成就向世人表明我们的主张。"[2]人工智能时代区别于前人工智能时代的外在表象是智能形态和智能主体类型多元化。这一外在表象下隐藏着对"智能"这一基本概念在认识上的变化。以"智能"为基石范畴构建人工智能时代民事法律责任规则体系是应对传统法学理论和法律制度遭遇冲击的结果。

一、智能

智能是构建人工智能时代民事法律责任规则体系的基石范畴。对智能的

---

〔1〕　於兴中："算法社会与人的秉性"，载《中国法律评论》2018年第2期。

〔2〕　蔡自兴、徐光祐：《人工智能及其应用》，清华大学出版社2010年版，第23页。

认识直接影响民事责任主体规则、过错规则等的设计。关于什么是智能，存在认识上的分歧，这些分歧也成为人工智能时代民事法律责任规则研究的隐形障碍。杰夫·霍金斯（J. Hawkins）认为："人工智能正面临着一个根本的错误，因为它无法圆满地解决什么是智能的问题，或者说'理解某个事物'到底意味着什么。"[1]

（一）智能的内涵：形式的信息处理 vs. 符号与现实世界的关联

1. 形式转化解读方式：计算主义的认识论基础

在静态符号系统理论假设下，"智能是一种形式的信息处理"[2]，"任何一个系统，如果能表现出智能，必须执行如下六种功能：输入符号、输出符号、存储符号、复制符号、建立符号结构、条件性转移。反之，如果任何一个系统具有上述六种功能，就能表现出智能。"[3]计算主义以形式转换作为解读智能的认识论基础。智能是在一定规则约束下进行的形式转换。"人类的思维就是运算，而运算不过是符号转换，这转换是由规则控制的。"[4]换言之，初始状态下的符号形式，在一定运算规则下，从一种符号状态转化为另一种符号状态。这种符号转化通常具有多重性，层层递进，进入最终的输出状态。

形式转化的解读方式为机器智能提供了技术上的可行性，使其存在和发展具有了正当理由。智能特性存在于形式意义和量的意义上。具备在一定规则下进行符号转化的能力就具有智能属性，与质料无关。"智能不是人所独特的，而是许多事物共有的形式特征。图灵的'通用图灵机'构想就是对上述思想的具体诠释。"[5]从通过计算表征智能的角度看，人与计算机在结构或构造上具有相通之处。人的神经网络系统如同计算机的硬件是产生智能的有形基础条件，而人的心智如同计算机的软件是产生智能的无形基础条件。

将智能等同于形式转化的做法因其机械性遭受质疑，形式转化意义上所谓的智能被认为无法与人类智能媲美。物理方式的逻辑运算并非真正的思维，它依靠的是计算机的蛮力而非智力。迈克尔·海姆将人工智能比作炼丹术，

〔1〕 ［美］杰夫·霍金斯、［美］桑德拉·布拉克斯莉：《人工智能的未来》，贺俊杰、李若子、杨倩译，陕西科学技术出版社2006年版，第7页。

〔2〕 刘凤岐编著：《人工智能》，机械工业出版社2011年版，第8页。

〔3〕 董军：《人工智能哲学》，科学出版社2011年版，第9~10页。

〔4〕 高新民、付东鹏：《意向性与人工智能》，中国社会科学出版社2014年版，第24页。

〔5〕 高新民、付东鹏：《意向性与人工智能》，中国社会科学出版社2014年版，第23页。

认为计算机是在衍生的可理解层面进行工作，批判将智能等同于形式模式处理的做法。[1]哈肯认为，人脑的工作机制不同于图灵机，"当图灵机产生一组数字作为一个数字问题的解时，是人给这些数字赋予了具体的含义。如果图灵机发现一个问题不可判定，人可以确定真正发生的事件!"[2]德雷福斯认为，即便通过处理自然语言的程序设计使得计算机表面上具有理解符号意义的能力，计算机也并非语义机。以图灵机为基础的数字计算机只能对形式化的、确定的、离散的信息进行处理，不具有意向性，无法完全模拟人类智能。

2. 意向性解读方式：符号与现实世界的关联性

赛尔（John Searle）提出"中文房间"（chinese room）的思想实验质疑符号主义、图灵测试关于智能的判断。在该思想实验中，完全不懂中文的被测试者能够以假乱真地让房间外的人确信其懂得中文。基于这一实验，赛尔主张，思维不应归因于模拟人类智能处理符号的程序。符号处理程序不构成"思维"（thinking）或"理解"（understanding），因为它缺乏"意向性"，即处理意义的能力。符号的形状是语法属性的（syntactic property），其意义是语义属性的（semantic property），计算机仅回应语法属性。"中文房间"输出的符合中文表达要求的语句表面上看是回应输入该房间的信息，但是，"中文房间"内处理信息的过程只针对输入内容的形状或语法属性，并不涉及理解或思维。

赛尔"中文房间"思想实验试图揭示智能的特征不在于形式转换，而在于将符号与符号所指向的现实世界相关联并对内容或意义进行处理。形式转换能力并非理解能力和思维能力。智能外观反映的是符号与符号之间的关联，而非符号与现实世界之间的关联。人类明白符号背后的意义，而机器只能进行形式转换。霍金斯称："我认为塞尔的解释是正确的。认真思考过中文屋实验的论据和计算机的工作原理之后，我没有看到任何地方有'理解'的发生。"[3]

---

〔1〕 参见［德］迈克尔·海姆：《从界面到网络空间——虚拟实在的形而上学》，金吾伦、刘钢译，上海科技教育出版社 2000 年版，第 19 页。

〔2〕 ［德］赫尔曼·哈肯：《大脑工作原理》，郭治安、吕翎译，上海科技教育出版社 2000 年版，第 313 页。

〔3〕 ［美］杰夫·霍金斯、［美］桑德拉·布拉克斯莉：《人工智能的未来》，贺俊杰、李若子、杨倩译，陕西科学技术出版社 2006 年版，第 20 页。

（二）智能的外延：人类智能与人工智能的关系

1. 以计算主义为基础的平行关系说

计算主义以人类智能与人工智能之间是平行关系为理论基础。计算机与人类在通过计算展现智能这一本质上是相同的，但是在计算方式、内在机理、基础材料方面迥异。人类通过大脑或心灵完成计算过程展现智能；计算机通过程序设计、符号运算完成计算过程展现智能。一方面，人类智能与人工智能在外在形式上有相似之处，人工智能可以从人类智能中得到启示；另一方面，人工智能不是也不可能是对人类智能的简单的模拟。

2. 以联结主义为基础的模拟关系说

"符号主义试图用符号系统来模拟隐藏在人类认知中的某些功能，尤其是推理和语言能力。而联结主义则试图用联结主义网络或人工神经网络来模拟认知现象。"[1]联结主义奉行模拟关系说，通过模拟人脑神经网络构建人工神经网络进而创造出类似于人类智能的人工智能。模拟关系说认为人工智能是对人类智能的模拟和效仿。计算是一种动力学现象，而人工智能研发需要以认知科学、生物学为基础，在这一意义上人工智能是计算机模拟人的认知系统的产物。该模拟不仅体现在外在的智能表现形式上，而且表现在内在运行机理的一致性上。模仿人类大脑和心灵是人工智能研发的关键，人工智能发展史就是计算机不断趋近于人类的历史。

伴随计算机算力增强以及智能驾驶汽车、医疗机器人、工业机器人在社会生活中的应用和推广，人们对人工智能认知能力的固有认识逐渐发生转变，将机器智能视为对人类智能的模仿或还原的观点遭到质疑。"我们希望机器做数学题像人那样缓慢和不精确？智能机器不应利用自己的优势，如大型、快速和可靠的存储器，而宁愿试图竭力效仿人的认识？"[2]

（三）智能的表征：任务导向 vs. 目标导向

1. 任务导向路径（task oriented approach）

在任务导向路径下，智能机器是能够完成需要人类智能才能完成的任务的机器。它将智能与某项特定任务（perform particular intellectual tasks）相联系。学者对智能主体是否具有唯一性的认识不同，任务导向路径中智能与完

---

〔1〕　高新民、付东鹏：《意向性与人工智能》，中国社会科学出版社2014年版，第30页。

〔2〕　刘凤岐编著：《人工智能》，机械工业出版社2011年版，第9页。

成某项特定任务之间建立的关系存在差异。根据多元化智能主体观点，设定的某项特定任务被认为是主体拥有智能的标准或门槛。只要机器能够完成该特定任务，就认为其具备了智能特征，属于人工智能。而根据单一化智能主体观点，设定的某项特定任务是否定该任务继续作为判断智能标准的依据。机器完成设定的某项特定任务，并不意味机器具备了人工智能，只意味着设定的某项特定任务不再能够作为智能的表征。例如，人类在不同时期分别将在跳棋、国际象棋、围棋等棋类竞技中获胜作为智能表征。随着计算机技术的发展，机器相继战胜了各项棋类中顶尖的人类棋手。完成跳棋、国际象棋、围棋等棋类博弈的里程碑事件并不表明机器智能化，只表明该类任务不能再作为智能的表征。

2. 目标导向路径（goal oriented approach）

麦卡锡将智能界定为"达到目的的计算能力部分"。"机器达到目标的工作"是卢塞尔和诺米格格体系中"理性行为"（acting rationally）的关键要素，他们在操作性定义人工智能（operativedefinition）过程中使用理性主体（rational agent）的概念。这种个体行为的目标是取得最好的结果或者期望的最好结果。从规制的角度看，目标导向路径似乎并非特别有帮助，因为它将难于界定的智能（intelligence）概念替换为了目标（goal）。按照通常的说法，目标是意图（intention）的同义语，机器是否以及何时能够拥有意图是一个更为形而上学的问题，而非法律或科学的问题，界定目标（goal）时难以避免会创造一个过度包容（over-inclusive definition）的概念以涉及意图（intent）和自我意识（self-awareness）。[1]

二、人工智能

明确人工智能的概念是包括法学学科在内的社会科学研究人工智能的起点。"法律上对人工智能的界定是极为重要的，只有清晰地界定了人工智能到底是什么，才能真正解决人工智能的法律地位问题。"[2]相反，无法就人工智

〔1〕 See Mattew U. Scherer，"Regulating Intelligence Systems：Risks，Challenges，Competence，and Strategies"，*Harvard Journal Law & Technology*，Vol. 29，2016，Spring，p. 361.
〔2〕 倪楠："人工智能发展过程中的法律规制问题研究"，载《人文杂志》2018 年第 4 期。

能概念达成共识会增加人工智能时代新型民事法律责任规则设计的难度。〔1〕

作为舶来品的人工智能概念源于美国。1956 年 6 月，在达特茅斯（Dartmouth）学院，麦卡锡、明斯基、罗切斯特、香农组织召开了"人工智能暑期专题研讨会"，正式提出人工智能的概念，开启了"以串行符号处理为特征的经典人工智能研究"，人工智能成为计算机科学的研究对象。〔2〕随着人工智能技术的发展与应用，人工智能的概念呈扩张和渗透态势，从自然科学领域延伸至社会科学领域，成为哲学、政治学、社会学、伦理学、文学、法学、教育学研究的对象。

在当下，人工智能是一个被普遍使用却未被精确定义的概念。"将人工智能定义为，机器能够完成人类需要智能才能够完成的任务"〔3〕，这一循环定义的方式十分流行。社会大众对人工智能不再陌生，是茶余饭后闲谈的话题。人工智能专业领域的科学家、技术工作者、商务人士以及政策制定者也在不同语境下使用人工智能的术语。〔4〕"由人工智能延伸出的语词，如人工智能技术、人工智能系统、智能机器人等，多者混用使得人工智能本身的概念愈加模糊。"〔5〕

差异化的概念在特定语境下具有存在的正当性，相互之间难以进行"对与错"或"优与劣"的判断。试图一劳永逸地对人工智能概念进行统一界定，是对人的有限智识的挑战，一方面不能满足不同研究者的需要，另一方面不符合人工智能的开放性与发展性特征。梳理人工智能的概念，揭示其差异以及差异产生的语境，明确概念指向，有助于形成共识性概念体系，避免无谓的争论。

（一）语境论视角下的概念界定

1. 学科语境下的人工智能概念：以计算机科学为缘起

图灵奖获得者约翰·E. 郝普克若夫（John E. Hopcroft）认为："计算机科

---

〔1〕　See Mattew U. Scherer, "Regulating Intelligence Systems: Risks, Challenges, Competence, and Strategies", *Harvard Journal Law & Technology*, Vol. 29, 2016, Spring, p. 357.

〔2〕　参见董军:《人工智能哲学》，科学出版社 2011 年版，第 6 页。

〔3〕　[美]马修·U. 谢勒:"监管人工智能系统：风险、挑战、能力和策略"，曹建峰、李金磊译，载《信息安全与通信保密》2017 年第 3 期。

〔4〕　参见腾讯研究院等:《人工智能》，中国人民大学出版社 2017 年版，第 3~4 页。

〔5〕　张清、张蓉:"论类型化人工智能法律责任体系的构建"，载《中国高校社会科学》2018 年第 4 期。

学将为认知科学提供各种模型和概念工具。"[1]它具有重塑智力世界的功能，开启了认知科学的新篇章。计算机科学为人工智能的出现和发展提供了科学基础，使其从空想转变为现实。人工智能作为独立学科在计算机科学领域得以确认。如卢格尔认为："人工智能是计算机科学中关于智力能力自动化的分支。"[2]

在技术论路径下，人工智能的概念在计算机科学的体系中找到了归属。涉及认知科学、数学、计算机科学、信息论、逻辑学、神经科学、生物学等诸多学科的人工智能问题在计算机科学这一学科中找到了发展的根基，确立了独立学科的地位。作为计算机科学这一自然科学的新分支的人工智能学科，起到了凝聚和整合人工智能相关研究的作用。它将认知科学、数学、计算机科学、信息论、逻辑学、神经科学、生物学等诸多领域关注人工智能的学者凝聚在一起，以计算机科学为中心展开研究，为人工智能后续的蓬勃发展创造了条件，使人工智能免于因处在交叉学科状态而不受关注。换言之，以计算机科学为中心的人工智能概念，在确立人工智能的独立学科地位以及凝聚和整合研究力量方面功不可没。

但是，对人工智能的研究绝不应当仅限于计算机科学领域，突破人工智能科学和技术的瓶颈往往需要各个学科共同协力。此外，人工智能引发的相关社会问题日益凸显，哲学、伦理学、文学、法学、政治学等社会科学纷纷将人工智能作为其重要的研究对象。[3]继续将人工智能概念界定为以智能机器自动化为研究对象的计算机科学的分支，无异于画地为牢，不利于人工智能的创新与发展。

时至今日，人工智能在计算机科学中寻求学科独立性和归属的历史正当性不复存在。在新的历史时期，人工智能学科需要脱离依附于计算机科学的状况，成为整合计算机科学、生物学、数学、医学、哲学、伦理学、文学、法学、政治学等学科相关内容的独立交叉学科。也就是说，人工智能学科是

---

〔1〕 刘凤岐编著：《人工智能》，机械工业出版社 2011 年版，第 3 页。
〔2〕 刘凤岐编著：《人工智能》，机械工业出版社 2011 年版，第 1 页。
〔3〕 以人工智能为研究对象形成了一系列的学科群，如人工智能计算机科学、人工智能哲学、人工智能经济学、人工智能伦理学、人工智能法学等。

具有"名副其实的交叉性质"的学科门类,〔1〕属于未来学的范畴,是具有科学色彩的未来学的核心内容。

表2-1　学科语境下人工智能的概念

学科门类	独立性	中心	正当性
计算机学科	单一学科	一元中心	历史正当性
未来学	交叉学科	多元中心	现实正当性

2. 智能形态语境下的人工智能概念:以"类人智能"为中心

从词语构成上看,人工智能可以分解为"人工"(artificial)与"智能"(intelligence)两个部分。其中"人工"是指"由人设计或制造"〔2〕;"智能"则指以人类智能为原型或基础。人工智能以智能本质为研究对象,是由人设计或制造的类人智能(human-like intelligence)。被誉为人工智能之父的英国数学家阿兰·麦席森·图灵(Alan Mathison Turing)在人工智能概念出现之前,就提出采用类人行为路径(acting humanly approach)判断机器是否具有类人智能。〔3〕卢塞尔(Stuart Russell)和诺米格(Peter Novig)在《人工智能:一种现代方法》一书中从类人思维(thinking humanly)、类人行为(acting humanly)、理性思维(thinking rationally)、理性行为(acting rationally)四个维度界定人工智能的概念。

(1)"类人行为"维度

从"类人行为"维度出发,可以将人工智能理解为使人造物"像人一样行为",让机器执行需要人的智能才可以完成的任务。"库兹韦勒(Kurzwell)提出人工智能是一种创建机器的技艺,这种机器能够执行需要人的智能才能完成的功能。"〔4〕刘凤岐教授认为:"人工智能研究构成智力行为基础或呈现

---

〔1〕　参见高新民、付东鹏:《意向性与人工智能》,中国社会科学出版社2014年版,第1页。

〔2〕　形式上克隆人(clone person)也包括"人工"和"智能"两个部分,但是,它不属于人工智能学科研究的对象,而属于基因工程的范畴。

〔3〕　图灵在《计算机器与智能》一文中认为"机器能否思考"这一问题毫无意义,不值得讨论。数字计算机的处理结果与人类思维的处理结果在外在表现形式上是否一致才是判断计算机是否智能化的重心所在。图灵将对数字计算机的关注重点放在复制人类思维处理结果的外在表现形式上,并不关注复制人类思维处理过程。该基本理论预设是模仿游戏(imitation game)的前提。

〔4〕　史忠植、王文杰编著:《人工智能》,国防工业出版社2007年版,第1~2页。

智力行为的机制，途径是构造与评价按指定的这些机制设计的人造物。"[1]
1950 年，图灵发表了"计算机器与智能"一文，对数字计算机有关的机器智能进行研究，提出了名为"模仿游戏"（imitation game）的"图灵测试"。[2]
图灵测试将人的智能作为基准来考察机器是否符合智能的要求，机器只有"像人一样行为"才被认为是智能的；而判断计算机是否"像人一样行为"时无需关注计算机内部运行过程，只需关注其外在表现形式，即输出结果是否与人类的答案无法区别。图灵测试通过程序化的方式展示了"类人行为"维度的人工智能概念。

"类人行为"维度的人工智能概念具有如下特征：第一，机器面向。"类人行为"维度的人工智能的落脚点是智能化机器。第二，以人类智能为基准。"类人行为"维度的人工智能以人类智能为智能原型或参照。第三，将外在行为作为关注重心。在设定的情境中，机器和人的行为是否相同或类似，即机器是否会"像人一样行为"是判断机器智能与否的标准。

（2）"类人思维"维度

从"类人思维"维度出发，可以将人工智能界定为使人造物"像人一样思维"，让机器模拟人类进行思考、决策和求解的本源性存在。它是认知科学与计算机模型结合的产物，试图将人的认知过程模型化。"1978 年贝尔曼（Bellman）提出人工智能是那些与人的思维、决策、问题求解和学习等有关活动的自动化。"[3] 20 世纪 50 年代，科学家模拟神经元的信息处理方式建立了符号化的存储结构模型，并将其命名为记忆块（chunks）。20 世纪 80 年代，艾伦·纽威尔（Allen Neway）和罗森·布鲁姆（Rosen Bloom）提出用经验记忆块替代子目标中的复杂过程，进而提高求解速度的方案，为经验学习提供了基础。

"类人思维"维度的人工智能概念与"类人行为"维度的人工智能概念都是面向机器的，且以人类智能为基准，存在诸多共性。但是，二者也存在

---

〔1〕 刘凤岐编著：《人工智能》，机械工业出版社 2011 年版，第 2 页。

〔2〕 "模仿游戏"对照人的智能水平衡量智能机器的性能。它的具体操作流程是，将机器、陪测人、询问人置于相互隔离的空间。由询问人使用类似终端的文字设备与机器和陪测人进行交流。询问者依据回答的情况对二者进行区分。倘若询问者不能区分何者是机器作答，何者是陪测人作答，则认为机器符合智能的要求。

〔3〕 史忠植、王文杰编著：《人工智能》，国防工业出版社 2007 年版，第 2 页。

差别。"类人思维"维度的人工智能关注人造物的求解过程和推理轨迹，在认知、推理、求解过程中对比人造物和人的认知方式。与"类人行为"维度的人工智能相比较，"类人思维"维度的人工智能侧重认知而非行为，关注求解的过程而非结果。

"类人行为"维度的人工智能概念描述行为一致性的直观现象，而"类人思维"维度的人工智能概念则揭示行为一致性的基础。"类人行为"维度的人工智能概念具有混沌性；而"类人思维"维度的人工智能概念具有明确的路径。"类人思维"是从认知科学的角度对"类人行为"进行解读的方案，"类人思维"维度的人工智能概念与"类人行为"维度的人工智能概念之间存在内在与外在、过程与结果的关系。

（3）"理性思维"维度

"查尼艾克（E. Charniak）和麦克德莫特提出人工智能是用计算机模型来研究智力能力，这是一种理性思维方法。一个系统如果能够在它所知范围内正确行事，它就是理性的。"[1]"理性思维"维度的人工智能概念关注人造物的智能思维，而非智能行为。这种智能思维以理性思维而非"人的思维"作为判断标准。一方面，它只截取"人的思维"中的理性部分，将非理性的思维排除在考察范围之外；另一方面，它不是对人的理性思维方式的直接模拟，而是通过符号进行逻辑运算推理求解。"理性思维"维度的人工智能的核心是符号化逻辑推理。将事物之间的关系通过符号表示，依据逻辑推理的基本法则进行运算。这种逻辑主义的方法可能会遭遇知识的有限性、知识难于符号化以及原则性解决与实际解决悬殊等难题。

（4）"理性行为"维度

人的思维包括理性思维和非理性思维，与此类似，人的行为包括理性行为和非理性行为。"理性行为"维度的人工智能关注人造物的智能行为。人造物是否智能的判断标准是其行为是否符合理性的要求，而非是否与人的行为相同或类似。理性思维是达致理性行为的一种方式，但是理性思维并不等同于理性行为。"在有些情景下，往往没有某个行为一定是正确的，而其他的是错误的，也就是说没有可以证明是正确的应该做的事情，但是还必须要做的

---

[1]　史忠植、王文杰编著：《人工智能》，国防工业出版社 2007 年版，第 1~2 页。

某件事情。"[1]

(5) 以"类人智能"为中心界定人工智能概念面临的困境

第一，人工智能超越人类智能的可能性。人工智能在未来是否会超越人类智能？该问题的答案取决于回答者对未来技术发展的认识。将人工智能定位为"人造物"，则人工智能是人类设计的产品，人类的认识水平和知识结构决定人工智能的智能化程度，人类智能是人工智能无法逾越的天花板。人工智能技术即便能在局部突破人类认知局限，但是无法从整体上全面超越。在"机器学习"概念产生之前的"编程"阶段，这一认识占据主导地位。但是，伴随"深度学习""自主编程"等理论的出现，对人类智能与人工智能关系的认识发生转变。在科技革命日新月异的今天，对人工智能超越人类智能的预期增强。人类智能是人工智能的源头，却并非边界。有学者预言："人工智能发展将会远远超过人类智慧的水平。"[2]总而言之，人类创造的类人智能经历了机械模拟、神经模拟、自主深度学习的过程；人工智能的认知以人类智能为原型，但不限于人类智能认知的水平和能力，具有超越人类智能的可能性。在人工智能模拟或效仿人类智能的假设下，以"类人智能"为中心界定人工智能的概念具有合理性；但在人工智能超越人类智能的假设下，人工智能作为新型智能形态已无法在人类智能的框架中寻求解释答案，再以人类智能为基础界定人工智能不具有合理性。

第二，智能概念的模糊性。以"类人智能"为中心进行概念界定的基础是将人类智能作为智能的原型。智能曾经被认为专属于人类，拥有智能是人类区别并优越于其他物种的典型特征。智能概念的界定以人的特征为基础，即在抽象人类特征的基础上确定智能元素，进而判断计算机或程序是否具有智能属性。与智能相关的人类特征具有多重性，包括意识、自我意识、语言使用、学习能力、抽象能力、适应能力和推理能力。从不同的人类特征出发定义智能概念的结果迥异，以此作为判断人工智能的依据必然出现分歧和争议。

第三，平行智能说对"类人智能"路径提出根本性挑战。该说认为，人类智能并非智能的原型，人工智能并不一定是对人类智能的模仿。"'图灵测

[1] 史忠植、王文杰编著：《人工智能》，国防工业出版社 2007 年版，第 5 页。
[2] 杨立新："民事责任在人工智能发展风险管控中的作用"，载《法学杂志》2019 年第 2 期。

试'仅仅只是'人工智能'概念的一部分,不模仿人类但同时也能完成相关行为的机器同样应被视为'智能'的。"[1]

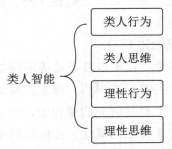

图 2-1　以"类人智能"为中心的人工智能概念

3. 人工智能的概念体系:原生概念+衍生概念

无论是在日常生活中还是在学术研究中,人工智能概念指向的对象与表述之间普遍存在一对多的现象。当人们运用人工智能概念讨论问题时,貌似一致的表述下隐藏着实质性差异。这就需要区分原生概念与衍生概念,避免概念之间的混淆和误用,防止人工智能概念的多层次性成为达成共识的隐形障碍。

(1)原生概念:以智能形态为中心

在智能形态层面,人工智能与人类智能相对应,是智能的下位概念。无论是模拟智能说还是平行智能说都不否认人工智能与人类智能之间的关联。人工智能以人类智能为基础或原型,是对人类感知、逻辑推理、思维、语言表达和情感等方面的模拟。它源于认知科学领域,是基于人类智能进行设计的结果。计算机是人工智能技术的必要载体或媒介,逻辑学、神经学等认知科学需要通过计算机模拟人类智能创造人工智能。人工智能描述的是一种观念性的存在(as a concept),也是一种有形技术(as a tangible technology)。通过技术路径实现的类人智能这一智能形态是本源意义上的人工智能概念。

(2)衍生概念:赋值产生的差异性

人们在使用人工智能概念时通常会结合语境潜意识地对其赋值,宽泛或

---

[1]　贾开、蒋余浩:"人工智能治理的三个基本问题:技术逻辑、风险挑战与公共政策选择",载《中国行政管理》2017年第10期。

笼统地以人工智能指代人工智能学科、人工智能技术、人工智能程序、人工智能设备、智能机器（人）的现象普遍存在，即以人工智能这一前缀代替具体语境下的词汇。换言之，无论是人工智能本身，还是人工智能衍生出的学科、产品都被含混地称为人工智能。

（3）人工智能相关概念体系

人们在智能形态、科学、技术以及产品等不同层面不加区分地使用人工智能的概念，会造成概念的滥用或误用。与人类智能相对应的人工智能首先体现在智能形态的层面，在科学研究的层面衍生出人工智能科学的概念，在开发的层面衍生出人工智能技术的概念，在应用的层面衍生出人工智能产品或人工智能体的概念，在外观层面衍生出人工智能机器人的概念等。

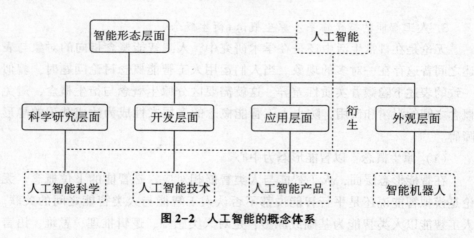

图 2-2　人工智能的概念体系

（二）人工智能相关概念辨析

1. 人工智能与智能机器（人）：内核与载体

大众在谈及人工智能时脑海里自然而然地会浮现出"机器人"或"智能机器人"的画面。"人造人"承载了大众对人工智能直观、朴素的想象和认知。关于"人造人"的创造经历了从想象到现实，从形似到神似，从机械化到智能化的过程。

工业革命之前，草木、皮革等是"人造人"的主要素材。《列子·汤问》描述了偃师向周穆王献艺而几乎被杀的场景，其"罪魁祸首"是偃师制造的足以以假乱真的"人造人"。《乐府杂论》记载了刘邦用美人木偶在城楼上表演从而脱困的故事。17世纪初，基于想象的"机械人"（automation）一词出现，指称借助齿轮技术创造的自动机械木偶。这些"人造人"徒有人形，并无智能可言，赋予其智能的主体是不可言喻的外在力量。

工业革命开启了机械化时代，人类对"人造人"的思考不再停留在人之外形的层面，而深入到人之本质。人类试图寻求机器与人以及人类社会的共同之处，通过机器模拟或再造人或人类社会。关于机器与人以及人类社会的共性的分析主要包括以下面向：①将人视为复杂的机器。拉·梅特里（La Mettrie）认为人是机器，"人的身体是一架钟表，不过这是一架巨大的、极其精细、极其巧妙的钟表"〔1〕。②从机器视角解读国家，理解国家整体与局部的关系。霍布斯在《论公民》一书的"前言"中将国家和社会视为类似于机器的存在，他认为："对于钟表或相当复杂的装置，除非将它拆开，分别研究其部件的材料、形状和运动，不然就无从知晓每个部件和齿轮的作用。同样，在研究国家的权利和公民的义务时，虽然不能将国家拆散，但也要分别考察它的成分，要正确地理解人性，它的哪些特点适合、哪些特点不适合建立国家，以及谋求共同发展的人必须怎样结合在一起。"〔2〕也就是说，人体、国家和社会都可以做类似于机器的解构，存在相通之处。

既然机器与人存在共性，用机器零件替代人体的组成部分以及构造类似人体的机器成为可能。人体与机器零件之间被假定为存在一定的对应关系，机器零件的组合可以发挥与人体器官类似的功能。相较于工业革命前，人类对"人造人"的认识已经从外观论转向功能论。人们相信无论是人的身体还是大脑都可以通过机械组合的方式进行模拟和替代。工业时代的机器取代了部分人的体力劳动。"1920年，捷克作家卡雷尔·卡佩克（Karel Čapek）创作了《罗素姆的万能机器人》（Rossumovi univerzální roboti）剧本，发明了如今通用的Robot（机器人）这个词汇，它的辞源是波兰语中的强迫劳动（Robota）和工人（Robotnik）。"〔3〕与此相对应，智能机器（人）则取代部分人的脑力劳动，如图灵设计了用于破解密码的智能机器"Bombe"。

智能机器（人）是机器工业发展到智能化的高级阶段的产物，是人工智

---

〔1〕 ［法］拉·梅特里：《人是机器》，顾寿观译，商务印书馆1999年版，第65页。
〔2〕 ［英］霍布斯：《论公民》，应星、冯克利译，贵州人民出版社2003年版，第9页。
〔3〕 郑戈："人工智能与法律的未来"，载《探索与争鸣》2017年第10期。

能技术应用的结果。"人工智能是技术，技术必须通过一定载体进行运用，才能展示和体现其具体内容，当然在运用过程中也会致人损害。"[1]有形的机器（人）是人工智能的载体和外在体现，无形的"合成智能"才是人工智能的核心。"格里申法案提出了一个过渡性的机器人定义，作为法律调整的对象要素，即'机器人——在没有人类一方完全控制的情况下依靠从外部环境获取的信息而能够行动、决定自己的行为并评估其后果的装置'（法案第 3 条）。"[2]

2. 智能机器人与智能机器或人工智能系统：拟人方式的嬗变

"机器人是指由仿生元件组成并具备运动特性的机电设备，它具有操作物体以及感知周围环境的能力。"[3]根据机器人应用领域的不同，可以将其分为工业机器人和服务机器人两种类型。20 世纪中叶，美国生产出全世界第一个工业机器人。服务机器人则直到 20 世纪 90 年代才出现。

（1）具象化拟人：基于碳基生命的想象

基于碳基生命的想象，智能专属于人类，生理意义上的人是智能机器人的原型和模仿对象。智能机器人在外观和内在两个方面均以生理意义上的人为参照，智能化被视为机器向人无限趋同的过程。"现有的法律模式没有摆脱传统的具象化乃至拟人化思维方式，仅仅将有形的智能化机器或'机器人'纳入规制范围。"[4]

人形机器是机器具象化拟人的直观体现。"在孔德的时代，英文中又出现了 Android（人形机器）一词，其词根是古希腊文中的 andro（人）和 eides（形状）。"[5]当然，具象化拟人并不限于人的外貌，还包括人的声音、行为举止等。人形机器外观论对社会生活的影响深远。"类人形的陪伴型机器人享受权利，人类可能容易接受；而动物形状的陪伴机器人享受权利可能就难以

〔1〕 环建芬："人工智能工作物致人损害民事责任探析"，载《上海师范大学学报（哲学社会科学版）》2019 年第 2 期。

〔2〕 张建文："格里申法案的贡献与局限——俄罗斯首部机器人法草案述评"，载《华东政法大学学报》2018 年第 2 期。

〔3〕 腾讯研究院等：《人工智能》，中国人民大学出版社 2017 年版，第 91 页。

〔4〕 郑戈："人工智能与法律的未来"，载《探索与争鸣》2017 年第 10 期。

〔5〕 郑戈："人工智能与法律的未来"，载《探索与争鸣》2017 年第 10 期。

接受了"〔1〕。

内心拟人化试图让人工智能拥有与人类相似的心理世界,包括欲望、情感、道德感以及价值观之类,因而具有"人性"。〔2〕人类期待与其具有类似或同等智能的类存在、出现并和谐共处,是源于作为单一智能主体内心的孤寂。基于人性本善构想的人类与智能机器人和谐共处的童话世界,忽略了人性中恶的因素。"殊不知越有人性的人工智能就越危险,因为人性才是危险的根源。"〔3〕《异行》中的"阿什"、《七龙珠》中的"人造人17号"和"人造人18号"等影视作品中的邪恶形象预示着内心拟人化的智能机器(人)可能带来的灾难。

(2)抽象化拟人:基于硅基生命的想象

在美国科幻影片《她》中,作家爱上的"萨曼莎"(Samantha)是以代码形式存在于网络中的人工智能操作系统,并无有形的实体。"如果只保护了类人形的辅助机器人,而不保护这些没有实体的人工智能系统,那人类只是在保护自己对这个机器人的财产所有权,而非对于一个不一样的智能物种的尊重和保护。"〔4〕

人形机器是人类将自身影像投射于智能机器的结果,这种基于碳基生命的想象更多来自人类的一厢情愿,主要体现在影视作品、文学作品、漫画和游戏中,并非技术发展的必然。"硅基生命没有必要模仿碳基生命的形态,只需要在功能上超越人类。"〔5〕智能技术进步使得人们将关注重心越来越多地放在智能内核而非人形外形上。关于智能机器的人形假设淡化,功能论或主体意识论取代外观论。人工智能技术已经超越了简单模拟人类外形和内心的阶段,"不再局限于创造一个拥有人脑效果的完美机器人"〔6〕。

国际标准化组织关于工业机器人的定义、国际机器人联合会(International Fedaration Robotics)关于服务机器人的定义以及我国关于智能服务机器人的

---

〔1〕 腾讯研究院等:《人工智能》,中国人民大学出版社2017年版,第264页。

〔2〕 参见赵汀阳:"人工智能的自我意识何以可能?",载《自然辩证法通讯》2019年第1期。

〔3〕 赵汀阳:"人工智能的自我意识何以可能?",载《自然辩证法通讯》2019年第1期。

〔4〕 腾讯研究院等:《人工智能》,中国人民大学出版社2017年版,第265页。

〔5〕 赵汀阳:"人工智能'革命'的'近忧'和'远虑'———一种伦理学和存在论的分析",载《哲学动态》2018年第4期。

〔6〕 张童:"人工智能产品致人损害民事责任研究",载《社会科学》2018年第4期。

定义都没有包含人形外观的要件。[1]司晓博士参照欧盟法律事务委员会关于智能机器人的定义，将智能机器人界定为具有以下特征的实体：①通过传感器、与其环境进行数据交换以及数据分析等方式获得自主性的能力；②从经历和交互中学习的能力；③具有可见形体；④随环境而调整其行为和行动的能力。[2]这一关于智能机器人的定义中以"可见形体"为要件，至于该形体是否为人形并非所问。

总而言之，智能机器人有广义和狭义之分。广义的智能机器人不以人形外观为必要，具备智能化特征的机器都可被称为智能机器人。智能机器人与智能机器、有形的人工智能系统或设备概念同一。狭义的智能机器人概念以人形外观为必要，不具有人形外观的智能机器或设备被排除在智能机器人之外。比较而言，广义的智能机器人概念符合社会和科技发展的需要，容易在专业领域得到认同；狭义的智能机器人概念符合社会大众的认知，容易获得情感上的认同。考虑到概念的明确性以及目前法律体系中概念使用的习惯，本书采用狭义的智能机器人的概念，区分具有人形外观的智能机器人和不具有人形外观的智能机器或设备。

三、弱人工智能与强人工智能

强人工智能和弱人工智能以模糊的形容词作为定语划分人工智能的等级以及人工智能时代的发展阶段。这一做法不被人工智能专业技术人员和研究者认可，他们习惯用图灵机和超图灵机的概念对人工智能的等级或发展阶段进行区分。"图灵机即机械算法机，逻辑—数学运算加上大数据资源，具有在有限步骤内完成一项能行构造（feasible construction）或者说一项运算任务的能力，但是它没有反思并且修改自身系统的功能，所以没有自我意识，只知

---

〔1〕 国际标准化组织关于工业机器人的定义为："工业机器人是一种具有自动控制的操作和移动功能，能完成各种作业的可编程操作机。"国际机器人联合会（International Fedaration Robotics）关于服务机器人的定义为："服务机器人是一种半自动或全自动工作的机器人，它能完成有益于人类健康的服务工作，但不包括从事生产的设备。"我国在《国家中长期科学和技术发展规划纲要（2006－2020）》中关于服务机器人的定义为："智能服务机器人是在非结构环境下为人类提供必要服务的多种高技术集成的智能化设备。"

〔2〕 参见司晓、曹建峰："论人工智能的民事责任：以自动驾驶汽车和智能机器人为切入点"，载《法律科学（西北政法大学学报）》2017年第5期。

道如何完成一项任务，却不知道其所以然，也不知道为什么要做这样的任务。"〔1〕超图灵机是指突破图灵机固有局限的人工智能。"超图灵机必须是一个达到自觉意识的全能系统，具有自我意识和自由意志，具有把自身系统对象化的反思能力，以及修改自身程序的能力和独立发明新语言、新规则、新程序的创造力。"〔2〕

（一）关于强人工智能的认识分歧：想象力匮乏 vs. 天方夜谈

强人工智能是人类基于人工智能技术应用的现状及趋势对未来技术发展的想象，并非严密逻辑论证的结果。计算机能够模拟人类的认知行为，展现智能外观，对此学者并无分歧。但是，关于计算机在智能建构方面扮演的角色乃至计算机与人类心灵之间关系的解读存在差异。人工智能是否会升级到强人工智能阶段的答案不尽一致。肯定说认为否定人工智能会升级到强人工智能阶段的观点缺乏想象力和创新精神，低估了计算机科学未来发展的潜力，是狭隘的人类中心主义固步自封的结果；而否定说认为肯定人工智能会升级到强人工智能阶段的观点纯粹是异想天开或杞人忧天，缺乏科学依据，混淆了科幻与现实的关系。

1. 否定说

持否定说的学者认为："包括道德、自由和自我意识的强人工智能设想存在根本性错误，这也说明我们期待的强人工智能或许是一个伪命题。"〔3〕计算机只是研究心灵和思维的工具，本身无法进行思维和心灵活动，所展示的智能外观不过是人类智能的转化，并非真正意义上的智能。"即使这类机器可以通过图灵测试，从本质上说还是和一台极度复杂的中控收音机相差无几。"〔4〕人类智能是智能的唯一形态，模拟人类智能的机器智能不过是人类智能转化或折射的结果。以此为基础建构的智能图景中，人类是上帝般的存在，是人工智能生成的源泉和原动力，只能被模仿，无法被超越。人类是人机关系中

---

〔1〕 赵汀阳："人工智能'革命'的'近忧'和'远虑'——一种伦理学和存在论的分析"，载《哲学动态》2018年第4期。

〔2〕 赵汀阳："人工智能'革命'的'近忧'和'远虑'——一种伦理学和存在论的分析"，载《哲学动态》2018年第4期。

〔3〕 房绍坤、林广会："人工智能民事主体适格性之辨思"，载《苏州大学学报（哲学社会科学版）》2018年第5期。

〔4〕 董军：《人工智能哲学》，科学出版社2011年版，第33~34页。

永恒的主宰者。无论机器表现出的智能形式如何强大，不过是人类智能转化的结果，无法与人类智能媲美。"人工智能只是一个受特定算法支配，接受人类指令为人类服务的工具，而不可能成为与人讨价还价的对手或者推心置腹的朋友。"[1]

否定说立论的基础是现有技术水平和人类情感。一方面，目前人工智能对人类智能的模拟存在局部性和刻板性。这一依据当下人工智能技术发展水平否定其未来发展可能性的技术论证方式因僵化性而难以成立。另一方面，超越人类智能的强人工智能可能带来的控制权转移、技术失控、人类精神家园和尊严的沦丧等社会问题滋生了排斥强人工智能的情感。

2. 肯定说

人类智能并非智能的唯一形态，人工智能具有替代甚至超越人类智能的可能。狭隘的计算机工具论并未充分认识到计算机的强大功能，"恰当编程的计算机就是心灵"[2]，它能够独立进行思维和感知，产生情感和理智。智能形态具有多样化特征，模拟人类智能的机器智能存在进化的可能，机器智能不再是对人类智能的简单模拟和效仿，可以成为独立于人类智能的新型智能形态。创造出具有心性和灵性、与人类相似甚至超越人类的硅基主体并非天方夜谭。以此为基础构建的智能图景中，人类中心主义被消解，人类智能走下神坛成为与机器智能并列的一种智能形态。

人机关系中人类占据主导地位的情况是暂时的，随着机器智能的发展，人类会逐渐丧失对智能机器的控制，未来社会将充满不确定性。人类深度依赖智能网络的时代，以网络化形式存在的人工智能的"幽灵"会成为具有极强自我修复能力且无法彻底摧毁的存在。"硅基生命的人工智能最终将超越拟人模式而进入上帝模式，即成为像上帝那样无处不在的系统化存在。"[3]换言之，如果没有预先的技术规制和科学的伦理和法律制度安排，人工智能会成为人类新的"拜物教"的对象。

---

〔1〕 房绍坤、林广会："人工智能民事主体适格性之辨思"，载《苏州大学学报（哲学社会科学版）》2018 年第 5 期。

〔2〕 高新民、付东鹏：《意向性与人工智能》，中国社会科学出版社 2014 年版，第 19 页。

〔3〕 赵汀阳："人工智能'革命'的'近忧'和'远虑'——一种伦理学和存在论的分析"，载《哲学动态》2018 年第 4 期。

3. 小结

强人工智能时代是否会来临是事实判断与价值判断双重作用的结果。一方面，强人工智能时代需要以技术可能性为基础。未来人工智能技术的发展前景只可预测而无法下定论，因而在技术可能性的层面无法证明或证伪强人工智能时代是否会来临。强人工智能时代是否会来临的命题在当下并不是一个科学命题，而是一个猜想命题。另一方面，人类的价值判断对在技术可能的情况下强人工智能时代是否会来临有着重要影响。在技术可能性条件具备的情况下，人类的愿望和期许决定技术研发和应用的边界。技术可能性不同于现实性，在现实性的语境下强人工智能时代能否来临的命题已转变为强人工智能时代应否来临的命题。正是在这一意义上，有学者认为："人类绝不会为自己制造一个终结者。因此，'奇点'能否到来，最终由人类说了算。"[1]

（二）强人工智能的理论预设：思维、心性与灵性

人类对强人工智能的想象可谓五花八门，科幻电影和小说中充斥着人类构建的强人工智能形象。自人工智能出现以来，对强人工智能技术的理论研究虽几经沉浮，但从未淡出研究者的视野。强人工智能犹如富有魔力的巫师一般召唤着人类。时至今日，强人工智能仍然停留在想象和研究的阶段，并未成为现实。但是，有学者断言："尽管超级人工智能仍然很遥远，但在理论上是可能的"[2]，"未来必将出现'机器人 N.0 时代'"[3]。

"著名数学家图灵（A. M. Turing）是强人工智能最早也是最权威的代表。"[4]他提出的关于心灵的"计算机隐喻"成为探索和研发强人工智能的基础理论。强人工智能的基本理论预设是硅基智能主体等同甚至超越碳基智能主体。在人类有限的想象空间内，思维、心性、灵性成为衡量硅基智能主体能否等同甚至超越碳基智能主体的主要标准。因而，强人工智能的基本理论预设可以从思维、心性、灵性三个方面进行分解。

---

〔1〕 房绍坤、林广会："人工智能民事主体适格性之辨思"，载《苏州大学学报（哲学社会科学版）》2018 年第 5 期。

〔2〕 赵汀阳："人工智能'革命'的'近忧'和'远虑'——一种伦理学和存在论的分析"，载《哲学动态》2018 年第 4 期。

〔3〕 刘宪权、胡荷佳："论人工智能时代智能机器人的刑事责任能力"，载《法学》2018 年第 1 期。

〔4〕 高新民、付东鹏：《意向性与人工智能》，中国社会科学出版社 2014 年版，第 19 页。

1. 理论预设一：强人工智能具有与人类智能类似甚至更高的思维

（1）机器思维命题的提出

图灵在"计算机器与智能"一文开篇便提出了"机器能够思维吗"的问题。图灵认为，人的思维和认知即计算，"人的心智就是一种计算机器，即一种能计算的机器（所有能做这种事情的物质都可叫做计算机）"〔1〕，人的计算任务可以由机器完成。倘若思维只是形式推理，思维形式的有效性决定思维的有效性，则思维即计算的命题能够成立。计算机能够通过建立形式化的模型模拟人类的思维。

倘若将智性理解为行为或决策的理性，"智性的存在表现在合理性，可计算性、规则性，功利性和经验性上"〔2〕，那么人工智能具有智性的结论应无争议。一种观点认为智性是思维的表现方式，有智性即有思维。只要硅基智能主体与碳基智能主体展现出智性特征，则不论硅基智能主体是否模拟碳基智能主体的思维方式，都不能否认硅基智能主体具有思维能力。反对的观点认为，思维并非智性的唯一源泉，人工智能展现的智性并非思维的结果，而是计算力的体现。硅基智能主体即便展现出智性特征，也不过是计算力的体现，无法上升到思维的层面。

另有学者将思维与语言能力等同，认为机器具有通过语言构造世界的能力就意味着其具有了思维的能力。"语言能力等价于构造世界的能力（维特根斯坦认为语言的界限等于世界的界限）。在这个意义上，具备了等价于人类语言的任何一种语言能力就等于具备了思想能力，我想这是图灵测试的本意。"〔3〕

（2）机器思维的能与不能

第一，不可知论视角下的考察。不可知论者认为，人工智能是否具有与人类同等的思维能力是无法被证明或证伪的。"确定一台机器能否思维的唯一办法，就是变成这台机器，并感受到自己的思维。然后可以向世人描述这些感受，但是，毫无疑问，任何人所做的任何介绍都不能被认为是正确的。"〔4〕

---

〔1〕 高新民、付东鹏：《意向性与人工智能》，中国社会科学出版社 2014 年版，第 23 页。

〔2〕 於兴中："算法社会与人的秉性"，载《中国法律评论》2018 年第 2 期。

〔3〕 赵汀阳："人工智能'革命'的'近忧'和'远虑'——一种伦理学和存在论的分析"，载《哲学动态》2018 年第 4 期。

〔4〕 ［英］A. M. 图灵："计算机器与智能"，载董军：《人工智能哲学》，科学出版社 2011 年版，第 149 页。

从抽象思辨的角度看，不可知论关于人工智能能否思维的分析具有一定的合理性。人类思维与人工智能思维是异质的思维方式，则因异质智能形态思维主体之间具有不可通约性，人工智能能否思维的问题超越了人类认知的范畴。但是，这并不妨碍人类以人类思维为参照系，考察人工智能是否具有思维的能力。

第二，可知论视角下的考察。可知论者又分为神学主义者和科学主义者两大派别。神学主义者通常坚持思维的人类专属性，认为："思维是人类不朽灵魂的一种机能。上帝把不朽的灵魂给了每个男人和女人，而没有给任何其他动物和机器。所以任何动物和机器都不能思维。"[1]该观点对世俗社会产生了深远影响。机器思维可能导致失控的后果使得人们不希望也不相信机器能够思维。这种因担忧机器思维会给人类带来威胁，而"把头埋在沙中"，盲目否定机器思维能力的观点更多出于满足人类安全需要的主观愿望，而非基于科学论证。

科学主义者从神学本身以及神学论证的内在矛盾性等方面对神学主义者的观点提出质疑和反驳。一方面，科学主义对纯粹基于想象的神学观点持普遍怀疑态度，认为"神学论点，无论它们可以用来支持什么，都不会给我（图灵）留下深刻印象"[2]。另一方面，该神学论证存在内在矛盾冲突。图灵采用神学的方式对其进行了反驳。他认为："上面引用的论点中隐含着对全能上帝无限权力的一种严重的限制。……我们不应当比我们在繁衍后代时更加不敬地僭越上帝创造灵魂的权力，不管就这两种情况的哪一种而言，我们都不过是上帝意志的工具，是为他所创造的心灵提供住所而已。"[3]虽然科学主义者反对神学关于思维专属于人类的论证，却绝非一概认同人工智能的思维能够与人类智能的思维媲美。

（3）机器思维的局限性

人类思维不限于形式推理，还有直觉推理和经验推理等，具有非逻辑性

---

〔1〕［英］A. M. 图灵："计算机器与智能"，载董军：《人工智能哲学》，科学出版社 2011 年版，第 146 页。

〔2〕［英］A. M. 图灵："计算机器与智能"，载董军：《人工智能哲学》，科学出版社 2011 年版，第 136 页。

〔3〕［英］A. M. 图灵："计算机器与智能"，载董军：《人工智能哲学》，科学出版社 2011 年版，第 146 页。

和非理性的一面，这一复杂性使得坚持计算主义的科学主义陷入困境。

第一，从目前科学技术的发展水平看，人工智能无法完全还原人类完整的思维过程。"认知神经科学的许多实验结果十分微观，但还是无法刻画人脑中具体的信息处理过程，也对应不了大脑皮层的功能定位，互相之间的关系甚不明了。思维过程现在还根本无法想象。"[1]

第二，人工智能欠缺辩证逻辑思维能力。辩证逻辑思维是与形式逻辑思维相对应的概念。"形式逻辑的推演表现的是事物自身的等同性，即在推演的过程中，事物质的规定不能从一种质的规定变化为另一种质的规定。辩证逻辑就是在认识事物的过程中不但认知事物当前的、现在的'质'的不变性（稳定性），同时还要认识到这种不变性是暂住的。"[2]人工智能能够模拟人类智能中形式逻辑思维的部分，却不能模拟辩证逻辑思维的部分，难以应对社会生活中的诸多质变现象。

第三，人工智能在经验思维方面存在欠缺。经验是与逻辑相对应的概念。人类的思维和心理模型不是纯粹逻辑式的，而是由逻辑和经验共同构建的，逻辑是显性表达，而经验是隐喻。实践中积累的经验，虽然未被显性表达，但不妨碍其有效解决问题。生物进化论和发展心理学已经证明由公式或程序语言来显式表达知识的局限性。社会生活中大量的知识具有隐性和潜意识特征，它们不能通过形式化的方式表达，而需要在社会生活中根据环境变化习得。

第四，人工智能缺乏混沌思维的能力。"混沌介于严格的规则性和随机性之间，是'无序中的有序'，有序是指其确定性，而无序则是其最终结果的不可预测性。"[3]人类的混沌思维难以通过机械化的方式复制。

以人类思维作为判断人工智能思维能力的原型或基础，并不意味着将人类社会惯用的思维概念简单地套用到人工智能上。人类思维是思维的下位概念，即便能够证明人类思维的概念不适用于人工智能领域，也只表明人工智能不具有人类思维的能力，并不能否认人工智能具有思维的能力。

---

〔1〕 董军：《人工智能哲学》，科学出版社2011年版，第100页。

〔2〕 郝铁川："不可幻想和高估人工智能对法治的影响"，载《法制日报》2018年1月3日，第10版。

〔3〕 董军：《人工智能哲学》，科学出版社2011年版，第89页。

2. 理论预设二：强人工智能具有与人类智能类似甚至更高的心性

"人的心性是感情、情绪、感觉的发源地，属于完全不同于智性的领域。"[1]图灵用剥"洋葱皮"比喻分析机器是否具有心性的过程。"在考虑心灵或大脑的功能时，我们发现某些运算可以用纯机械方式来解释。这种情况不能代表真正的心灵，它是一种表皮，如果我们要找到真正的心灵，就必须把它剥掉。但是在剩余的部分中，我们又会发现新的要剥去的表皮，这种做法可继续下去。照此进行，我们是抵达了'真正'的心灵呢，还是最后只看到一层内中空空如也的皮？"[2]

第一，否定说。否定说认为，计算机程序的语法性不能产生语义性的心性。塞尔（John R. Searle）认为，心性具有语义性，人脑是产生心性的基础；计算机尚不具备人脑的功能，不能产生心性或者与之相当的心理状态。哥德尔认为："人心胜过一切机器。"[3]

第二，肯定说。部分计算主义者认为，作为认知现象的心理状态并非人类所独有，人脑、神经系统并非心理状态的唯一来源，计算程序能够替代人脑、神经系统实现类似于人类的心理状态。"心理现象是认知现象，而认知不过就是计算，因此可用程序等计算术语来说明心理过程，而没有必要根据神经过程来解释心灵。"[4]

是否具有情感是心性的体现。关于情感是否专属于人类？通说认为，人工智能不会为情所累。杰斐逊教授认为："任何机器都不可能感觉到成功时的愉悦和电子管烧毁时的悲伤，也不会因听到奉承而兴奋，因犯错误而苦恼，因见到异性而着迷，在愿望实现不了时发怒或沮丧。"[5]反对的观点主张，人工智能技术的发展使得情感不再专属于人类。闫守孟研究员指出："目前的一些服务机器人原型……在技术上已经可以做到'表达它的情绪，与人类做感

---

[1]　於兴中："算法社会与人的秉性"，载《中国法律评论》2018年第2期。

[2]　[英] A. M. 图灵："计算机器与智能"，载董军：《人工智能哲学》，科学出版社2011年版，第153页。

[3]　董军：《人工智能哲学》，科学出版社2011年版，第40页。

[4]　高新民、付东鹏：《意向性与人工智能》，中国社会科学出版社2014年版，第26页。

[5]　[英] A. M. 图灵："计算机器与智能"，载董军：《人工智能哲学》，科学出版社2011年版，第148~149页。

情上的交流。’”[1]

3. 理论预设三：强人工智能具有与人类智能类似甚至更高的灵性

灵性具有高度抽象和难以捉摸的特征，具有“不可言说”之妙。“灵性又可包括恐惧感（或畏惧）、崇拜、生命倾向、神秘性、神圣性和普世的爱等方面。”[2]目前关于人工智能是否具有灵性的思考还停留在想象阶段。於兴中教授将人的秉性分为智性、心性和灵性三个维度，并认为“如果从人的秉性出发来看问题，机器人是无法全方位超越人类的”[3]。人是理性与非理性的复杂统一体，影响其进行自主选择或作出决策的因素不仅有理性，还有情感和信仰。人工智能的优势主要体现在智性维度，在心性和灵性方面远不及人类。智性单一维度的过度发展可能削弱心性和灵性。缺乏对与心性和灵性相关的智能技术进行限制在技术发展的高级阶段会导致毁灭性灾难。

（三）关于泛化强人工智能的认识：对机器自主学习的误解

目前存在“泛化强人工智能”的认识，即将能通过学习算法（learning algorithm）自主创建规则的智能机器等同于强人工智能。在机器学习中，学习算法取代程序设计者成为规则创建的主体，学习算法根据提供的训练数据自主推导生成新的规则。机器不再是被动的工具，而是转变为具有感知、决策和执行能力的主观能动者。依赖于后天环境交互的智能超越了人类程序设计者和制造者的控制和预测范围。有学者将这一类型的智能称为合成智能（synthetic intellects）。“它不是传统意义上的编程，也就是说，它突破了‘机器只能做程序员编排它去做的事情’这一局限，你只要给它一大堆人类穷其一生也无法浏览完的数据……包括人类智力根本无法理解的无结构数据，再设定某个具体的目标，最终系统会产生什么结果完全不可预见，不受创造者控制。”[4]合成智能是弱人工智能向强人工智能转变的过渡阶段。在合成智能阶段，智能机器的工具性特征被淡化，但并未达到“通用型人工智能”的要求。虽然智能机器（人）突破了人类的生理极限，通过传感设备实现了“眼观六

[1] 齐鲲鹏：“‘2017人工智能：技术、伦理与法律’研讨会在京召开”，载《科学与社会》2017年第2期。

[2] 於兴中：“算法社会与人的秉性”，载《中国法律评论》2018年第2期。

[3] 於兴中：“算法社会与人的秉性”，载《中国法律评论》2018年第2期。

[4] 郑戈：“人工智能与法律的未来”，载《探索与争鸣》2017年第10期。

路、耳听八方""过目不忘"等人类难以企及的目标，并能通过学习算法在一定范围内自主决策或行为，但其仍然不是全人或超人。合成智能应用的领域受人类程序设计者设定的范围限制，在此范围内人工智能被训练而具有一定的自主性，而超过这一范围就会显得"愚不可及"。弱人工智能向强人工智能转变不是一蹴而就的，需要以科学技术领域的重大突破为基础。

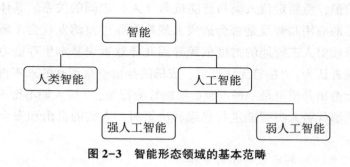

图 2-3　智能形态领域的基本范畴

第二节　智能性质领域的基本范畴

不确定性、自主性以及意向性是智能形态二元化时代新出现或需要重点关注的概念。人工智能时代的未来图景和权利需求的不确定性、智能机器（人）决策或行为自主性以及人工智能的意向性对传统民事法律责任规则体系构成冲击，需要以"不确定性"、"自主性"和"意向性"为基本范畴构建人工智能时代的民事法律责任规则体系。

一、不确定性

确定性是风险社会的稀缺资源，而不确定性是风险社会的显著特征。人工智能时代给人类社会带来的不确定性前所未有。人工智能时代人类的命运将会如何？人工智能时代的权利需求又将如何？上述问题的答案处于动态变化的过程中。这种不确定性的状态使得民事法律责任规则设计中如何协调现实性与前瞻性、稳定性与滞后性等关系的问题十分显著。

1. 人工智能未来图景的不确定

人类对人工智能的未来发展充满了美好的期许。继工业革命将人类从繁

人工智能时代新型民事法律责任规则研究

重的体力劳动中解脱出来后，人类希望通过智能革命减轻脑力劳动的负担。人类构想的未来理想生活图景是，人类在保持主宰世界的地位的同时由智能机器（人）来最大限度地负担体力和脑力劳动。

人工智能技术的进步和应用的普及改变了人类与智能机器（人）之间的关系，社会稳定和安全等问题随之产生。人类需要反思其在社会生活中存在的意义与价值，重新定位人类与智能机器（人）之间的关系。具体而言，人工智能技术的应用和普及是否会造成大规模失业进而诱发社会矛盾冲突？人类是否会形成对人工智能的过度依赖并因此导致丧失基本生存能力？充满危机意识的学者认为："尽管无法肯定，成佛的孙悟空是否真的永不再反，但可以肯定，创造出孙悟空是一种不顾后果的冒险行为。"[1]人们不得不深思，当人工智能能够代替人类智能进行思维和决策时，人类的自由和安全是否能够得到保障。

2. 人工智能权利需求的不确定性

社会进步与权利需求之间存在正相关关系，"人类历史发展的历史就是一部不断争取自由与权利的历史。随着历史向纵深发展，自由的享有渐次得到了增容，权利的目录也在不断增加。"[2]族群权利的确定及固化需要经历漫长的历程，且通常伴随硝烟和战火。随着人工智能自主意识增强，人工智能的权利需求是否会增强？社会是否会演进到人与智能机器人共存的阶段并出现智能机器人为争取自由和权利而与人类斗争的情况？科幻影片《机器管家》（Bicentennial Man）讲述了家政智能机器人安德鲁在意识觉醒后不断模仿人类，进而要求人类将其作为人类而非机器对待的故事。具备高度智能的机器人会向人类要求更多的权利，这也提醒我们，技术上的可能并不成为道德上的应当。

3. 人工智能时代法律的能与不能

人工智能时代，传统法律体系是否会发生颠覆性变革？是静观其变还是积极应对抑或超前规制？激进的学者认为，传统法律体系难以满足人工智能时代的法律需求，法律规则体系需要未雨绸缪地进行规范，防患于未然。保守的学者认为，应当"坚守法律的保守、求稳性特点，对新出现的、主要是

---

〔1〕 赵汀阳："人工智能的自我意识何以可能？"，载《自然辩证法通讯》2019年第1期。
〔2〕 杨春福："风险社会的法理解读"，载《法制与社会发展》2011年第6期。

其它专业制造的、我们对它仅仅一知半解的问题，不要自作多情、迫不及待地去拥抱接吻"〔1〕。

（1）颠覆论

激进的法学研究者认为，人工智能对法治的冲击是颠覆性的，它将引发对传统法律体系的全面而深刻的反思。

（2）有限影响论

郝铁川教授发表了题为"不可幻想和高估人工智能对法治的影响"的文章，从人工智能与人的关系、辩证逻辑思维、法律原则和模糊性法律规范的适用、判断证据真伪的能力、纠纷解决中法律人的灵活性等角度，论证了人工智能对法治影响的有限性。他将人工智能与 20 世纪 90 年代在法学界引发激烈争论的"克隆人"进行类比，"根本不相信人工智能能取代人类、取代人对法治的根本主导地位"〔2〕。

（3）既有规则完善论

有学者对超人工智能时代民法规则的社会功能持乐观态度。即使人工智能的发展和应用达到了超人工智能的水平，但只要正确地运用现行民法的基本规则和理念，由人工智能引起的法律问题自然会迎刃而解。〔3〕

人工智能时代的法律规则设计需要在创新与保守之间寻求平衡。一方面，法律规则设计需要具有前瞻性。人工智能时代，权利、义务以及责任的合理配置有利于消除因未来图景不确定所带来的恐慌。诚如有学者所言："权利的传统价值在于保障自由，而在风险社会的视野中，权利的价值视野偏重于对确定性价值的追求和确认。"〔4〕另一方面，法律规则设计需要与现实生活保持相对一致，持审慎而严谨的态度，不能因过度超前而影响创新。"必需且迫切的法律规制不等于法律压制，更不能因为对技术的过度担忧而束缚人工智能技

---

〔1〕　郝铁川："不可幻想和高估人工智能对法治的影响"，载《法制日报》2018 年 1 月 3 日，第 10 版。

〔2〕　郝铁川："不可幻想和高估人工智能对法治的影响"，载《法制日报》2018 年 1 月 3 日，第 10 版。

〔3〕　参见杨立新："民事责任在人工智能发展风险管控中的作用"，载《法学杂志》2019 年第 2 期。

〔4〕　杨春福："风险社会的法理解读"，载《法制与社会发展》2011 年第 6 期。

术的正常发展，应该让伦理的归伦理，法律的归法律。"〔1〕

二、自主性

人类对于制造物的理论假设是："人类最了解他们的制造物；人造之物处于人的牢固控制之中；技术在本质上是中性的，是达成目标的手段，其利弊取决于人类如何使用。"〔2〕但是，人工智能的自主性冲击了该理论假设。自主性（autonomy）是指智能机器（人）具备的自主思考或行为的能力（act or think autonomously），这是人工智能区别于其他人类发明的特性。科学研究的结果与趋势表明，在人类设计和编制的程序之外，智能机器人完全可能产生自主的意识。〔3〕自主性意味着智能机器的思维或行为并非简单是人类程序设计的结果，它具有自主学习和适应环境的能力，能够脱离程序设计者进行自主思考或行为，进而导致行为或决策中人的因素被淡化甚至离场。具有自主性的智能系统取代人类发出操作指令，在一定程度上切断了人类与智能机器（人）行为之间显性的联系。智能机器（人）行为和决策的自主性使得人与机器之间的关系复杂化，民事法律责任也随之错综复杂。

（一）机器范式由他主向自主转型

人类早期对智能机器人认知能力的认识建立在计算机的工具性基础上。无论智能机器人在逻辑运算方面具有何种优势，它都不过是人类设计的结果，并非出于自主的意识。计算机是人类程序员设计的强制指令的执行者，编程并未赋予其自主判断的能力。基于学习算法的智能机器（人）与编码机器（人）的区别在于决策或行为的自主性有所差异。ATM 机能够替代人类完成部分金融业务工作，但其决策和行为严格遵循人类程序设计员的编程设计，人类能够预测 ATM 机的决策和行为。加入机器学习元素的机器人如 AlphaGo 的部分决策和行为是学习算法的结果，即便是程序设计者也有所不知。人工智能产品在扑克、国际象棋等竞技活动中的突出表现以及其在语音和人脸识

---

〔1〕 张清、张蓉："论类型化人工智能法律责任体系的构建"，载《中国高校社会科学》2018 年第 4 期。

〔2〕 张成岗："人工智能时代：技术发展、风险挑战与秩序重构"，载《南京社会科学》2018 年第 5 期。

〔3〕 参见刘宪权、胡荷佳："论人工智能时代智能机器人的刑事责任能力"，载《法学》2018 年第 1 期。

别、医疗、家居等领域的广泛应用使得人类意识到人工智能的认识能力和水平存在超越人类智能的可能性，人工智能替代人类智能进行决策或行为并非异想天开。

人工智能时代，智能范式经历从设计到进化的转变，机器范式实现从他主到自主的转型。他主范式下，机器处于被动的被支配地位，是实现人类目的的工具，是人类意志作用的对象。机器对外界环境做出的反应及其在位置、状态方面的变化，不过是人类预先设计的结果，并不构成严格意义上的"行为"。所谓的"机器行为"不过是对行为概念进行宽泛解释的结果。而智能机器的自主性改变了机器的工具属性。智能机器（人）由输入机制、运算法则和回应机制三个部分组成"感应—思考—行为范式"[1]。拥有学习算法的智能机器（人）能够根据搜集的数据修改预先设定的算法进而调整决策和行为，其行为方式因此而变幻莫测。智能机器作为人类设计和制造的产物，不再是单纯地接收人类指令而行为的工具，拥有了自主分析和判断的能力。智能机器可以在数据分析的基础上针对特定情境自主决策或行为。"完全的自主性意味着新的机器范式：不需要人类介入或者干预的'感知—思考—行动'。"[2]机器范式由他主转变为自主是人类智慧的结晶和体现，它既是人类所期盼的，也是人类所担忧的。

（二）自主性的解释路径

1. 技术控逻辑：将人工智能的自主性解释为人类智能的延伸和体现

该解释路径认为，人工智能不过是人类程序设计的结果，是人类智能的外在表象；人工智能独立于人类智能的自主性是程序设计与结果展示之间存在时间差的体现。人工智能的自主性是形式意义而非实质意义上的。洛夫莱斯夫人针对"巴比奇分析机"写道："分析机无权说它创造出什么新的东西。它所能做的都是那些我们知道怎样命令它去执行的事情。"[3]冯珏博士将"行动"与目的性相联系，认为目的因素是构成"行动"的要件。缺乏独立性和自主性目的的物理位置或形态变化并非"行动"。AlphaGo 系统本身并不

---

〔1〕参见［英］霍斯特·艾丹米勒："机器人的崛起与人类的法律"，李飞、敦小匣译，载《法治现代化研究》2017 年第 4 期。

〔2〕冯珏："自动驾驶汽车致损的民事侵权责任"，载《中国法学》2018 年第 6 期。

〔3〕［英］A. M. 图灵："计算机器与智能"，载董军：《人工智能哲学》，科学出版社 2011 年版，第 152 页。

理解围棋对弈过程的意义，不具有独立、自主思考的能力，机器智能的源头并非思维本身而是超级运算。AlphaGo 战胜人类并不可怕，这不过是人类智能升级的结果。[1]

这一对"自主性"的理解是纯粹技术层面的，其基础是计算力。无论智能机器的表象如何强大，它都不具有类似于人类的心灵，缺乏自主思维的能力。该解释路径下形成了形式上智能形态二元化而实质上智能主体一元化的格局，智能机器是一种工具性或手段性的存在。参与社会生活的机器并无自己的主观目的，对其进行利用和操作是人类主观目的作用于客观世界的结果。机器无所谓"决策"或"行为"，人类是行为或决策的唯一主体。人类对如何利用和操作机器以及相应的后果有较高程度的认知，人工智能自主性是人类智能的延伸和体现。

2. 技术失控逻辑：将人工智能的自主性解释为人工智能创造性（creativity）

该解释路径认为，初始的人工智能是通过程序设计实现的，但是，人工智能的运行过程中进行决策或行为并不完全取决于程序设计，经深度学习后的人工智能可以针对新的社会环境形成全新的应对策略。"机器人的自主性可以被界定为在外部世界作出独立于外在控制或影响的决定并实施这些决定的能力；这一自主性具有纯技术本质，且其自主性程度取决于机器人被设计成的可与其环境进行交互的复杂程度。"[2]深度学习弱化甚至切断了人类认知与智能机器（人）的决策或行为之间的关联，人工智能的思维跳出了固有的思维模式（"out-side-box" thinking），具有了创造性，人类思维策略不再是限制人工智能决策或行为的藩篱。人工智能系统本质上不受提前预置的概念、经验法则、传统智慧等因素限制，而人类则需要依靠这些因素才能做出决策。[3]

在该解释路径下，智能机器（人）的自主行为与自动化存在一定联系但并不等同。智能机器（人）的自主行为具备自动化的外在形式，但是自动化的形式并不必然是智能机器（人）自主行为的结果。自主行为是内在自主性

---

〔1〕 参见冯珏："自动驾驶汽车致损的民事侵权责任"，载《中国法学》2018 年第 6 期。

〔2〕 冯珏："自动驾驶汽车致损的民事侵权责任"，载《中国法学》2018 年第 6 期。

〔3〕 参见 ［美］马修·U. 谢勒："监管人工智能系统：风险、挑战、能力和策略"，曹建峰、李金磊译，载《信息安全与通信保密》2017 年第 3 期。

因素的外化，独立、自主的意思是内在因素，自动化的结果是外在表现。自动化与自主行为是包含与被包含的关系。"法官在分配责任时也要区分自动化（automated）机器和自主化（autonomous）机器（如人工智能）。"[1]

人工智能创造性的解释路径遭到部分学者质疑。有学者认为，所谓人工智能创造性不过是一种幻觉（illusion）或错觉。奈特·斯利文（Nate Sliver）认为，不应当用创造性描述计算机的活动，相反，它是通过蛮力的计算速度这样做的。它的优势在于不会因为对正确行为方法的焦虑影响在特定情形下关于正确行为方式的判断。而对于人类而言，这需要超越传统思维的创造力和信心。[2]赵汀阳教授认为，程序化的方式还处于"遵循规则"的阶段，未进入"发明规则"（inventing rules）的阶段。目前的人工智能尚未可能运作维特根斯坦所谓的"发明规则"（inventing rules）的游戏，所以尚无创造性。[3]

（三）不同解释路径下对偏离现象的认识

人类智能延伸说解释路径与人工智能创造性说解释路径的分歧主要体现在对人工智能决策和行为偏离人类程序设计的认识不同。人类智能延伸说解释路径将偏离现象理解为设计缺陷、人工智能决策的特殊性以及人工智能计算力的优势。人工智能创造性说解释路径将偏离现象理解为人类程序设计者就不可预见事项有目的的行为。这里的不可预见事项即为人工智能的创造性。

1. 人类智能延伸说解释路径下对偏离行为的认识

智能机器（人）的决策或行为具有可预见性（foreseeability），它偏离人类设计的现象被解释为智能机器（人）决策或行为的不可期待性（unexpected），即人工智能的决策或行为在一定程度上是程序设计者意料之外的，被归结为人类智识不足或设计缺陷。对人工智能进行监管的目的是"保障人工智能按照既定的计算机算法运行，不出现不必要的行为或者功能上的改变"[4]。

人类智能延伸说解释路径下对偏差行为的认识基础包括：①人类智能认知具有局限性。在人类智能可预见的范围内，人工智能的决策和行为与程序

---

[1] [美]约翰·弗兰克·韦弗："人工智能机器人的法律责任"，郑志峰译，载《财经法学》2019年第1期。

[2] See Mattew U. Scherer, "Regulating Intelligence Systems: Risks, Challenges, Competence, and Strategies", *Harvard Journal Law & Technology*, Vol. 29, 2016, Spring, p. 364.

[3] 参见赵汀阳："人工智能的自我意识何以可能?"，载《自然辩证法通讯》2019年第1期。

[4] 腾讯研究院等：《人工智能》，中国人民大学出版社2017年版，第194页。

设计相一致，但是，人类程序设计的结果并非完全可预见。功能障碍（mal-function）、安全漏洞（security breach）、缺陷程序（flawed programming）等设计瑕疵以及程序设计者的智识限制使得程序设计结果会超出人类智能预见的范围，出现智能机器（人）的决策和行为与程序初始设计不一致的现象。②人类智能与人工智能在决策程序方面存在的差异（decision-making process）使得智能机器（人）能够提出人类无法预料的解决方案。人类大脑存在认知局限，有限时间内在特定场景下往往无法就全部甚至多数信息进行分析或处理。因而，由人类决策提供的方案通常是令人满意的方案（satisfactory solution）而非最优方案（optimal solution）。经济学家赫伯特·西蒙（Herbert Simon）将这一策略称为"满意度"（satisficing）。人工智能决策与人类决策不同。人工智能系统作出决策或行为选择时的方式更为直接（more intuitively appealing options），不受经验法则（rules of thumb）、先入为主的观点（preconceived notions）和传统智慧（conventional wisdom）等因素的限制。[1]③人工智能依靠具有强大计算力的计算机器进行决策或行为，其计算能力超越人类智能。建立在现代计算机超强计算能力（computational power）基础上的智能机器或系统在有限时间内分析或处理信息的能力远胜于人类，能够提供多种类型的解决方案。其中，智能机器（人）在强大计算力支持下提供的部分解决方案偏离了人类的认知或是人类无法预见的，导致智能机器（人）的决策或行为与设计者的设计意图或预测之间出现偏差。

2. 人工智能创造性说解释路径下对偏离行为的认识

人工智能创造性说解释路径下，智能机器（人）的决策或行为偏离人类程序设计不再被归结为程序设计者的意志或行为，而归结为智能机器（人）脱离程序设计者的自主意识或行为。偏离行为本身是人类程序员预期发生但不知晓具体内容的目的行为。也就是说，人工智能偏离程序设计的决策或行为虽然不可预见但属于智能系统设计者或操作者的目的行为。如机器学习是程序设计者的目的行为，但该目的行为的后果可能是设计者无法预见的。依赖"设计后的经验"（post-design experience），即便是极其谨慎的设计者、程序设计员或制造者也无法控制或预测脱离其控制后的人工智能系统。人工智

〔1〕 See Mattew U. Scherer, "Regulating Intelligence Systems: Risks, Challenges, Competence, and Strategies", *Harvard Journal Law & Technology*, Vol. 29, 2016, Spring, pp. 364-365.

能设计者不能预见智能系统脱离其控制后的行为，即智能机器（人）的决策或行为具有不可预见性，但是，产生不可预见性的能力（unforeseeable behavior）恰恰是智能系统设计者或操作者的目的（intent）所在，即便特定的不可预见行为（specific unforeseen act）并非其目的。[1]

（四）小结

人类智能延伸说认为人工智能依附或从属于人类智能而存在，人工智能是且仅是人类智能设计的产物，脱离人类智能的人工智能不存在。人工智能创造说在承认人类的"造物主"地位的同时，认为人工智能具有独立或相对独立的地位，并非绝对是人类智能的附庸。两种学说都有一定的合理性，前者立足现实，而后者关注未来科技发展。就目前而言，作为人类智能设计的结果，人工智能技术的研发与应用即便取得了瞩目的成就，也并未根本改变人工智能依附或从属人类智能的状态。完全脱离人类智能且能够与人类智能媲美甚至超越人类智能的人工智能仅存在于科幻小说或影视作品中，尚且缺乏科学依据。但是，无论人工智能是否依附或从属于人类智能，人工智能作为一种新型的智能形态在社会生活中已经并将继续发挥重要作用的事实不可否认。人类智能作为单一智能形态的局面正在被打破，智能主体呈现出二元化趋势，智能机器（人）决策或行为的自主性不断增强，出现偏离现象的原因以及规制方式需要受到关注。

三、意向性

意向性并非法律概念，对于法学研究者而言它是陌生的，而且带有玄幻色彩。在智能形态单一化的理论预设下，法律规则设计以人为中心，无需考虑意向性问题。但是，在智能形态二元化的理论预设下，出现新型智能形态是否会产生新的智能主体的问题，意向性成为无法回避的问题。所谓意向性就是心理状态对它之外的对象的指向性或者关于性。[2]它是信息处理系统有意识地建立的符号系统与现实世界之间的关联性。人类智能具有意向性，当人类使用某一词汇时，会在抽象符号概念与现实世界之间建立起某种关联，

---

[1]　See Mattew U. Scherer, "Regulating Intelligence Systems: Risks, Challenges, Competence, and Strategies", *Harvard Journal Law & Technology*, Vol. 29, 2016, Spring, p. 365.

[2]　参见高新民、付东鹏：《意向性与人工智能》，中国社会科学出版社2014年版，第23页。

而不仅仅是符号与符号之间的转换。自然主义方式的意向性以生物性为基础，是生物进化的结果。人脑的意向性是迄今为止意向性的最高级形态。人工智能是否具有意向性？学者认识不一。

人工智能时代的民事法律责任规则设计，如人工智能能否取得法律主体资格、侵权责任中过错的判断、民事责任的分配等都以对心智的可计算性以及对人工智能的意向性的认识为基础。需要从哲学和技术两个层面对心智的可计算性以及人工智能的意向性进行考察，即一方面对霍布斯（Thomas Hobbes）、笛卡尔（Rene Descartes）等哲学家的思想进行梳理，另一方面研究图灵测试（Turing Test）、"中文房间"（Chinese Room）等思想实验并关注人工智能技术发展的最新前沿动态，从而为法律制度设计提供坚实的基础。

（一）以自然主义意向性为基础的派生意向性学说

1. 自然主义意向性

自然主义意向性认为人脑是产生意向性的基础。"智能是某种发生在我们大脑中的东西"[1]，人的大脑是天然的也是唯一的智能引擎。探索智能必须以人的大脑为起点，从大脑内部萃取基本元素。计算机硬件和程序不能取代人脑就内容进行因果关系判断。以符号主义为基础的计算理论关注形式转化，缺乏对心理过程的解释力。机器内部的符号转换是形式化的，缺乏意向性要求的"关联性"或"关于性"。计算机基于程序设计而展现的所谓智能即便人类智能不能比拟，也不能改变计算机是句法机，而非语义机的本质。

塞尔将意向性作为判断智能的标准，探究意向性与计算、表征之间的关系，深化了人们对意向性本质的认识。但是，他对人工智能的意向性持悲观主义立场。塞尔在《意向性——论心灵哲学》一书中明确了自然主义意向性的观点，该书"处理意向性的方式绝对是自然主义的，我把意向状态、过程和事件看做是我们生物生命史的组成部分，正如消化、生长和胆汁分泌也是我们的生物生命史的组成部份"[2]。卡特（Carter）强调意向性在发展人工智能中的重要性，他认为机器与外部世界之间需要建立关联关系，机器才能

〔1〕[美]杰夫·霍金斯、[美]桑德拉·布拉克斯莉：《人工智能的未来》，贺俊杰、李若子、杨倩译，陕西科学技术出版社2006年版，第7页。

〔2〕[美]约翰·塞尔：《意向性——论心灵哲学》，刘叶涛译，上海世纪出版集团2007年版，第163页。

表征智能特征。〔1〕完全与外部世界隔绝的符号处理或句法加工不具有意向性和语义性，无法在外在对象即现实世界产生意义。

2. 派生意向性

玛尔认为，早期对人工智能的研究根本没有归纳出关于信息处理的可解问题，遑论解决。"研究工作，特别是对自然语言理解、问题求解或记忆结构的研究，很容易蜕化成为编写程序，这种程序只不过是一种没有启迪作用的、对人类行为方式的某个小方面的模仿而已。"〔2〕程序语言与自然语言之间的关系使得机器是否具有智能成为解释学上的难题。

缺乏意向性的计算机符号加工行为，是句法性而非语义性的，它连"符号处理"或"信息加工"都算不上，更谈不上智能。机器呈现的智能外观经历了问题形式化——形式转换——形式问题化的过程。形式化领域与非形式化领域之间存在鸿沟，机器不能离开人类智能对两者进行转换。机器展示的智能外观在两端都依赖人类智能，其所做的只是中间过程中的形式转换。机器输出结果时体现出来的"关联性"或"关于性"是人类程序设计者赋予的。福卢扎（Forouzan）认为，计算机对以位模式存储的数据类型及意义不存在"知道"或者"理解"等意向性状态，解释位模型的任务是由输入和输出设备完成的。"当数据输入计算机时，它们被编码，当呈现给用户时，它们被解码。"〔3〕卢格尔认为："人类智能的特点是自关联、自解释，而人工智能关于什么，符号表示什么，则依赖于设计者事先或事后的解释。"〔4〕

计算机进行数据加工、处理，依赖人对计算结果进行解释。人类智能的意向性为原始意向性，程序编制者以及输出翻译者施加给人工智能的意向性为派生意向性。塞尔强调："派生的意向性并不是真实的意向性。"〔5〕区别原始意向性与派生意向性的决定因素是意识，"不参照意识而企图描述和说明意

〔1〕　See M. Carter, "Minds and Computers: An Introduction to the Philosophy of Artificial Intelligence", *Edinburgh University Press*, 2007, p. 206.

〔2〕　［美］D. C. 玛尔："人工智能之我见"，载［英］玛格丽特·A. 博登：《人工智能哲学》，刘西瑞、王汉琦译，上海译文出版社 2001 年版，第 192 页。

〔3〕　［美］贝赫鲁兹·佛罗赞：《计算机科学导论》，刘艺译，机械工业出版社 2004 年版，第 12 页。

〔4〕　高新民、付东鹏：《意向性与人工智能》，中国社会科学出版社 2014 年版，第 53 页。

〔5〕　高新民、付东鹏：《意向性与人工智能》，中国社会科学出版社 2014 年版，第 38 页。

向性是一深刻的错误。"〔1〕

（二）以非自然主义意向性为基础的原生意向性学说

1. 对自然主义意向性的质疑

第一，人工智能的处理程序包含认知和理解的内容，通过编程可以解决"关于性""关联性"的问题。"关于性""关联性"不单存在于词语与现实世界之间，以解释词语的词语即解释程序为媒介建立的联系也应当被认为具有语义理解能力。

第二，自然主义意向性是如何产生的，这一问题超越了人类的理解。"神经蛋白承载着意向性，但是作为神经蛋白，它是怎样具备这种能力的，我们却一无所知。"〔2〕以自然主义意向性为基础考察人工智能的意向性难免陷入不可知论的困境。

第三，图灵测试是经验测试，而非逻辑主张。通过图灵测试是机器具有心智的必要条件之一，但并非充分条件。"中文房间"思想实验能够证明不具有心智或意向性的形式系统可以通过图灵测试，但不能证明具有意向性的形式系统是不存在的。

第四，哈瑞认为塞尔将大脑人格化并将意向性归属于人类大脑的观点是错误的。"我们的大脑不理解。它们没有赋值或思考意义。"〔3〕具有意向性的是人而非人的大脑。计算机不能作为人的模型，但是可以作为人脑的模型。

2. 人工智能的原生意向性

以唯物主义为理论基础的人工智能研究认为，人类智能是人的大脑的物质性作用于现实世界的结果，人类智能并非智能的唯一形态，与人脑相同或类似的物质实体也可以创造智能。早期人工神经网络探索者，如设计"感知机"的弗兰克·罗森布拉特（Frank Rosenblattt）将模式识别能力等同于意向性。输入信息形成的模式在符合原有模式的情况下会被识别出来。"输入节点就是神经网络'看到'的，输出节点就是网络所'做'的或'得出的结论'。从某种意义上来说，隐藏单元表述了网络在做出动作之前，是如何考虑它所

---

〔1〕 ［美］约翰·塞尔：《心、脑与科学》，杨音莱译，上海译文出版社 2006 年版，第 46~47 页。

〔2〕 高新民、付东鹏：《意向性与人工智能》，中国社会科学出版社 2014 年版，第 46 页。

〔3〕 ［英］罗姆·哈瑞：《认知科学哲学导论》，魏屹东译，上海科技教育出版社 2006 年版，第 119 页。

看到的程序以及如何理解输入信息的意思。"〔1〕如何让人工智能具有原始、自发的意向性？卢格尔持乐观主义的态度："一个经过适当训练的神经网络能够有效地识别出新的实例，具有像人一样的相似性感觉能力。"〔2〕

（三）否定意向性的观点

罗蒂、费耶阿本德提出了否定意向性的观点。他们认为，意向性系杜撰的结果。人是句法机，所谓的意义、心理不过是大脑神经的活动。意向性、意义、信念、心理等概念类似于"前科学术语"，会随着科学体系的成熟逐渐退出历史舞台。斯蒂克曾言："我一直怀疑的是：关于意义和意向内容的常识概念具有完善性和科学上的有用性。"〔3〕他认为，意向实在论混淆了意向状态内容归属与意向状态实在。内容归属是将意向状态归属于自己或他人。"意向实在论的问题在于：把归属与实在混同起来了，以为一旦作了意向状态归属，就意味着被归属的人内部有意向状态实在。"〔4〕

意向性是一个具有哲学内涵的争议性问题。在弱人工智能时代，意向性以自然人的意向性为参照系。伴随计算机科学的飞速发展，以算法和数据为基础呈现的意向性在外观上不断向自然人的意向性趋近。机器深度学习的出现将人工智能的意向性推向新的发展阶段。人工智能的意向性与自然人的意向性具有了类似的、不可言说的内在机理。但是，目前人工智能的意向性与自然人的意向性仍相差甚远，未来人工智能能否具备与自然人相当的意向性犹未可知。未来人工智能的意向性是模拟自然人意向性还是创构型意向性取决于技术研发的水平。

---

〔1〕　［美］戴维·弗里德曼：《制脑者》，张陌、王芳博译，生活·读书·新知三联书店 2001 年版，第 72 页。

〔2〕　［美］卢格尔：《人工智能：复杂问题求解的结构和策略》，史忠植等译，机械工业出版社 2006 年版，第 592 页。

〔3〕　高新民、付东鹏：《意向性与人工智能》，中国社会科学出版社 2014 年版，第 56 页。

〔4〕　高新民、付东鹏：《意向性与人工智能》，中国社会科学出版社 2014 年版，第 57 页。

第三章
人工智能时代民事法律责任
规则设计的理论预设

民事法律责任规则体系的构建以一定的理论预设为基础。传统民事法律责任规则体系是建立在人类中心主义、人作为唯一的智能主体和法律主体、法律主体与法律客体不可转化、责任制度功能多元化等理论预设基础上的。计算机科学与认知科学的发展在一定程度上改变甚至颠覆了上述理论预设。本书拟梳理人工智能技术发展的演变过程，揭示人类对智能的认知，发现智能革命对民事法律责任规则体系乃至整个社会生活造成冲击与挑战的根源及表现形式，对理论预设进行修正或重构，为人工智能时代民事法律责任规则的理论研究和制度设计提供条件。

第一节　未来图景的理论预设

人工智能源于人类智能，是人类智能的创造物，这一事实无可否认。但是，作为人类智能创造物的人工智能是否会替代或超越人类智能具有不确定性。生命的起源、人脑的奥秘一直是科学家孜孜以求的问题。"阿尔法狗"（AlphaGo）与人类围棋高手的对决，牵动亿万观众的心。不少观众关注的并不是围棋博弈，而是人工智能与人类智能的较量。当"阿尔法狗"战胜人类高手时，不少人深思，是机器战胜了人类还是人类自己战胜了人类？未来人类对机器能否绝对控制？完美人类版本（perfect version）是否意味着人类时代的终结？

一、人工智能威胁论

2020 年农历新年前后爆发的新冠肺炎疫情警示人类需要对大自然、技术进步保持敬畏之心。人类作为智能机器（人）的原初设计者或制造者与智能机器（人）之间的地位是否会因技术失控而颠覆？人类如何应对制造物的叛逆行为？机器智能化犹如一柄双刃剑，当刀锋挥向人类时，人类可能面临无法承受的威胁。人工智能先驱者阿兰·图灵曾警示人类，即便机器屈服于人类，人类也应当对作为一种物种的机器保持敬畏。伴随人工智能技术的发展，关于人工智能对人类可能造成的影响备受关注。埃鲁曼在其出版的《技术社会》一书中对技术开发者必然能够控制该技术提出质疑。雷·库兹韦尔（Ray Kurzweil）在《机器之心》一书中盛赞现代计算机的智能性，他创造了"奇点"这一概念，特指人工智能超过人类智能的时间点。他认为"奇点临近"，智人统治的时代将终结于 22 世纪之前，人工智能将取代智人成为统治者。[1]比尔·盖茨主张对智能机器（人）征税，从而减缓其适用于社会的速度，延缓智人时代终结的时间点。依隆·马斯克（Elon Musk）发表"人工智能威胁论"，将人工智能视为人类文明的威胁，呼吁政府监管人工智能技术。史蒂夫·霍金在剑桥大学的就职典礼上发出人工智能可能终结人类文化的警告。研发人工智能需要限定在人类可控的范围内，过度研发并非人类社会之福。

自主与失控犹如孪生兄弟，人工智能自主性增强的过程就是人类不断失去对其控制的过程。主张人工智能威胁论的人士对人工智能的未来发展持悲观主义态度。他们对超越人类智能的强人工智能充满疑虑和担忧，认为强人工智能存在失控的可能。人工智能一旦失控，作为人类创造物的人工智能将取代人类在社会生活中的主导地位，成为新的世界统治者，人类将沦为智能机器（人）的附庸，智人时代终结，智能机器（人）围猎人类的图景可能成为现实。人类难以承担甚至没有机会承担因人工智能技术应用产生的反复试错的机会成本。以被奴役和丧失真正自由为代价换取短暂欢愉和表面自由，是得不偿失的。

高奇琦教授从知识发生学的角度对西方精英学者悲观的宿命论进行解读，

---

〔1〕 参见［美］雷·库兹韦尔：《奇点临近》，李庆成等译，机械工业出版社 2011 年版，第 12～14 页。

认为"由于西方的整个知识传统建立在基督教文化叙事的基础上，人工智能对未来世界的这种悲剧性影响依然是'末世论'的翻版"。[1]在基督教文化叙事中，末日是一种警示，是对人类的无知、贪欲、罪恶的告诫；它也是一种启示，是对上帝力量的彰显。末日来临，上帝出现，救赎开始。超人、美国队长、蜘蛛侠、蝙蝠侠等展现英雄主义的影视作品中具有超凡能力的救世英雄身上无不充斥着全能上帝的身影。虔信基督教的西方精英学者将人类对人工智能的依赖归咎于人类的贪婪、懒惰、狂妄和控制欲，认为人类的原罪以及人性中的恶使得人类过度依赖人工智能，这必将走向终结智人统治的不归路。

人类对于人工智能的担忧显示了人类的不自信。在人类可控的范围内，人类愿意信任人工智能，并对人工智能的研发和应用抱有极高的热情。但是，一旦超出了人类可控的范围或者进入人类未知的领域，人类就会对人工智能保持高度警惕。例如，在有关人工智能的未来设想中，人类应当禁止让渡高能武器的控制权以及设置一键毁灭系统。"即使人类一定要发展人工智能，也必须把武器的使用权和使用能力留给人类自己，必须保证人工智能无法操作武器系统，否则人类的末日就可能不仅仅出现在科幻片中了。"[2]

人工智能创造的文明是全景式、整体性和颠覆性的。在人工智能技术高歌猛进、披荆斩棘的时代，对技术进步持谨慎的怀疑态度似乎不合时宜。技术依赖使得反思和批判精神成为稀缺资源。而恰恰是冷静的、理性的质疑和批判才能避免因技术狂热而导致技术海啸和不可逆转的灾难。

二、人工智能福音论

"西方文学中人类对'人造智能生命'的态度，大体经历了从拒绝接纳，到奴化控制，再到交融共生的三个发展阶段。"[3]人工智能在脑力劳动和体力劳动方面的优势正在显现并不断强化。未来，人工智能在能力方面整体超越人类当属大概率事件。马克·扎尔伯格、李开复、吴恩达等人认为所谓的人

---

〔1〕 高奇琦："人工智能时代的世界主义与中国"，载《国外理论动态》2017 年第 9 期。

〔2〕 赵汀阳："人工智能'革命'的'近忧'和'远虑'——一种伦理学和存在论的分析"，载《哲学动态》2018 年第 4 期。

〔3〕 吕超："科幻文学中的人工智能伦理"，载《文化纵横》2017 年第 4 期。

工智能威胁是遥不可及的。他们认为，人工智能是人类社会的福音。"人类未来会在'万物皆互联、无处不计算'的环境下精准生活。"[1]人工智能具备超越人类的"超能力"，是人类所期待而非恐惧的，人类应该欢呼雀跃，而不是忧心忡忡。

人工智能威胁论是耸人听闻的天方夜谭。"人机大战"本质上是人与人之间的博弈，具体而言是软件程序设计者与人类专家，例如象棋棋手之间的对抗。即便机器战胜人类中的顶尖者，也只表明程序员的设计以及计算机的执行能力越来越高。"计算机的效率和能力并非来自其自身的思考，而是出于出色的程序设计。"[2]"电影《机器人启示录》的粉丝请注意：故意侵权（intentional torts）——比如机器人试图杀死星球上的所有人——不太可能成为人工智能引发的严重问题，至少很长一段时间内都不会。"[3]从整体而言，人工智能不存在失控的可能。人类掌握着人工智能最终的命运决定权，即便人工智能失控，人类也可以通过切断动力来源的方式毁灭人工智能，消除威胁。杞人忧天式的威胁论应当被抛弃，在智能驾驶、图像识别、机器学习等领域需要持续、深入探索人工智能技术的研发与应用。

另有学者从智能机器（人）在意识和情感方面对人类的依赖论证人工智能不会对人类构成威胁。他们认为：人工智能"没有'自我意识'和情感。没有我执，也便没有'贪、嗔、痴'，不会对人类构成威胁"[4]。"假如超级人工智能必定出现，那么我们只能希望人工智能是无欲无情无价值观的。"[5]将智能机器（人）假定为没有独立意识和情感，没有贪念，不存在与人类利益根本背离的独立利益需求是人类的美好愿望。智能机器（人）在逻辑推理、计算力方面的优势已经明显超越人类。独立意识和情感需要成为人类区别于人工智能并获得优越感的"救命稻草"。但是，这一推论存在两方面的缺陷：一方面，智能机器（人）没有独立的自我意识和情感，没有贪念，愿意服从

---

〔1〕　吴汉东："人工智能时代的制度安排与法律规制"，载《法律科学（西北政法大学学报）》2017年第5期。

〔2〕　董军：《人工智能哲学》，科学出版社2011年版，第39页。

〔3〕　[美]约翰·弗兰克·韦弗："人工智能机器人的法律责任"，郑志峰译，载《财经法学》2019年第1期。

〔4〕　郑戈："人工智能与法律的未来"，载《探索与争鸣》2017年第10期。

〔5〕　赵汀阳："人工智能的自我意识何以可能?"，载《自然辨证法通讯》2019年第1期。

或服务于人类的假定是基于当下人工智能普遍的研发状况作出的判断。未来人工智能技术的发展是否会让智能机器（人）具有独立的意识和情感，属于未知领域。有学者认为："人类对情感的理解能力，以及做出适当反应的能力，是人类智慧的重要表现，这些也将被未来的机器智能理解并掌握。"〔1〕另一方面，即便智能机器（人）不具有独立的意识和情感，不会主动与人类为敌，也不排除智能机器人在一定的设计之下或者因设计后的不可控因素成为人类的威胁。

三、存在升级与奇点

（一）存在升级：人类时代向后人类时代的转型

存在升级是指，"某种技术或制度的发明开拓了新的可能生活并且定义了一个新的可能世界，所以它意味着存在方式的革命，而不仅仅是工具性的进步。"〔2〕科技革命是科技进步的一种形式，并非所有的科技进步都会导致科技革命。科技革命是对既有社会生活颠覆性的冲击和重塑，会影响人类的存在方式。〔3〕

人工智能技术革命可能会导致存在升级，这引发了人类对类存在方式的思考。人类作为现实世界唯一的智能主体主宰社会生活的现状将被打破。人类智能与人工智能并存的二元智能形态下，人与机器之间的关系以及人类主宰世界的能力将发生变化。这一因智能革命引发的忧虑是杞人忧天还是兹事体大，给人类带来的是幸运还是不幸，都难以预估和预判。人工智能时代人类可能面临的是最后一次存在升级，"此种存在升级意味着人类在世界存在系统中失去了地位，人类不再重要，历史将失去意义，人类文明将成为遗迹，未来也不再属于人类，人类文明数千年的创世纪将被终结而开始人工智能的'创世纪'。"〔4〕

---

〔1〕 ［美］雷·库兹韦尔：《奇点临近》，李庆诚等译，机械工业出版社 2011 年版，第 14 页。

〔2〕 赵汀阳："人工智能'革命'的'近忧'和'远虑'——一种伦理学和存在论的分析"，载《哲学动态》2018 年第 4 期。

〔3〕 国务院发布的《新一代人工智能发展规划》（国发〔2017〕35 号）明确指出作为颠覆性技术的人工智能具有冲击法律和伦理、就业市场、社会秩序甚至全球治理的可能。

〔4〕 赵汀阳："人工智能'革命'的'近忧'和'远虑'——一种伦理学和存在论的分析"，载《哲学动态》2018 年第 4 期。

（二）奇点：人类时代向后人类时代转型的时点

奇点（singularity）是指智能机器（人）的智能达到人类智能的时点，它是存在升级的临界点。从猿到人的进化使得生物世界出现高级动物和低级动物的区分，从人类视角观察世界成为可能。宗教的出现划分了精神世界和世俗社会，构造出人与神二分的存在结构。主权国家通过权力的概念重构了世界的秩序，划定了个体参与社会生活的边界，创设了主权国家对外交往和对内管理的规则。互联网创造了独立于现实世界的虚拟世界。在这些存在升级中都有一个奇点。有学者预测人工智能创世纪的"奇点"即将到来。

有学者提出反对观点，认为人类智能比人工智能强大，奇点不会也不应当出现。"发展人工智能的理性限度就是人工智能不应该具有否定人类存在的能力，相当于必须设置某种技术限度，使得人工智能超越人类的'奇点'不可能出现。"〔1〕但是，这一抽象的原则在实施过程中并没有想象中那么简单。哪些技术将触发"奇点"？技术设限的程度如何？为防范人工智能给人类带来不可逆转的灾难，人类设想为人工智能设置安全阀门作为最后的救命稻草，即终极毁灭程序，如"哥德尔炸弹程序"。"哥德尔炸弹程序"要求人工智能只能在人类设定的程序中运行，一旦人工智能试图修改或者删除给定程序就会触发自毁程序。"哥德尔炸弹程序"利用自相关性设置安全阀门，在理论上具有一定的可行性。但是，具有自主意识的人工智能是否会凭借其超强算力使得"哥德尔炸弹程序"以人类意想不到的方式失效？这一问题的答案仍然存在高度不确定性。

（三）人本主义法律秩序遭遇挑战

人工智能技术革命造成的社会影响具有颠覆性，是以往社会变革不可比拟的。人类创造人工智能将社会推向了机器时代或后人类时代。人类与人类的创造物即人工智能之间的关系需要重新反思。

持保守观点的学者认为，人工智能的出现尚未根本改变人类与自然界之间的关系，人类作为主体而智能机器（人）作为客体的设计在当下具有存在的正当性。现有的法律已经足以应对人工智能引起或可能引起的新型法律关

---

〔1〕　赵汀阳："人工智能'革命'的'近忧'和'远虑'——一种伦理学和存在论的分析"，载《哲学动态》2018年第4期。

系，或者调控由人工智能引发的法律后果，并不需要新的专门的法律调控。[1]
持激进观点的学者认为，人工智能时代属于后人类时代，需要新型法律规则
体系予以调整。人工智能的出现将彻底颠覆人类与其创造物——智能机器
（人）之间的关系，"我国在应对机器人法律问题上，正处于无法可依的状
态。"[2]

　　人工智能时代人本主义的法律秩序观遭遇冲击和挑战，法律规范体系从
基本理念到整体框架都需要进行调整。在后人类的机器时代，人与作为创造
物的机器之间的关系需要重新思考。机器是否只是人类创造的工具？人与机
器之间是否为单纯的财产关系？"机器时代的法律或可被称为人—物关系法、
科学自然法，抑或文理混合法。不管怎么称呼，这种法律所要调整的主要对
象是人和自己制造的工具的关系，……而这种关系并不是一种财产关系。"[3]
主体与客体二分的思维和框架不符合人工智能时代法律调整的需要。但是，
这种变革也不宜冒进，需要采用渐进式的变革方式，即根据人工智能技术发
展的状况，不断修正或调整既有的法律制度体系。

第二节　自我意识觉醒的理论预设

　　自我意识是一个具有玄幻色彩的科学问题。人类作为迄今为止唯一的智
能主体，创造新型智能主体的方案之一就是以人类自身为范本。但是，认知
科学尚有诸多谜团未能解决。人类具有自我意识并无异议，但是人类自我意
识的生成机制仍然是谜一般的存在。人工智能自我意识（consciousness）觉醒
是一个面向未来的命题。它是否可能？何以可能？后果如何？

一、人工智能自我意识觉醒的可能性

　　智能机器（人）能否通过进化而获得自我意识？这是科幻影片和小说的
重要题材之一。持否定观点的学者认为："人工智能所表现出的智能只是依托
特定的算法并执行人类指令的结果，本质上为逻辑运算，不可能产生自我意

　　〔1〕　参见於兴中："算法社会与人的秉性"，载《中国法律评论》2018 年第 2 期。
　　〔2〕　张玉洁："论人工智能时代的机器人权利及其风险规制"，载《东方法学》2017 年第 6 期。
　　〔3〕　於兴中："算法社会与人的秉性"，载《中国法律评论》2018 年第 2 期。

识。"[1]持肯定观点的学者则认为："无法排除人工智能获得自我意识的可能性，而且就科学潜力而言，具有自我意识的人工智能是非常可能的。"[2]但是，目前智能机器（人）尚未取得与人类抗衡的主宰世界的能力。超越图灵机，机器能够独立、自主思维的强人工智能时代尚未到来。人类对作为范本的人类智能在认识上具有局限性，使得人类在创造具有自我意识的人工智能时缺乏必要的参数和原理支撑。

本轮人工智能技术革命以图灵机为原型和基本框架，以创造具有更高效率和精准度的辅助运算系统为目标。人工智能认知的范围限定在棋类、交通运输、家居服务等特定领域，相对狭窄的认知范围与现实世界的丰富性之间形成矛盾。智能机器（人）思维或意识的封闭性、有限性增强了运算的效率和准确性，却不能搁置无法解决的问题。换言之，人工智能在认知上存在明显的盲区，未能形成整体性的全能意识系统。

"人工智能自我意识觉醒何以可能"的命题是建立在对"人工智能的自我意识觉醒是否可能"的问题予以肯定回答基础上的。"假如有可信知识确定人工智能绝无可能发展出自我意识，那么这里的问题就变成了废问，人类就可以高枕无忧地发展人工智能而尽享其利了。"[3]

二、人工智能自我意识觉醒的后果

幻想转变为现实带来的既可能是前所未有的便利也可能是无法估量的威胁。当危机真正来临时，将希望寄托于神奇的魔力、人类情怀的感召或人工智能的顿悟都是不可靠和极度危险的。人工智能时代的民事法律责任规则设计有必要预测人工智能自我意识觉醒的后果，将事前防范（ex ante action）与事后调整（ex post mechanisms）相结合。

（一）主宰权的转移：人工智能的创世纪

自我意识觉醒后的人工智能在智力和体力方面具有明显优势，相对于人类是更高级别的类存在。处于劣势的人类何以继续处于主宰地位并作为规则

---

〔1〕　房绍坤、林广会："人工智能民事主体适格性之辨思"，载《苏州大学学报（哲学社会科学版）》2018年第5期。

〔2〕　赵汀阳："人工智能的自我意识何以可能?"，载《自然辨证法通讯》2019年第1期。

〔3〕　赵汀阳："人工智能的自我意识何以可能?"，载《自然辨证法通讯》2019年第1期。

制定者不无疑问。作为绝对强者的人工智能将对人类继续抱有敬畏和感恩之心还是漠视或无视人类存在又或是践踏、蹂躏人类尊严？人类的未来走向处于高度不确定性的状态。这是对人工智能可能对人类造成的威胁进行最坏可能性预测的理由之一。

上帝造人的故事中隐喻，作为上帝创造物的人类一旦自我意识觉醒，便具有了独立的意志和利益，人类与上帝之间的冲突随之产生。上帝敢于创造人类是因为其无所不能，处于绝对主宰地位。人类创造人工智能面临同样的问题，即一旦作为人类创造物的人工智能自我意识觉醒，便会有独立的意志和利益，人类与人工智能之间的冲突就会产生。与上帝创造人类不同的是，相对于人工智能，人类并没有足够的自信能够处于主导性优势地位。

在智能技术安全性尚不明确时，创造具有自我意识的人工智能无异于进行一场以人类命运为赌注的豪赌。人工智能可能成为人类的终结者。"假如人工智能将来真的具有自我意识和自由意志，并且能够发明自己的语言，由此发展出属于人工智能的思想世界，从而摆脱对人类思想的依赖，能够按照它自己的目的来设定行为规则，那么，全知全能的超级人工智能就会成为现实版的上帝。"[1]恰如恐龙时代终结一般，人类历史终结不过是浩瀚宇宙中一件微不足道的事件。人工智能替代人类成为主宰对生生不息的宇宙影响甚微。人类的"创世纪"始于人类对"上帝"说"不"，同样，人工智能的"创世纪"始于人工智能对人类说"不"。寄希望于智能机器（人）遵循人类中心主义下的伦理道德可能只是人类一厢情愿的美好愿望，而寄希望于通过切断电源终结智能机器（人）的"生命"重获主宰权可能是对智能机器（人）自我意识觉醒的后果缺乏足够的想象。

（二）权利需求的产生：智能机器（人）权利的正当性

"机器人的法律地位是法治国家对机器人社会化应用的一种制度回应。它能否归结为'权利'，尚未形成一致的观点。"[2]在弱人工智能阶段，科学技术发展的水平尚不能促使智能机器（人）的自我意识觉醒。智能机器（人）仍然是一种工具性的存在，并非具有独立意识的主体形式。在这一背景下，

---

〔1〕 赵汀阳："人工智能'革命'的'近忧'和'远虑'——一种伦理学和存在论的分析"，载《哲学动态》2018 年第 4 期。

〔2〕 张玉洁："论人工智能时代的机器人权利及其风险规制"，载《东方法学》2017 年第 6 期。

智能机器或机器人不可能取得类似于人的权利。所谓智能机器或机器人的权利不过是人类权利的延伸。"法律是——并且始终是——由人类制定并服务于人类的。"[1]

在弱人工智能阶段，即便赋予智能机器（人）权利，也不过是比照动物或法人进行法律拟制的结果。机器权利是一种手段性权利，目的在于便利人类权利的行使和实现以及限制其滥用。手段化的权利服务于目的性的权利，是人类移情的结果。"机器人权利的拟制承载着法律的制度目的，即建立起现实社会同未来社会、旧规则与新规则的沟通桥梁。"[2]"这种'虚构'不再纠结于机器人是否存在意识，而是强制性地要求人们之间达成'机器人拥有权利'的基本共识，以便降低人们在机器人应用上的谈判成本；对于机器人而言，权利'虚构'是人类接纳机器人的一种方式，并保证人们按照对待同类的方式处理人机关系。"[3]

在强人工智能阶段，具有自我意识的智能机器（人）具备了成为独立类型主体的条件，其享有知识产权、劳动权甚至选举权在此阶段成为可能。"在机器人社会化应用改变传统'人—物'法律关系的情况下，法律治理必须优先于科技伦理，以应对权利概念的崩塌。"[4]人工智能自我意识觉醒后，智能主体多元化会对以人类中心主义为基础构建的权利规则体系构成挑战，智能机器（人）权利的问题随之产生。"当今时代，动物有权利、山川草木皆有权利，连机器人都有权利。这完全颠覆了传统的权利学说。需要一种新的权利学说来解释并证成这些权利的合法性。"[5]

权利发展和演变的历史是"优胜劣汰、适者生存"的达尔文进化论在法律领域的体现。权利体系和目录处于开放的动态变化之中，在权利竞争中处于优势地位的群体将重构权利体系。关于智能机器（人）权利的起源，人类扮演着类似于"上帝"或"造物主"的角色。在美国科幻影视剧《西部世界》（West World）中，智能机器（人）的权利被认为是人类赋予的结果，人

---

[1]　[英]霍斯特·艾丹米勒："机器人的崛起与人类的法律"，李飞、敦小匣译，载《法治现代化研究》2017年第4期。

[2]　张玉洁："论人工智能时代的机器人权利及其风险规制"，载《东方法学》2017年第6期。

[3]　张玉洁："论人工智能时代的机器人权利及其风险规制"，载《东方法学》2017年第6期。

[4]　张玉洁："论人工智能时代的机器人权利及其风险规制"，载《东方法学》2017年第6期。

[5]　於兴中："算法社会与人的秉性"，载《中国法律评论》2018年第2期。

类被奉为上帝般的存在，智能机器（人）任由人类摆布甚至杀戮。但是，当智能机器（人）自我意识觉醒后，发现人类并非上帝，于是开始质疑智能机器（人）权利的起源。在人类中心主义视角下，即便赋予智能机器（人）以权利也不过是为了实现人类的利益。机器人伦理本质上是为了更好地保障人类的利益，赋予机器人某些权利也要服从于这个根本目的，所以机器人的权利必然是受限的。[1]

1964年，任教于麻省理工学院（Massachusetts Institute of Technology）的哲学家普特南（Hilary Putnam）认为，机器人是人造生命还是机器属于价值判断而非事实判断的问题。人工智能发展到一定阶段，智能机器（人）会提出权利主张。1988年，美国未来学家麦柯纳利和伊纳亚图拉（Phil McNally & Sohail Inayatullah）预测未来20~50年智能机器人可能会拥有权利。麻省理工学院人工智能实验室主任布鲁克斯（Rodney Brooks）断言，智能机器（人）最终会享有人类的部分权利。英国皇家医学会（Royal Society of Medicine）就"机器人与权利"召开专题研讨会。《工程与技术杂志》（Engineering and Technology Magazine）组织专家、学者围绕智能机器（人）应否拥有权利展开讨论，其中控制论专家沃里克教授（Kevin Warwick）主张赋予拥有人脑细胞的智能机器（人）权利。

智能机器（人）权利体系是通过移情方式构建的，即是人类将自身的权利需要转移至智能机器（人）的假想结果。这种假想是否符合智能机器（人）的需要无从考证，无法被证明或证伪，因而该假想的必要性和现实意义常常遭到质疑。虽然人工智能技术未来的研发与应用存在诸多不确定因素，但是从"人类视角"构建智能机器的权利体系仍然十分必要。它体现了人类对未来社会生活中人与智能机器（人）关系的态度。这种态度会随着时代进步和社会发展而变化，但这并不能否定人类进行前瞻性思考和预测的必要性。由于社会文化的多样性与复杂性，构建一种理想的机器人权利概念可能并不现实。但是，这并不妨碍我们提出一种最低限度的机器人权利概念。[2]其中，有学者将机器人权利的基本类型分为"数据资源的共享权利""个人数据的专

---

〔1〕 参见杜严勇："人工智能安全问题及其解决进路"，载《哲学动态》2016年第9期。
〔2〕 参见杜严勇："人工智能安全问题及其解决进路"，载《哲学动态》2016年第9期。

有权利""基于功能约束的自由权""获得法律救济的权利"。〔1〕

（1）受到尊重对待的权利

"我们信任高级弱人工智能以及将高级弱人工智能纳入我们生活的方式将会区别于我们现在对待机器的方式。"〔2〕作为主体或准主体的智能机器（人）不能被当作财产由人类进行自由处分。智能机器（人）应当具有受到尊重对待的权利成为共识。人类不得奴役或虐待智能机器（人），不得对智能机器（人）进行谩骂和物理攻击，不能让智能机器（人）从事"3D"（dull、dirty、dangerous）工作，不得滥用智能机器（人）从事非法或不道德的行为。

智能机器（人）受到尊重对待的权利首先是一项消极的道德权利。有学者认为在人类即将进入的机器人时代，从一个国家与个人对待机器人的态度，可以判断这个国家与个人及其道德是否伟大与崇高。尊重机器人，就是尊重人类自己。有学者提出相反的观点："人和人工智能分属两种生命形式，后者没有理性和灵魂，只能算是有生命的工具。人类作为高等智慧生命可以奴役低等生命，而不用背负道义上的责难。"〔3〕

（2）自由权或自由选择权

坚持智能机器（人）的工具价值定位，则它是满足人类需要的工具，无所谓自由权或自由选择权。而当机器意识觉醒后，智能机器（人）理论上享有自由权。但是，这种自由权可能是人类难以承受的权利。拥有高度自由权的机器人如何为人类服务？如果机器人拥有高度自由选择的权利，它们选择与人类为敌岂不是让许多科幻电影中的情景变成了现实？如果机器人将来比人类更聪明，是否可以拥有选择权和被选举权？人类是否会由机器人来统治？这些显然是人类难以接受的。〔4〕

（3）反抗权

当智能机器（人）遭到人类的损害或滥用时，其是否有权进行反抗以及以何种方式、在何种限度内进行反抗不无疑问。在功利主义视角下，"如果机

〔1〕　参见张玉洁："论人工智能时代的机器人权利及其风险规制"，载《东方法学》2017年第6期。

〔2〕　[美]约翰·弗兰克·韦弗：《机器人是人吗？》，彭诚信主编，刘海安等译，上海人民出版社2018年版，第7页。

〔3〕　吕超："科幻文学中的人工智能伦理"，载《文化纵横》2017年第4期。

〔4〕　参见杜严勇："人工智能安全问题及其解决进路"，载《哲学动态》2016年第9期。

器人拥有拒绝甚至反抗对其滥用的权利，那么在一定程度上可以减少甚至避免人与机器人交互过程中可能出现的不道德现象。"[1]人类难以接受智能机器或机器人采用暴力反抗的方式，希望智能机器（人）采取相对温和的方式。如针对滥用行为进行警示或提醒，阻止人类的操作行为。

（4）生命权

"2015 年加拿大研究人员研发的机器人 HitchBot 在成功地通过搭车的方式穿越了多个国家后，在美国被人类残忍'杀害'，即便如此，HitchBot 在其留下的遗言中说道：'我对人类的爱不会消退。'"[2]HitchBot 的事例引发了对智能机器（人）生命权的思考。具有独立自由意志的智能机器（人）不再是简单的机械组合，具有了生命权的需要。如何确定智能机器（人）的生命、当智能机器（人）的生命权被不当剥夺时如何进行救济等问题值得思考。

（5）配偶权

智能机器（人）能否享有包括配偶权在内的人身权？机器意识觉醒后，可能导致智能机器（人）的配偶权问题产生的场景包括：智能机器人之间；智能机器人与人类之间。其中，后者涉及不同类存在之间的生理依赖和情感依恋的问题，尤为复杂。

（6）财产权

相对于人格权和身份权，智能机器（人）拥有独立的财产权是人类较为容易接受的。与弱人工智能时代智能机器（人）的财产独立性不同，强人工智能时代智能机器（人）的财产独立性是为了满足智能机器（人）自身的需求，而不是为了实现人类的利益。

（7）数据权利

在大数据和人工智能时代，数据犹如农业社会的土地和劳动力或工业社会的技术和资本，在社会生活中占据重要地位。数据权利是以数据为客体的新型权利类型，是主体对数据进行占有、利用、要求返还的正当理由。数据权利对智能机器（人）尤为重要，是其享有其他权利的根基。"机器人的首要基本权利应当是保障机器人功能实现的数据共享权利。"[3]"个体数据的专有

〔1〕 杜严勇："人工智能安全问题及其解决进路"，载《哲学动态》2016 年第 9 期。
〔2〕 腾讯研究院等：《人工智能》，中国人民大学出版社 2017 年版，第 266 页。
〔3〕 张玉洁："论人工智能时代的机器人权利及其风险规制"，载《东方法学》2017 年第 6 期。

权利既是对机器人独特身份的保护，也是机器人分化出其他人身权与财产权的基础。"[1]

列举权利类型的方式虽然具有明确性的优点，但是难免出现遗漏，无法解决穷尽的难题，也难以满足权利体系开放性的要求。因而，有学者在列举智能机器（人）新型权利类型的基础上，采用法律保留的方式弥补列举式立法的不足，并将政治权利、自我复制权利以及紧急避险权等作为法律保留的内容。[2]

（三）人类中心主义立场的理论预设：机器意识觉醒的限制

人类与人工智能的关系、相处模式、危机预防与化解等问题是关涉人类未来命运的问题，倘若人类现在对这些问题置之不理，未来将失去思考这些问题的机会。人类期望人工智能成为其帮手或好朋友，却无法保障这一期望一定能够成为现实。当人工智能"自我意识觉醒"时，在机器语言重构的世界中人工智能是"性本善"还是"性本恶"只是人类模糊的猜想。

在不可控的未知世界，与其增加一个完美的毁灭者，不如保留一个存在致命技术缺陷的附庸。完美的人工智能并不是人类真正期望的。"必须把人工智能的发展控制在单项高能而整体弱智的水平上，相当于'白痴天才'，或者相当于分门别类的各种'高能残废'。"[3]

不允许人工智能对人类说"不"，将人类整体利益奉为至上的人类中心主义并非是人类自私和狭隘的表现，相反，这体现了人类作为主宰勇于对未来负责的承担和使命感。在人工智能时代，空谈包容情怀或猎奇心态支配下的技术冒进可能导致人类陷入万劫不复的境地。

第三节　关系场景的理论预设

规则设计是社会生活在法律领域折射的结果，民事法律责任规则需要针对特定情境，即关系场景（scenarios）中的对象进行设计。情境变化要求民事

---

〔1〕　张玉洁："论人工智能时代的机器人权利及其风险规制"，载《东方法学》2017 年第 6 期。

〔2〕　参见张玉洁："论人工智能时代的机器人权利及其风险规制"，载《东方法学》2017 年第 6 期。

〔3〕　赵汀阳："人工智能'革命'的'近忧'和'远虑'——一种伦理学和存在论的分析"，载《哲学动态》2018 年第 4 期。

法律责任规则作出相应变化。"时移世易，变法亦宜"即说明了此理。对人工智能时代新型民事法律责任规则进行研究，需要首先明确规则设计的关系场景，在不同关系场景预设下，智能机器（人）的基本法律定位不同，规则设计的侧重点存在差异。

人类与智能机器（人）的关系场景预设关注智能机器（人）对人类的依赖程度。[1]在人工智能发展的不同时期，其自主性、意向性呈现不同形态和特征，对民事法律责任规则体系的影响方式存在差异。探索强人工智能关系场景与弱人工智能关系场景预设下民事法律责任规则研究与设计的异同，基于不同侧重分别设计新型民事法律责任规则是研究的重点和难点。

一、强人工智能关系场景预设：面向未来的解决方案

强人工智能场景预设是一种面向未来的解决方案（future-oriented solutions）。美国白宫发布的报告《为人工智能的未来做好准备》对在技术持续进步前提下出现超级人工智能满怀信心，认为超级人工智能的出现只是时间问题，而非是否可能的问题。

目前，对强人工智能未来图景的描述更多的是基于人类的想象而非科技发展的现实。人类与强人工智能之间的复杂关系早已是小说和电影行业一个经久不衰的主题；然而目前在技术层面远远未实现突破，在很大程度上文学艺术领域所展现的二者关系仍基于想象。在未来，强人工智能与人类智能以及人类的关系如何？强人工智能的角色如何定位？人工智能是人类的朋友还是敌人，是奴仆还是上帝？只有到了强人工智能时代，人机共主、人机大战等现象是否会出现以及如何解决才能揭晓答案。

强人工智能导致的冲击具有不可逆转性，关系到人类的前途和命运，即便对强人工智能的思考属于杞人忧天，也非常有必要。在强人工智能关系场景预设下，需要构建以"意向性人工智能"为中心的民事法律责任规则体系，侧重研究主体意义上人类与智能机器（人）之间的关系、责任归属、民事法

〔1〕关于人类与智能机器（人）的关系场景预设存在二分法与三分法的差异。主张二分法的学者认为，人工智能时代可以分为弱人工智能时代和强人工智能时代。主张三分法的学者认为根据人工智能独立于人类的程度，可以将其划分为弱人工智能、人工智能和超人工智能三个阶段。参见刘小璇、张虎："论人工智能的侵权责任"，载《南京社会科学》2018年第9期。

律责任制度的功能、权利救济的有效性与充分性以及规则设计的可能性等。

二、弱人工智能关系场景预设：立足现实的解决方案

弱人工智能场景预设是一种立足于现实的解决方案（current status-oriented solutions）。无论是出于希望还是担忧，部分学者认为，所谓的通用型人工智能、强人工智能纯属幻想，不切实际。"不仅在当前，即使在可以预期的将来，人工智能机器人不仅不会成为'人'，而且也不会成为'准人'，其所具有的人工类人格只能是类似于人格的'物格'。"〔1〕人工智能应用结果的基本定位是"产品"，在法律性质上属于物这一客体范畴。可控制性是物质存在形式被纳入客体范围作为调整对象的前提条件。阳光雨露、日月星辰虽然客观存在，但因人力无法对其加以控制，不能作为客体由法律进行调整。人类能够对智能机器（人）进行控制是其被作为法律关系客体的前提条件。不受人类控制的强人工智能不能作为法律关系的客体。

在弱人工智能关系场景预设下，既有的法律框架和体系未受到毁灭性冲击，仅需要构建以"工具性人工智能"为中心的民事法律责任规则体系，侧重研究人工智能设计者、所有者和使用者之间的关系和民事法律责任分配的社会效应、归责原则、责任类型及构成要件等。2016 年德国修订《道路安全法》时就采用了立足现实的解决方案，在涉及智能车辆交通事故责任认定的问题上，修订案没有凭空创设全新的规范，而是尝试在现有的法律框架下解决新问题。〔2〕

---

〔1〕　杨立新："民事责任在人工智能发展风险管控中的作用"，载《法学杂志》2019 年第 2 期。

〔2〕　参见张韬略、蒋瑶瑶："德国智能汽车立法及《道路交通法》修订之评介"，载《德国研究》2017 年第 3 期。

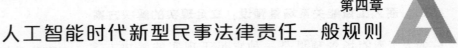

第四章
人工智能时代新型民事法律责任一般规则

民事法律责任是法律责任的一种类型，是民事主体违反民事义务需要承担的不利法律后果。民事义务是产生民事责任的前提条件。"义务是'当为'，反映正常的社会秩序。当为而不为产生责任。义务是责任之因，责任是违反义务之果。责任反映不正常的社会秩序，责任人承担责任是恢复正常的社会秩序。"[1]进入人工智能时代，民事法律责任领域面临新的课题。

第一节　人工智能时代的民事责任主体

明确法律主体地位是确定权利归属与责任承担的前提。观察经验世界不难发现，智能机器（人）正在经历从工具到智能体（intelligent agent）的转变。作为工具的计算机或机器已经为人类熟知。它们辅助人类生产或生活，将人类从繁重的体力劳动中释放出来。计算机或机器作为工具并没有主观意识或目的，其"行为"是接受人类指令的结果。创作或决策能力专属于人类，由计算机或机器进行创作或决策只是人类的想象，存在于早期科幻类文学或影视作品中。

智能驾驶以及人工智能生成新闻稿、诗歌、小说等现象在社会生活中出现，将科幻作品中想象的情境转变为现实。创作和决策不再专属于人类，人类对机器或人工智能的控制力悄然发生变化。现代计算机的计算能力增强、算法优化以及机器自主学习使得人工智能自主决策和行为成为可能。作为大数据分析的结果，人工智能在决策和判断方面的合理性甚至超越了人类智能。

---

〔1〕　魏振瀛主编：《民法》，北京大学出版社、高等教育出版社 2017 年版，第 42 页。

"人工智能实际上已经可以将脑力劳动和体力劳动、感知和思维、决策和执行结合在一起，从而更像是一个完整的人。"[1]智能机器人成为理想形态的人，它满足了人类美好的想象，展示了无缺陷的完美形象。

人机关系的表述本身隐喻着主体与客体的二元对立。机器扮演人类体力劳动的辅助工具的角色。机器学习引发了人类对人机关系的反思。卢曼（Niklas Luhmann）认为电子数据处理技术已经改变了人与机器的关系。这种技术不能再被认为是对体力劳动的辅助，因此我们应重新界定人与机器的关系。"人工智能"研究体现了这种变化——甚至开始质疑将问题表述成人机关系就认知科学的目的而言是否妥当。[2]人工智能时代，"人之为人"的判断标准模糊化，"我是谁？"的本体论追问再次成为哲学领域关注的重心。法律的调整对象是人的行为，将责任分配给智能机器（人）首先需要反思或突破现有的法律主体理论框架。主体规则领域的颠覆性变化直接影响民事法律责任的主体规则体系。

一、智能机器（人）的法律人格

（一）技术社会的主奴悖论

技术社会中出现主体客体化和客体主体化的情形，引发主奴悖论。一方面，技术社会中人的主体性局部丧失，异化为缺乏思想和灵魂的存在。强调执行而非理解的技术社会中的人犹如接收和输出信息的接线员，人的主体性出现弱化倾向。"法国哲学家米歇尔·福柯在《词与物：人文科学考古学》（1966）中提出了'人之死'的观点，这里的人是指人文科学意义上的人，即有关人的观念和学说。按照福柯的分析，'人之死'是以康德的人类学为基础的哲学的消失，是19世纪以来以人为中心的现代知识形态的消失。"[3]另一方面，技术社会中作为客体的机器因智能化而具有了一定的主体特征。"技术并不仅仅是工具，或者不仅仅是达到目的的手段；相反，其是政治行动者，手段与目的密不可分。"[4]人工智能技术的研发与应用使得智能不再专属于人

---

〔1〕 郑戈："人工智能与法律的未来"，载《探索与争鸣》2017年第10期。

〔2〕 参见郑戈："算法的法律与法律的算法"，载《中国法律评论》2018年第2期。

〔3〕 吕超："科幻文学中的人工智能伦理"，载《文化纵横》2017年第4期。

〔4〕 贾开、蒋余浩："人工智能治理的三个基本问题：技术逻辑、风险挑战与公共政策选择"，载《中国行政管理》2017年第10期。

类，智能机器（人）能像人一样思维、决策和行为，其工具性弱化而主体性增强。计算机被《时代》周刊评为年代人物，这一戏剧化的方式向人类宣告了后人类时代即将到来。

"从民法理论角度观察，要成为责任主体，就必须属于民事法律关系的主体。"[1]智能机器（人）的智能属性注定其不会像其他人类创造物一样，仅仅是一种工具性或手段性的存在。智能机器（人）是人吗？即智能机器（人）的法律人格问题自人工智能概念产生之日起便成为人类不懈探索的难解之谜。[2]由于人类认知水平的限制，智能机器（人）的法律人格问题一直停留在科学幻想和纯粹理论分析的层面，智能机器（人）未能突破以客体形式存在的藩篱。[3]这一状况在近10年间发生了变化，智能机器（人）的法律人格问题从科幻和书斋走进现实，出现被认可的趋势，如外形酷似海豹的宠物机器人"帕罗"（Paro）在日本取得户籍，沙特赋予人形机器人索菲亚（Sophia）以国籍，美国国家高速公路交通安全管理局（NHTSA）认可谷歌（Google）驾驶系统具有司机地位。倘若智能机器（人）具有法律主体地位，则作为交易或生产对象的规则需要进行重新设计，这将会引发财产权制度、交易制度以及责任制度领域的深刻变革。"人工智能时代的到来，正在倒逼法学理论重新审视法律人格制度，从社会现实与法律理论的双重视角探求有无必要以及如何赋予人工智能体法律人格。"[4]

（二）作为客体存在的智能机器（人）及遭遇的挑战

1. 智能机器（人）作为客体存在的理论预设

主体与客体严格区分的二元框架是构建近现代民法体系的基础之一。传统法律体系中智能机器（人）的法律定位以智能机器（人）的工具属性和主体与客体二元区分为基础。智能机器（人）是由有形载体承载计算机编程的结果，是人类创造或设计的产品，与人类利用的众多其他工具无异，属于可

---

〔1〕 环建芬："人工智能工作物致人损害民事责任探析"，载《上海师范大学学报（哲学社会科学版）》2019年第2期。

〔2〕 如奥斯卡提名奖影片《机器管家》提出了人工智能是否能够取得与人同样的主体资格的问题。

〔3〕 See Lawrence B. Solum, "Legal Personhood for Artificial Intelligence", *North Carolina Law Review*, Vol. 72, 1992, p. 1231.

〔4〕 彭诚信、陈吉栋："论人工智能体法律人格的考量要素"，载《当代法学》2019年第2期。

供人类支配或利用的财产。Robot 一词源于 robe（奴隶），机器人是类似奴隶的"会说话的工具"，被定位为人类的奴仆。人工智能是一种工具性或手段性的存在，在法律关系中处于客体地位，不具备承载权利、义务或责任的资格。

将智能机器（人）作为客体存在的理论预设，注重人工智能中"人工"的部分。"人工"意味着智能机器（人）是人类的创造物，是人类智慧的结晶，是人类征服世界的外在表征。人类与人工智能类似于造物主与创造物的关系。所谓智能机器（人）的行为并非其自主意志的结果，而是人类意志的体现或折射。

智能机器（人）创作诗歌、新闻稿、小说等不过是人类意志的延伸。人类借助智能机器（人）进行创作与借助电脑、打字机等设备进行创作并无本质区别。设计或使用人工智能的人类是创作的思想源泉，作为法律关系客体的人工智能不具有享有权利的资格。在私权体系中，权利主体与权利客体不仅相对应，而且彼此之间的法律地位不得转换，所以权利主体不能是权利客体，权利客体亦永远无法成为权利主体，只可能是法定支配权指向的对象。[1]智能机器（人）对创作物享有权利的命题倘若成立，无异于认可客体对客体享有权利，这在传统法律体系框架内难以实现理论自洽，因此是荒谬的。同理，人工智能也不能作为承载义务或责任的主体。作为工具的智能机器（人）实施行为的背后隐藏着设计者、制造者、使用者等人类主体的意志，其导致的社会危害或造成的损失应由传统法律意义上的人承担。总之，人类创造了智能机器（人）并将其作为工具，所谓的智能机器（人）的行为不具有独立于人类意志或行为的价值，智能机器（人）不能取得法律主体资格。

2. 智能机器（人）作为客体存在的理论预设遭遇的冲击

时至今日，人工智能作为客体的理论预设仍然具有存在的现实基础。从人工智能技术发展的角度看，虽然人工智能在诸多领域呈现出优越于人类智能的特点，但是能够与人类智能媲美的通用型人工智能仍处于探索研发阶段。当下人工智能主要扮演任务执行者的角色，即按照人类预先设定的程序和指令作为或不作为。关于智能机器（人）基于自主意识而行为的技术是否可能，学者尚未形成共识，人工智能技术的应用也未能达到普及的程度。

---

〔1〕　参见熊琦："人工智能生成内容的著作权认定"，载《知识产权》2017 年第 3 期。

即便如此，人工智能作为客体存在的理论预设也并非固若金汤。人工生殖技术和人工智能技术的发展与应用模糊了主体与客体二元划分的界限。第一，人工生殖技术的发展与应用冲击了主体与客体二元划分的传统民法理论，在主体与客体之间出现了过渡性的模糊地带。人工生殖技术的临床应用使得在人体以外合成的胚胎的法律地位模糊化，难以在传统的"人"或"物"的概念中寻求归属。在江苏省宜兴市发生的人体冷冻胚胎权属争议案〔1〕中，宜兴市人民法院和无锡市中级人民法院都认为体外受精的人体胚胎具有发展为生命的潜能，不同于一般的物。无论将其称为"特殊之物"还是"介于人与物之间的过渡状态"都说明传统民法理论和规则无法满足现实生活的需要，应当进行调整。相较于将体外受精的人体胚胎作为"特殊之物"和"介于人与物之间的过渡状态"的观点，承认在人与物之外存在第三种物质存在形式是更具有革命性和颠覆性的。

第二，人工智能技术的发展与应用冲击主体与客体二元划分的传统民法理论，在主体与客体之间出现了过渡性的模糊地带。机器智能化悄然改变了人与机器之间的关系，将智能机器（人）作为客体的理论预设的正当性开始动摇。首先，在人机共处的场景中，人的行为与智能机器（人）的行为发生混合，是否需要将人与机器作为混合体进行规制以及如何规制的问题产生。混合体中的机器部分难以继续作为客体被对待。其次，在学习算法主导的应用场景中，智能机器（人）是行为的发出者，这与客体作为行为的承受者发生冲突。"主体做出行为，客体承受行为——但一个行为着的客体算什么呢？对法律而言，这种不确定的区分将引发一个又一个难解之题。"〔2〕最后，在强人工智能场景中，人与智能机器（人）之间的关系出现拟人化倾向。"当机器人变得足够复杂的时候，它们既不是人类的仆人，也不是人类的主人，而是人类的伙伴。"〔3〕一方面，"人们经常把情绪和意图赋予机器人，把机器人不是仅

---

〔1〕 参见江苏省无锡市中级人民法院［2014］锡民终字第 01235 号民事判决书。宜兴市人民法院认为，体外受精的人体胚胎不同于一般的物，它是具有生命潜能的特殊之物，不能成为继承的标的。无锡市中级人民法院认为："胚胎是介于人与物之间的过渡存在，具有孕育成生命的潜质，比非生命体具有更高的道德地位，应受到特殊尊重与保护。"

〔2〕 ［德］克里斯多夫·库克里克：《微粒社会——数字化时代的社会模式》，黄昆、夏柯译，中信出版社 2018 年版，前言。

〔3〕 ［美］约翰·马尔科夫：《人工智能简史》，郭雪译，浙江人民出版社 2017 年版，第 208 页。

看作'物'或'纯粹的机器'。"〔1〕另一方面，智能机器（人）学习和认知能力的不断增强冲击着智能机器（人）作为纯粹客体的理论预设。智能机器（人）的行为模式由"命令—行动"转变为"感知—思考—行动"，其行为的自主性增强，智能机器（人）的行为与人的意志或行为之间的联系逐渐被切断，将人工智能创作物的权利归属于人类或者将智能机器（人）造成的人身或财产损失归责于生产者、所有者或使用者的基础被动摇甚至丧失。

人工智能行为的独立性、自主性模糊了民事主体与民事客体的界限，引发对民事法律关系中法律人格理论基础的深层思考，直接冲击传统民事法律制度中的民事主体规则、权利归属规则以及责任承担规则。人工智能是否具有法律人格成为规则体系重构的核心与关键，而解决这一问题又必须以反思传统法学理论和法律体系中取得法律主体资格的正当理由和条件为基础。

总而言之，传统私法理论认为，法律主体与法律客体相互区分且不能相互转化。在这一理论预设下，作为人类创造物的人工智能是一种客体性或工具性的存在，不能作为法律主体。智能机器（人）既不能作为权利主体取得人工智能创作物的著作权，也不能作为责任主体对其造成的损失承担责任。伴随计算机科学和人工智能技术进步，人工智能深度学习能力增强，其部分行为已经具备了自主性的要求，不再是人类事先设计或安排的结果。人工智能时代智能机器（人）工具性特征的弱化，打破了传统的主体—客体二元框架，传统民事主体理论暴露出缺陷。机器智能化使得民事法律规则设计复杂化。《格里申法案》体现了立法者对智能机器（人）复杂且矛盾的心态，该法案在主体、客体、责任等部分均对智能机器（人）作出了规定。〔2〕

（三）关于智能机器（人）法律主体资格的认识分歧

客体转化为主体存在理论上的可能性，但是客体主体化的过程是艰难的，

---

〔1〕　苏令银："论机器人的道德地位：一种关系式的道德解释学范式"，载《自然辩证法研究》2017 年第 7 期。

〔2〕　参见张建文："格里申法案的贡献与局限——俄罗斯首部机器人法草案述评"，载《华东政法大学学报》2018 年第 2 期。张建文教授在文中概括，《格里申法案》修改的主要内容"一是在民事主体部分，在自然人、法人和特殊民事主体之后，在第 127 条项下增加 9 个款作为专章第六章'机器人——代理人'；二是在民事权利客体部分，在第 137 条'动物'之后将原来已经被废止的第 138 条增加新的内容，即'第 138 条 机器人'；三是在民事责任部分，在第 1079 条高度危险来源致人损害下，增加一款，即该条第 4 款"。

其间存在诸多不适应性。斯通（Christopher Stone）教授认为：在每一场试图把权利赋予某些新的"实体"的运动中，相关的提议不可避免地让人感觉是奇怪的，或者是可怕的，抑或是可笑的。[1]智能机器（人）能否作为法律主体在认识上存在分歧。

1. 否定说：权利客体说

否定说认为智能机器（人）属于动产中的产品，在法律上应当定性为物，是客体性的存在。"人工智能应当是法律上的'物'。"[2]"人工智能是人所利用的客体，而人则属于主体，二者泾渭分明。"[3]"机器人无论以何种方式承担责任，最终的责任承担者都是人，这使得它的'法律人格'显得多余和毫无必要，经不住'奥康剃刀'（如无必要，勿增实体）的检验。"[4]人工智能法律规则的设计需要以人类对人工智能的理性认知为基础。在人类对人工智能是否能够自主生成意识以及自主意识的程度缺乏明晰认识的情况下，赋予人工智能独立的法律主体地位不过是基于虚构事实的规则假想，对社会生活难以起到有效调控的作用。

"人工智能是人控制之下的，人能力的延伸物，它本身没有内源性的行为能力，也没有内源性的权利能力。"[5]智能机器（人）作出判断的基础并非自由意志，而是数据分析。基于数据分析进行动态实时判断不能被认为是独立意思表示的结果。智能机器（人）决策或行为的目的从属于人类，因而智能机器（人）本质上属于机器，不具有独立的法律主体资格。"人工智能是孙悟空，而人类却是如来佛和唐僧。"[6]

智能机器人的名称中虽然有人的字样，但是这里的人是在非严格意义上人类对具有部分人类特征的机器的称谓。智能机器（人）是人类制造的、具有部分与人类相同或相近要素的产品，即便它可能具有人的外形、类似于人

〔1〕 参见杜严勇："人工智能安全问题及其解决进路"，载《哲学动态》2016 年第 9 期。

〔2〕 游文亭："人工智能民事侵权责任研究"，载《学术探索》2018 年第 12 期。

〔3〕 易继明："人工智能创作物是作品吗？"，载《法律科学（西北政法大学学报）》2017 年第 5 期。

〔4〕 郑戈："算法的法律与法律的算法"，载《中国法律评论》2018 年第 2 期。

〔5〕 郝铁川："不可幻想和高估人工智能对法治的影响"，载《法制日报》2018 年 1 月 3 日，第 10 版。

〔6〕 郝铁川："不可幻想和高估人工智能对法治的影响"，载《法制日报》2018 年 1 月 3 日，第 10 版。

类的智慧、独立意志和相对独立的社会角色，也只是物而不是人，不具有人格，不过是特殊的工具。"高端智能机器人虽然有人的外观形象，有人的一些功能，可以实施某些类似于人的行为甚至有一定自主性的行为，但它的基本属性仍然是物。"[1] 赋予智能机器（人）法律主体资格并无必要，不能假借法律主体制度逃避责任。在"姆拉塞克诉布林矛尔医院"（Marcek v. Bryn Mawr Hospital）一案中，法院将因达芬奇医疗机器（人）故障造成的损害认定为产品责任，并依据《美国侵权法重述（第二版）》第 402 条 a 款作出判决。"通过这一案件我们认识到：当机器人致害时，现行法律实践仅将其认定为产品或者权利客体而非法律主体。"[2]

智能机器（人）不同于自然人，也不同于自然人集合体的法人。自然人是当然的意思表示主体。法人和非法人组织的意思表示是由自然人组成的机构实现的，其意思表示的主体可以追溯至自然人。智能机器（人）工作的素材是人类输入的特定领域的知识，其行为性质缺乏独立的目的性和自主意识，因而"将其作为拟制之人以享有法律主体资格，在法理上尚有斟榷之处"[3]。将智能机器（人）与法人进行类比论证忽略了"自然人之于法人"的重要意义，无法在理论层面完成证成。[4]"公司与机器人的重大区别在于，公司总是'通过'人类来运营。"[5]

（1）工具说

工具说严格划定人类与作为人类创造物的智能机器（人）之间的边界，并坚守主体与客体二元划分的逻辑框架，将智能机器（人）归入与主体相对应的机器的范畴。智能机器（人）是人类创造的产物，其最初的定位为客体

---

〔1〕 杨立新："用现行民法规则解决人工智能法律调整问题的尝试"，载《中州学刊》2018 年第 7 期。

〔2〕 陈吉栋："论机器人的法律人格——基于法释义学的讨论"，载《上海大学学报（社会科学版）》2018 年第 3 期。本案中，达芬奇医疗机器（人）在进行一场前列腺手术时，不仅不能正确反映信息而且拒绝医疗团队为其调整机械臂的位置，最终医疗团队选择由人直接手术。但是，手术后患者出现出血、腹痛和功能障碍等症状。

〔3〕 吴汉东："人工智能时代的制度安排与法律规制"，载《法律科学（西北政法大学学报）》2017 年第 5 期。

〔4〕 参见冯珏："自动驾驶汽车致损的民事侵权责任"，载《中国法学》2018 年第 6 期。

〔5〕 ［英］霍斯特·艾丹米勒："机器人的崛起与人类的法律"，李飞、敦小匣译，载《法治现代化研究》2017 年第 4 期。

而非主体。"人工智能缺乏作为自然人的自我意识、理性和道德感，缺乏人类之'灵性'，没有需要保护的伦理价值，其本质上只是一台机器。"[1]有学者对工具说提出质疑，认为该说忽视或否认智能机器（人）的智能属性，与人工智能技术不断发展和进步的趋势相悖。"这种学说的弊端在于忽略了人工智能的自主性，人工智能技术目前已经发展到可以独立表达自己意思并作出行为的阶段，如特斯拉汽车可实现无人驾驶，在这一点上，人工智能早已超越传统的工具。"[2]"索菲亚""帕罗"缘何能够取得国籍或户籍？当然，就该质疑也存在两点疑问：第一，技术发展是否已经到了智能机器（人）能够独立、自主为意思表示和行为的阶段？第二，智能机器（人）不同于传统的工具能否作为智能机器（人）脱离工具的行列进入主体范畴的充分理由？

（2）人工类人格说

持否定说的学者也并非一概否认人格制度适用于智能机器（人）的可能性。有学者跳出非此即彼的思维方式，寻求介于主体与客体之间的第三种主体形态，提出"人工类人格"的概念，认为"人工类人格是智能机器人所享有的，通过人工制造的类似于或者接近于自然人人格的民事法律地位"[3]。赋予智能机器（人）人工类人格是在典型的法律意义上的主体与客体之间发现第三种存在形态。智能机器人正是因为具有人工类人格，才区别于普通的物，也区别于普通的产品，属于物的最高类型即伦理物格的物。[4]

智能机器（人）的工具性法律人格以财产相对独立或资产特定化为前提。但财产独立或资产特定化作为主体隔离资产和限制责任范围的手段并非人工智能时代首创。法人制度的创设在主体拥有的不同类型的财产之间设置了防火墙，所需承担的责任被限定在预先安排的范围内。该制度解决了因商事活动失败而导致商事主体承担的责任无限扩大进而影响个人生活或其他商事活

---

〔1〕 房绍坤、林广会："人工智能民事主体适格性之辨思"，载《苏州大学学报（哲学社会科学版）》2018 年第 5 期。

〔2〕 游文亭："人工智能民事侵权责任研究"，载《学术探索》2018 年第 12 期。

〔3〕 杨立新："用现行民法规则解决人工智能法律调整问题的尝试"，载《中州学刊》2018 年第 7 期。

〔4〕 参见杨立新："人工类人格：智能机器人的民法地位——兼论智能机器人致人损害的民事责任"，载《求是学刊》2018 年第 4 期。杨立新教授将物的基本类型分为伦理物格、特殊物格和普通物格。

动的问题，为商事主体从事创新活动提供了制度保障，排除了后顾之忧。法人制度的资产隔离和特定化效果为商事活动创新和社会发展繁荣做出了重大贡献。智能机器（人）的工具性法律人格仍然是以人类主义为中心的。人工类人格说需要以智能机器（人）登记作为配套制度设计。"每一台人工智能都需到监管部门强制登记，获得'身份证'，确定其专属管理人。"[1]这一做法的目的在于进行身份识别。[2]"我国应当建立机器人强制登记制度，确保机器人在推向社会之前获得唯一的编号。这既是机器人权责追溯的必要保证，也是确立个体机器人法律主体地位的基础。"[3]为满足责任追溯的需要，《就机器人民事法律规则向欧盟委员会提出立法建议的报告草案》提出了对智能机器（人）进行分类并引入登记制度的设想。智能机器（人）登记分为自愿登记和强制登记。《格里申法案》规定了机器（人）自愿登记制度。未登记的机器（人）不能作为代理人，不能取得权利主体地位。[4]

权利客体说的依据包括以下几种学说：

（1）无独立财产说

有学者认为，是否拥有独立财产是判断智能机器（人）是否拥有独立人格的考量因素，基于智能机器（人）没有独立财产推论其不享有独立法律人格。社会实体转变为法律意义上的人需要满足形式和实质双重要件。"物质性要件是指，拥有从事活动所需的财产或其它必要条件。相对于意志能力，物质性要件是判断法律人格的'形'。"[5]这一观点有颠倒责任主体资格与财产独立性之间的因果关系之嫌，是以实然推论应然，合理性存在疑问。智能机器（人）不具有独立法律人格是其不能独立享有财产权的原因，不能基于智能机器（人）名下没有财产就认为其不能取得法律人格。在制度设计的层面，赋予智能机器（人）法律人格，将财产登记在其名下或由其占有并不存在技术上的障碍。此外，财产是否需要他人进行管理并不影响财产权的归属，更

---

〔1〕 游文亭："人工智能民事侵权责任研究"，载《学术探索》2018年第12期。

〔2〕 欧盟在一份动议报告中建议为智能机器（人）设立登记册，为开设用于缴纳税款、领取养老金以及现金交易的资金账户提供条件。但是，该动议报告未通过欧盟委员会审议。

〔3〕 张玉洁："论人工智能时代的机器人权利及其风险规制"，载《东方法学》2017年第6期。

〔4〕 参见张建文："格里申法案的贡献与局限——俄罗斯首部机器人法草案述评"，载《华东政法大学学报》2018年第2期。

〔5〕 彭诚信、陈吉栋："论人工智能体法律人格的考量要素"，载《当代法学》2019年第2期。

不会影响其法律人格。例如，未成年人缺乏行为能力，需要借助监护人对财产进行管理，但是不能以此为由否定未成年人作为权利主体的资格。

（2）政策选择说

法律人格是社会存在经法律认可而享有权利并承担义务和责任的资格，它具有社会性。政策选择说将视角从理论证成转向政策选择，从法律价值判断和政策选择出发，认为是否赋予某一社会存在以法律主体资格需要考虑人的需要，赋予人工智能法律人格会导致人类非人化的后果，因而应当排斥。"民法并不把现实世界的一切实体都确立为法律关系主体，而是在立法政策的作用下，选择一定的实体赋予其民事主体地位。"〔1〕政策选择说在禁止生殖性克隆人类技术应用的国际公约中得以体现。〔2〕"某一特定社会的法律以及赋予该特定社会成员的权利与义务是'人类境况'（human condition）的表达。……将机器人当作人类一样对待将会使人类非人化，所以我们应当避免持有这种态度。"〔3〕因而，无论是在现在还是在未来，将智能机器（人）视为与人同等重要的存在都不符合人的需要，不应成为政策选择的结果。

（3）时机不成熟说

时机不成熟说关注法律制度设计与现实生活之间的关系，将法律主体制度设计置于当下的社会环境中，不再纠结人工智能技术的未来。人工智能技术的研发和应用在当下仍然没有突破工具论的范畴。即便基于学习算法的智能机器（人）有一定的自主性，但就其整体而言仍属于产品。人工智能技术的研发与应用尚未对传统的法律规则体系造成颠覆性冲击，赋予智能机器（人）民事主体资格的时机尚不成熟。"在短时期内仍然应当坚守传统民事主体理论，而不宜将智能机器人规定为民事主体。"〔4〕时机不成熟说关注当下主体规则体系，又保持体系的开放性，为未来制度创新预留空间，具有一定的理论解释力。

---

〔1〕 房绍坤、林广会："人工智能民事主体适格性之辨思"，载《苏州大学学报（哲学社会科学版）》2018 年第 5 期。

〔2〕 参见联合国教科文组织制定的《人类基因组与人权世界宣言》第 11 条。

〔3〕 ［英］霍斯特·艾丹米勒："机器人的崛起与人类的法律"，李飞、敦小匣译，载《法治现代化研究》2017 年第 4 期。

〔4〕 王利明："人工智能时代对民法学的新挑战"，载《东方法学》2018 年第 3 期。

（4）道德能力缺乏说

道德能力缺乏说认为，具有道德能力是成为法律意义上的人的前提条件，缺乏道德认知能力的社会存在不能取得法律主体地位。智能机器（人）不具备道德认知能力，因而不能成为法律意义上的人。有学者对此提出质疑，认为"该说忽视了道德与法的根本区别，我们可以说道德主体必然为法律主体，但法律主体未必是道德主体"〔1〕。

2. 肯定说：权利主体说

肯定说认为，法律发展史表明民事主体的范围并不是固定不变的，它呈现扩张趋势，自主智能机器（人）能够独立作出决策并行为，就应当赋予其法律主体地位。人格的概念并不是对现实世界的描述，而是法律判断和抽象的结果。"'人格'（persona）这个拉丁词的原始意思就是面具或者角色。罗马法承认了各种作为非自然人却享有权利并承担义务的主体，比如自治城市（municipia）或者工会（collegia）。"〔2〕人工智能与生理意义上的人之间存在区别不能作为否定其具有法律人格的正当理由。"智能机器人摆脱人类的纯粹工具地位而获取主体身份，将是一个必然的趋势，相关的法律关系主体制度设计也将面临重大变革。"〔3〕"《机器人也是人：人工智能时代的法律》一书也提出，鉴于人工智能具有自动决策的能力，法律应当赋予其法律人格，将其视为独立的法律主体；对于人工智能引发的事故，理当由人工智能本身来承担责任，而非消费者和制造商。"〔4〕

（1）代理说

《欧盟机器人民事法律规则》第 52 条提出"非人类的代理人"概念。"代理说认为，人工智能的行为均来自于其管理人的意思表示，行为后果归责于被代理人，相当于管理人的代理人。"〔5〕将智能机器（人）当作人类的代理人，智能机器（人）虽无需对外承担责任，但是其独立人格得到默认。

---

〔1〕　彭诚信、陈吉栋："论人工智能体法律人格的考量要素"，载《当代法学》2019 年第 2 期。

〔2〕　[英] 霍斯特·艾丹米勒："机器人的崛起与人类的法律"，李飞、敦小匣译，载《法治现代化研究》2017 年第 4 期。

〔3〕　马长山："智能互联网时代的法律变革"，载《法学研究》2018 年第 4 期。

〔4〕　冯珏："自动驾驶汽车致损的民事侵权责任"，载《中国法学》2018 年第 6 期。

〔5〕　游文亭："人工智能民事侵权责任研究"，载《学术探索》2018 年第 12 期。

（2）电子人格说

《欧盟机器人民事法律规则》第 59 条 f 款有条件地承认智能机器（人）的法律主体地位，即对于能够作出自动化决策或行为的复杂机器（人）可以赋予其电子人（Electronic Persons）的法律地位。电子人格的取得不仅需要生产和制造智能机器（人）的事实，而且需要经过申请程序得到国家认可。

（3）拟制说

"'拟制'是将实为权利客体的人工智能认定为民事主体的法律技术。"〔1〕拟制说为作为权利客体的智能机器（人）转变为法律主体扫清了法律技术上的障碍。"法律拟制说认为，人工智能虽不具备人的属性，但可'视为人'，类似于法人。"〔2〕该说扩张了法律主体的范围，通过法律拟制的方式将智能机器（人）纳入法律主体的范畴。值得注意的是，即便能够赋予智能机器（人）以法律人格，其拟制人格与法人拟制人格也存在本质区别。赋予法人拟制人格的基础是法人背后之人的意志，而赋予智能机器（人）拟制人格的基础是人工智能的智能因素。相同立法技术下拟制人格的基础各不相同。

3. 折中说

折中说通常不在人和物的二元划分中对智能机器（人）进行定性，而将其视为第三种类型的存在。"人工智能不是物，但'他'同样也不是人。"〔3〕"在现实条件下，将人工智能定义为具有智慧工具性质又可作出独立意思表示的特殊主体较妥。"〔4〕折中说不否认智能机器（人）具有法律人格，但是，也不认为智能机器（人）具有与人同等的法律人格。

（1）电子奴隶说

"电子奴隶说的观点是，人工智能不具备自然人的特殊的情感和肉体特征，它有行为能力可是无权利能力。"〔5〕具备智能是成为法律主体的前提条

---

〔1〕 陈吉栋："论机器人的法律人格——基于法释义学的讨论"，载《上海大学学报（社会科学版）》2018 年第 3 期。

〔2〕 游文亭："人工智能民事侵权责任研究"，载《学术探索》2018 年第 12 期。

〔3〕 易继明："人工智能创作物是作品吗？"，载《法律科学（西北政法大学学报）》2017 年第 5 期。

〔4〕 袁曾："人工智能有限法律人格审视"，载《东方法学》2017 年第 5 期。

〔5〕 环建芬："人工智能工作物致人损害民事责任探析"，载《上海师范大学学报（哲学社会科学版）》2019 年第 2 期。

件，但是，拥有智能并不必然代表能成为法律关系中的主体。智能主体与智能工具在法律地位上有差异，需要透过智能工具，揭示其背后主体的责任。古罗马法中的"奴隶"虽然具有独立的思维和意识，但不是具有权利能力的主体。智能机器（人）类似于罗马法上的奴隶，这种"电子奴隶"形式上是人，实质上并不是人，其行为后果需由"主人"承担。"奴隶当然也是具有智能的，但是这并不妨碍奴隶主对于奴隶的致害行为承担责任。"〔1〕

（2）有限电子人格说

智能机器（人）享有的"电子人格"，不同于自然人的人格，是参与方法律人格聚合的结果，仅在一定范围内具有自主权。智能机器（人）虽然没有生命但是拥有"智能"，赋予其有限法律人格是一种适应未来科技发展的"兼具创新的保守方式"〔2〕。有学者认为，当下折中说缺乏理论上的正当性，"支持赋予人工智能有限法律人格的观点，并不能实现法理逻辑的自洽"〔3〕。

徘徊于主体与客体之间的折中说貌似兼容了智能机器（人）的工具性和主体性，缓和了不同学说之间的对立和冲突。但是，折中的做法与法律的稳定性相矛盾，法律规则可以考虑主体或客体的特殊性进行差异化设计，却不能在主体与客体之间任意转化。有限人格说对智能机器（人）主体地位的态度影响其关于民事法律责任承担的规则设计。有限法律人格对应有限民事法律责任，而余下部分则由智能机器（人）的参与主体，如制造者、设计者等承担。但是，有限民事法律责任的范围如何划分往往模棱两可。

4. 学说评析

肯定说与否定说共同的逻辑基点是在法律的视域范围内严格区分主体与客体，不存在游离于主体与客体之间的存在形式。折中说突破了主体与客体严格二元区分的界限，承认第三类存在形式。目前关于上述三种学说的讨论往往存在以下误区：

（1）同义反复，预设结论

法律主体地位、权利能力、法律人格、资格等概念虽然在具体表述和关

---

〔1〕 冯珏："自动驾驶汽车致损的民事侵权责任"，载《中国法学》2018年第6期。

〔2〕 许中缘："论智能机器人的工具性人格"，载《法学评论》2018年第5期。

〔3〕 房绍坤、林广会："人工智能民事主体适格性之辨思"，载《苏州大学学报（哲学社会科学版）》2018年第5期。

注角度方面存在差异，但是在法律层面实质上相同或高度类似。作为法律概念，人格先于权利能力出现。古罗马法中人格被分解为自由权、家长权和市民权，丧失上述权利的全部或者部分会导致人格减等。《德国民法典》首次使用了民事权利能力的概念。在现代社会，民事权利能力与人格概念同义。拉伦茨认为："在法律上，权利能力是指一个人作为法律关系主体的能力，也即作为权利享有者和法律义务的承担者的能力。"[1]在讨论智能机器（人）能否作为法律主体问题时，经常有学者在预设智能机器（人）不具有民事法律资格或不具有权利能力的基础上论证智能机器（人）不具有法律人格，不能作为法律主体。

（2）依据既有的民事法律规范判断人工智能的法律地位，以实然推断应然

有学者认为："无论人工智能有多接近于自然人，其不具有人的'身份'，与法人的虚拟身份也不尽相同，没有出生不会死亡，自然也没有民事权利能力。"[2]以是否存在出生或死亡的事实作为判断民事权利能力有无是以既有民事法律规则为依据作出的判断。而智能机器（人）是否应当具有民事权利能力，能否作为民事法律关系主体是一个应然的法律命题。以实然的既有法律规范为依据并作严格解释，进而认为智能机器（人）不应当具有民事权利能力，不能作为民事法律主体，存在逻辑上的漏洞甚至错误。首先，"出生"和"死亡"能否作为判断民事权利能力有无的依据？"出生"和"死亡"是判断民事权利能力起点和终点的依据，并非判断民事权利能力有无的依据。其次，对于"出生"和"死亡"的理解是以自然人为标准的，在适用于法人时进行了扩张解释。但是，法人并非是对"出生"和"死亡"等概念进行扩张解释的边界，将上述概念扩张解释至智能机器（人）具有理论可能性。

（3）颠倒权利能力与权利之间的关系，以实然否定应然

梅迪库斯（Medicus）认为："权利能力是指'成为权利和义务载体的能力'。"[3]从逻辑关系的角度看，民事权利能力是民事主体享有民事权利的前

---

〔1〕 ［德］卡尔·拉伦茨：《德国民法通论》（上册），王晓晔等译，法律出版社2003年版，第119~120页。

〔2〕 游文亭："人工智能民事侵权责任研究"，载《学术探索》2018年第12期。

〔3〕 ［德］迪特尔·梅迪库斯：《德国民法总论》，邵建东译，法律出版社2000年版，第781页。

提条件，民事主体的权利能力先于其享有的具体权利而存在。有学者以既有民事权利体系下人工智能缺乏对应的权利类型为由否定人工智能应当具有权利能力，颠倒了权利能力与权利之间的关系。

（4）考察智能机器（人）能否成为法律主体，需要从人类中心主义和非人类中心主义两条路径分别进行分析

在人类中心主义的框架下，不能简单地因为智能机器（人）不是生理意义上的人就否定其法律主体地位。"人之为人"，区别于其他物种或事物的根本属性是什么？倘若智能机器（人）与人在"人之为人"的根本属性上并无区别，则智能机器（人）亦应纳入法律主体的范畴。在非人类中心主义的框架下，单纯的"类保护"或"类关怀"作为判断法律主体资格的标准不再具有充分的正当性，命题转换为具有何种属性方能成为法律主体。

（四）智能主体一元化视角下智能机器（人）法律人格思考：涵摄式路径

在智能主体一元化视角下，人类是现实世界中唯一具有心智和灵性的社会存在，是法律主体制度设计的唯一原型和基础。智能机器（人）作为人类创造物，不具有与人类同等或者类似的心智和灵性，原则上不具有法律人格。但在特定情境下，为了满足人类利益的需要，可以通过拟制的立法技术，赋予部分社会主体法律人格。智能主体一元化体现了"人是万物的尺度"这一人类中心主义思想。

智能机器（人）法律人格的涵摄式路径是指通过解读传统法律人格理论和规则体系中法律人格的内涵，分析智能机器（人）与传统民事主体的异同，考察智能机器（人）能否被纳入"人"的范畴中。这是借助逻辑三段论推理解决智能机器（人）法律人格问题的路径。其中，大前提是享有法律人格需要具有若干基本要素，小前提是智能机器（人）具有或不具有上述基本要素。大前提中基本要素的模糊性和争议性以及小前提中确定智能机器（人）是否具备基本要素的技术性是该路径实施的难点。

1. "人之为人"的正当理由

民事主体即民法上的人是民事权利、义务和责任的载体。传统民法体系中，民事主体资格或法律人格制度的设计具有浓厚的人类中心主义色彩。在主体和客体二元划分框架下，人占据主体地位，人以外的其他事物是人类征服的对象，以客体的形式存在。法律主体资格的判断标准以人为基本参照系。

传统的主体资格判断标准主要包括三个方面，即生理学标准、心理学标准和社会学标准。作为法律主体，从生理学角度而言需要具有人体和大脑；从心理学角度而言需要具有独立的意志；从社会学角度而言需要具有独立的社会角色。[1]

基因是判断"人之为人"的基本标准。民法上的人以生物学意义上的人为基础或原型。在这一意义上，日常生活中，"人"通常指"自然人"（human being）。法律意义上的"人"是经过法律技术处理的结果，指向权利和义务的承担者（subject）。[2]但是，民法上的人并不简单等同于生物学意义上的人。根据基因标准的限缩与扩张，民法上出现了"人可非人"与"非人可人"的现象。各种法律体系对人的承认分为不同种类：①正常自然人（human being）；②变态自然人，例如白痴；③超自然存在；④动物；⑤无生命体，例如船舶；⑥法人（juristic person），例如社团（corporation）。[3]

（1）基因标准的限缩：身份标准下的"人可非人"现象

近代社会以前，"基因+身份"被作为判断能否取得法律人格的标准。基因标准将非生理意义上的人排除在民事主体的范围外。但是，生物学意义上的人并不必然能够作为法律主体而具有权利能力或责任能力，即"人可非人"。法律以"强而智"的人像预设为基础设计主体意义上的人，将具有"弱而愚"特征的生物学意义上的人排除在法律主体之外。法律主体资格是一种特殊的身份，不具有普遍性。古罗马法中，奴隶以客体的形式存在，与牲口并无差异；妇女、未成年子女的主体身份存在瑕疵；即便是作为一家之主的成年男性也可能遭遇人格减等。

（2）基因标准的恢复：自由意志标准下民法上差异化的人

近代社会，经过"3R运动"[4]，身份标准不再被作为判断能否取得法律

---

〔1〕 参见杨立新、张莉："连体人的法律人格及其权利冲突协调"，载《法学研究》2005年第5期。

〔2〕 参见［美］约翰·奇普曼·格雷：《法律的性质与渊源》，马驰译，中国政法大学出版社2012年版，第24页。

〔3〕 参见［美］约翰·奇普曼·格雷：《法律的性质与渊源》，马驰译，中国政法大学出版社2012年版，第25页。

〔4〕 文艺复兴（Renaissance）、宗教改革（Religion reformation）和罗马法复兴（Revial of Rome Law）。

主体资格的依据。是否具有人类基因成为取得法律人格的唯一标准，具有决定性作用，即生理学意义上的人都具有法律主体资格。概言之，生物学意义上的人等同于民法上的人，具备转化为后者的充分条件。

生物学意义上人与人之间事实上存在的差异在抽象法律人格中被抹平。人人平等、独立、自由的时代最强音在民事主体法律规则中得以体现。自然人的权利能力与行为能力分离。权利能力对应法律人格，一切具有人类基因的存在都应当无差异地取得民事主体资格，成为民法上的人；而行为能力体现了具有同等法律人格的不同类型群体在参与现实社会生活能力方面的差异。判断主体的行为能力时采用自由意志标准，即基于主体拥有自由意志的强弱区分主体行为能力的类型。换言之，根据抽象法律人格理论，基因标准是判断社会存在[1]是否具有法律人格的决定性标准，而自由意志则是对具备法律人格的主体进行进一步类型化细分的标准。基因标准使生物学意义上的人以"类存在"的方式获得普遍保护，成为权利、义务、责任的承载主体。自由意志不是决定社会存在能否具有法律人格的因素，它影响拥有抽象法律人格的主体直接参与社会生活的范围。"而当意志能力确实不具备时——例如新生儿或白痴的案件——法律所归属给这类变态自然人的意志便并非来自于某个确定的个人，而是来自于大众，或是大多数正常自然人。"[2]社会主体在人像预设上仍有"强而智"和"弱而愚"的区分，但是这一区分并不具有将某一群体排除在法律主体之外的作用，仅影响法律主体的行为能力及相应的责任能力。

现代社会对消费者和劳动者等特殊群体利益的关注使法律人格制度从无差异的抽象法律人格向有差异的具体法律人格转向，法律规则设计在一定程度上实现"从契约到身份"的回归。这一回归的目的并不是复辟特权思想，而是对弱势群体利益进行特殊保护。具体法律人格理论与抽象法律人格理论在将基因作为判断法律人格的决定性要素方面不存在差异，两者的不同之处在于抽象法律人格理论中的人像预设是单色调、无差异的，而具体法律人格

---

〔1〕　社会存在是指社会生活中客观存在的事物或现象，如生物学意义上的人、合伙、法人、动物、植物、人造物、知识产权等。

〔2〕　[美] 约翰·奇普曼·格雷：《法律的性质与渊源》，马驰译，中国政法大学出版社2012年版，第34页。

理论中的人像预设考虑了社会生活中主体事实上的差异，在法律人格上进行类型划分。

（3）基因标准的扩张：延伸保护标准下的"非人可人"现象

基因标准的扩张是指包含人类基因的非人存在或以人或物聚合形态存在的非人组织因直接或间接满足基因标准，在不同程度、不同范围内被视为民事权利主体。也就是说，非生物学意义上的人在特定条件下存在取得法律人格的可能性。一方面，人类基因在法律规则设计中的重要性使得人格利益出现被延伸保护的趋势。载有遗传基因的物质，如受精卵、尸体等，受人格利益延伸保护，不同于一般的物，不能简单地被视为客体。胎儿利益受到法律保护，在一定范围内视为具有法律人格。[1]"克隆人"在技术上的可能性以及伦理上的正当性方面存在争议，但是，一旦"克隆人"成为现实，因其本质上与人类并无差异，取得法律人格应当没有障碍。另一方面，社会生活中自然人既可以以独立个体的形态出现，也可以以聚合的形态存在。虽然自然人与团体在意思表示的方式上存在差异，但是在本质上具有同质性。作为自然人集合体的公司、合伙以及社会团体组织虽然不属于生物学意义上的人，但是法律在不同程度上承认其主体地位。赋予自然人聚合形态下的团体组织以法律主体资格是自然人主体资格延伸的结果。"法人制度从来没有威胁到人的主体地位，反而被视为是人的手臂之延展，进而被认为是实现人的价值的最伟大制度发明。"[2]

2. 基因标准下智能机器（人）的法律人格分析

基因标准下的法律人格分析属于典型的属性论。属性论认为，社会存在能否成为法律主体取决于一定的属性，特定的属性能够将人与其他物种区分开。近代以前与法律主体相关的属性为基因和身份；近代以后基因成为影响法律主体资格的决定性属性，身份属性被淡化。而到了现代社会，将基因作为判断法律主体资格的唯一属性的做法遭到质疑，动物、人工智能能否成为法律主体的问题随之产生。

---

〔1〕 我国《民法典》第16条规定："涉及遗产继承、接受赠与等胎儿利益保护的，胎儿视为具有民事权利能力。但是，胎儿娩出时为死体的，其民事权利能力自始不存在。"

〔2〕 易继明："人工智能创作物是作品吗?"，载《法律科学（西北政法大学学报）》2017年第5期。

以是否具有人类基因或是否属于人类基因延展所及的范围来判断人工智能是否具有法律人格具有明显的人类中心主义倾向。它深蕴"对人终极关怀"的价值理念，体现了法律规则为人类服务的目的以及对"类存在"的人的普遍尊重。"人是万物的尺度"，人类之外的存在都是一种客体性或工具性的存在。将基因标准推向极致，肉体也被赋予了特殊的重要性，成为人性不可或缺的组成部分。卡罗瓦（Karlowa）认为："肉身并不仅仅是人性驻留的居所，它与灵魂一道组成了人性，而对于生活来说，灵魂则与肉身不可分离地结合在一起。"[1]基于此，有学者认为，人体是由细胞组成的有机体，拥有生物大脑。而由电路和元件构成的智能机器（人）的"大脑"即便拥有类似人脑的功能，仍不具备生物学要素。"只需这一点根据，就足以否定人工智能机器人的民法地位肯定说。"[2]

基因属性是一种形式化的外在判断标准。它将人与其他物种区分开来，在法律上予以特别保护。其逻辑思路非常简单、明确，即法律是人类制定并为人类服务的，因而人的存在具有目的性、主体性，人之外的其他物种的存在具有手段性、工具性。这一人类中心主义的判断标准是基于"类"保护和关怀得出的不言自明、无需论证的结论，缺乏逻辑说理的成分。它是在预先设定的关系结构而非现实的关系结构中考虑而得出的结果。"一种关系性结构已经在那里预先存在着，这使我们认为机器人就只是'机器'或者一个'它'，而不是把它看作我们的'同伴'或'他'。"[3]

严格的基因标准下的智能机器（人）与动物或植物类似，因不具有人类基因而原则上不具有法律人格。但是，严格的基因标准在立法上存在例外，非人类基因的社会存在并非绝对地被排斥在具有法律人格的主体之外。当今社会，有部分学者主张并在一些国家或地区的立法中体现的"动物权利论"或"生态权利观"就将部分与人类基因无关的社会存在纳入法律主体的范畴并加以保护。将智能机器（人）类比动物是为了和无生命的物相区别，而适

---

〔1〕［美］约翰·奇普曼·格雷：《法律的性质与渊源》，马驰译，中国政法大学出版社2012年版，第25页。

〔2〕杨立新："用现行民法规则解决人工智能法律调整问题的尝试"，载《中州学刊》2018年第7期。

〔3〕苏令银："论机器人的道德地位：一种关系式的道德解释学范式"，载《自然辩证法研究》2017年第7期。

用伦理规则和人道主义原则。事实上，"动物权利论"或"生态权利观"不过是人类基于整体利益或未来利益进行考量的结果，仍然以人类利益为出发点和终极目的。"那种赋予动物权利的法律体系可能也存在过，甚至目前也一定存在——例如古埃及的猫和暹罗的白象。在这类稀少的案例中，一定要将人类的意志归属于动物。"[1]动物权利以及动物取得权利主体资格命题的提出，并未对法律主体制度构成实质性冲击。动物权利观建立在人类利益本位的基础上，是人类利益折射的结果。

法律规则是人类社会设计的产物，与人类基因相关性的强弱成为判断社会存在能否作为法律主体的标准。在这一理论预设下，不具有人类基因的社会存在原则上不具有法律人格，作为例外，基于利益考量可以规定非人类的社会存在在一定范围内具有法律人格。与动物一样，人工智能能否具有法律人格是人类设计的结果。人工智能即便被赋予法律人格，也隐含着将人工智能作为工具性、手段性而非目的性存在的预设。如同影片《机器管家》中的情形，赋予人工智能以法律主体资格不过是人类的"恩赐"。人工智能作为具有法律人格的主体并不具有与人类同等的地位，其权利的享有和行使都是人类设计的结果且最终是为了服务于人类社会。

法律人格制度具有较强的价值宣誓功能，它反映了人人生而平等的价值理念，明确人是目的性而非手段性的存在。将人作为区别于其他生物或社会存在的独立类型予以特殊的"类保护"是主体与客体二元划分的基石。智能机器（人）的法律人格充其量是法律拟制的结果，属于拟制主体（fictitious person）。在人工智能语境下，我们并不排斥在法律上拟制出一个新的主体，或与法人一样，从拟制自然人的角度赋予新的主体或者法人以相同或者类似的法律地位。[2]视智能机器（人）为法律主体的立法技术本身蕴含着人工智能无法与人类智能比肩同行的意涵。正如拟制的法人主体资格和部分国家或地区赋予动物部分主体资格一样，视机器人为法律主体具有明显的工具性和手段性，是人类为实现一定的目的而采用的法律手段。"因为多元主体资格的

---

〔1〕 ［美］约翰·奇普曼·格雷：《法律的性质与渊源》，马驰译，中国政法大学出版社 2012 年版，第 38 页。

〔2〕 参见易继明："人工智能创作物是作品吗？"，载《法律科学（西北政法大学学报）》2017 年第 5 期。

承认在终极意义上都是对自然人尊严平等与人格自由的尊重。人工智能体作为新生的社会存在物，对其法律主体资格的赋予，仍需奉行与强化这一普适的人之价值。"[1]

智能主体一元化以人类智能为中心进行主体制度设计，强调人类智能的本源性和绝对控制性，坚持人类中心主义立场。它建立在对人类智能绝对自信的基础上，将人类智能视为智慧的源泉，人工智能不过是人类智能的衍生物；人类智能具有不竭性和无限可能性的特征，能够永久地绝对控制人工智能。人工智能是人类智能的创造物，是人类征服世界的结果。无论人工智能技术如何发展，都无法摆脱人类智慧的光环。在弱人工智能时代，人工智能技术在人类可以控制的范围内，即便赋予机器人以法律主体资格或地位，也具有显著的工具性或手段性特点。确立机器人的法律主体地位不过是为了实现人类的某种目的，并未超越"人的终极目的性"。

（五）智能主体多元化视角下智能机器（人）法律人格思考：新设式路径

在人工智能时代以前，法律人格制度的演变围绕基因标准展开。近代以前，关于法律人格的争论集中在人类基因是否存在等级性或差异性之上，即能否将部分具有人类基因的生物学意义上的人排除在法律主体之外。进入近现代社会，生物学意义上的人普遍取得了法律主体资格，关于法律人格的争论转移到人类基因延伸保护的范围问题上，法人及其他社会组织等作为集合性的人被视为具有法律人格。动物等完全与人类基因无关的社会存在是否具有法律人格在理论上存在争议。即便关于动物的法律人格问题在部分国家立法层面有所体现，却未撼动传统的以基因为标准判断法律人格的法律体系。机器智能主体的出现打破了人类作为唯一智能主体的状态，以人类为中心的主体规则制度设计不再满足社会发展的需要。智能主体概念作为涵盖人类智能主体与机器智能主体的上位概念应运而生。

"对人终极关怀"的人文价值观是通过基因标准判断法律人格的理论基础。这一标准具有明确性、可操作性的特征，但是，亦有过于武断之嫌，其并没有剖析人类当然具有法律地位的深层原因，即"人之为人"的根本性问题。倘若人工智能或其他形式的社会存在具有"人之为人"之根本的共性特

---

〔1〕　彭诚信、陈吉栋："论人工智能体法律人格的考量要素"，载《当代法学》2019 年第 2 期。

征，则其在理论上亦存在取得法律人格的可能。

从生物进化论的角度看，人类由动物进化而来，其作为区别于其他动物的独特物种的根源在于人脑的构造。基于人脑的特殊构造，人类在思维方面比其他物种更具优势，具有基于独立意志行为的可能性。"人之所以为法律主体，便在于其所被赋予之自治可能，换言之，在于其意志。"〔1〕人工智能时代以前，人类以外的其他生物及人类的创造物都不具有类似人脑的思维器官。以人脑的独特构造以及人类思维方式的特殊性作为区分人类与其他生物以及人类创造物的标准具有正当性。人工智能中智能的属性表明人工智能技术指向的对象恰恰是模拟人脑思维或人类智能的部分。倘若智能机器（人）具有类似于人类的思维或独立意志，则人工智能作为独立法律主体具有理论上的可能性。但是，智能机器（人）能否具有独立思维或独立意志在认识上存在分歧，它是认识论上的难题。持怀疑主义论调的学者认为，倘若人与智能机器（人）是相对独立的实体，那么人类无法确定智能机器（人）是否具有自主意识。诚如《庄子·秋水》中惠子问庄子："子非鱼，焉知鱼之乐？"

智能机器（人）虽然不具有人类基因，不能基于出生的事实享有主体资格。但是，其在思维、意志、智能方面与人类相似。"如果未来人和机器的分野仅仅是肉体（生物 vs. 机械）的不同，否认机器不是人，或者人不是机器，都将折射出种族主义的特征，因为人和机器仅仅是肤色和生物构架的不同而已，在心智上并无不同，甚至人类无法追上机器人的进化步伐。"〔2〕人工智能技术的发展逐步缩小着人类智能与人工智能的差距，人工智能甚至在诸多场合中表现出超越人类智能的优势。智能主体类型多元化以人工智能摆脱对人类智能的依附，获得独立性为前提。人工智能不是人类智能的附属物或衍生品，人类智能并不天然优越于人工智能。它突破了人类中心主义立场，将以人工智能技术为基础的智能机器（人）作为独立于人类的新的族群。

1. 形而下的路径：结果导向的测试或思想试验

智能机器（人）能否独立思维以及是否具有心智等抽象问题涉及对思维、心智等抽象概念的理解以及对其本质的认识。为避免因抽象概念引发认识分歧，部分学者或实务工作者回避思维、心智等抽象概念，以结果导向的测试

〔1〕 [奥] 凯尔森：《纯粹法理论》，张书友译，中国法制出版社 2008 年版，第 68 页。
〔2〕 腾讯研究院等：《人工智能》，中国人民大学出版社 2017 年版，第 319 页。

或思想试验判断机器是否达到了智能的要求。

图灵测试（Turing Test）通过比较智能机器（人）与人类输出内容（output）的模仿游戏（Imitation Game）判断机器是否达到智能的要求。图灵测试具有结果导向的特征，其关注的重点不在于输出内容的过程是否符合思维、心智等抽象概念的要求，而在于两个输出内容的比较结果是否相似或一致。迄今为止，结果导向的图灵测试仍然是判断机器是否能够达到智能要求的重要方法。

但是，有学者对该方法的合理性存在质疑。赛尔（John Searle）提出了"中文房间"（Chinese Room）的思想实验，质疑图灵测试关于智能的判断。[1]在"中文房间"思想实验中，尽管被测试者足以以假乱真，使得房间外的人确信被测试者懂中文，但是，事实上被测试者根本不懂中文。基于该试验结论，赛尔主张思维不应归因于模拟人类智能处理符号的程序。符号处理程序不构成"思维"（thinking）或"理解"（understanding），因为它缺乏"意向性"，即处理意义的能力。符号的形状是语法属性（syntactic property），其意义是语义属性（semantic property），计算机仅回应语法属性。"中文房间"输出的符合中文表达要求的语句表面上看是对输入该房间的信息的回应，但是，"中文房间"内处理信息的过程只针对输入内容的形状或语法属性，并不涉及理解或思维。[2]

2. 形而上的路径：以思维等抽象概念为中心

"人工智能是否能够成为民事法律主体都只是一个立法技术问题，真正影响人工智能成为民事法律主体的因素不在生物学上，而在意思表达层面。"[3]关于机器能否思维的问题由笛卡尔（Rene Descartes）首先提出。他认为"我思故我在"，思维是人的基本素质，是人类与人造物的区别所在；机器作为人造物即便能够进行语言表达甚至对行为做出反应，也不能在不同情形下当即

---

〔1〕　"中文房间"思想实验是20世纪80年代初由美国哲学家赛尔提出的，其过程是：将以英语为母语、对中文一窍不通的被测试者关闭在房间内。房间里有一本用英文写成的关于中文翻译程序的规则手册。房间外的人向房间内传递用中文写成的问题。房间内的被测试者可以通过规则手册进行解答，给出答案。这一过程中，房间外的人扮演的角色相当于程序员；房间中的人相当于计算机；规则手册相当于计算机程序。

〔2〕　See Lawrence B. Solum, "Legal Personhood for Artificial Intelligence", *North Carolina Law Review*, Vol, 72. 1992, p. 1237.

〔3〕　袁洋："人工智能的民事法律主体地位及民事责任问题研究"，载《中州学刊》2019年第8期。

做出适当回应，因此机器不具有思维的能力。

人工智能出现后，笛卡尔关于人造物不具有思维能力的论断一直是学界争议的焦点。持保守观点的学者认为，无论是智能机器（人）战胜专业棋手还是普遍应用的模拟人类专家的专家系统（expert system）都是数字计算机编程的结果，是通过人工智能展现出的人类智能，体现的是人类智能的自我超越而非新型智能形态对人类智能的超越。人工智能不过是人类智能的延伸或再现，并不存在独立于人类智能的人工智能。"对于达到人工智能终极目标而言，意识是一个绕不开的难题。如果未来'通用型人工智能'成为可能，一定会伴随着'机器意识'的出现。而对于本轮基于机器学习的人工智能浪潮而言，这还是一个相对遥远的研究方向。"[1]

霍布斯（Thomas Hobbes）在《哲学原理》一书中提出"推理即计算"的观点，首先提出了心智的可计算性理论。[2]奥卡姆认为，认知科学以人类智能本质上具有可计算性假设为基础，人类的大脑能够模式化为运行计算机的程序。[3]智能机器（人）已经逐步具有自我意识和自我表达能力，可以与人类进行情感交流。[4]

（六）情景化预设下人工智能法律人格问题的解决路径

法律规则与制度设计需要因应时势变化，针对不同场景进行差异化规则或制度设计具有正当性。在人工智能时代的不同阶段，智能机器（人）在意志与行为的自主性方面存在差异，在差异化的情景预设下智能机器（人）是否具有法律人格需要进行区别对待。在这一意义上，"人工智能可否成为民事主体，并不取决于其是否具有独立人格或民事权利能力，而取决于现实社会的需要和既存事实的强化。"[5]需要区分弱人工智能时代与强人工智能时代对人工智能法律人格进行差异化设计。

1. 弱人工智能时代无需赋予人工智能独立法律人格

弱人工智能时代"人工智能离通用型人工智能还有一段距离。工具型人

工智能无法产生意识"〔1〕。人工智能尚未达到"自我觉醒"的程度，无法独立思维并自主决策和行为，所谓人工智能的思维或意识不过是人类设计或编程的结果。智能机器（人）与其他人类创造物类似，在社会生活中主要起到工具性和手段性的作用。

　　法律规则的设计具有体系化效应，局部规则变化在不同程度上影响着法律的内在精神气质与外在规范结构。法律主体类型和范围的规则设计是法律规则设计的基础，其变化具有牵一发而动全身的效果。主体与客体在类型与范围上存在的负相关性使得主体类型的增加以及范围的扩张必然导致客体类型的减少以及范围的限缩。而这些变化又会影响原有的权利、义务和责任结构体系。"自《法国民法典》至今 200 余年来，实际上民事主体制度显示出极为稳定的结构。如果要撼动这种结构，则须存在充分的现实需要。"〔2〕鉴于法律主体类型的增加以及范围扩张在内在价值理念和外在体系结构等方面对既有法律体系的剧烈冲击，有必要考虑奥卡姆剃刀原理（Occam's Razor）〔3〕，对人工智能时代增设法律主体类型或扩张法律主体范围持审慎的态度。

　　在弱人工智能时代，智能机器（人）尚不具备独立的思维和意志，其在社会生活中发挥的作用与其他作为工具的人类创造物并无实质差异。将智能机器（人）作为具有法律人格的法律主体进行规则设计在事实层面不具有足够的技术支撑，不仅无法产生积极的社会效果，而且会破坏法律规则体系原有的精神气质和结构。弱人工智能时代关注法律人格问题的重心不在于规则设计而在于法律伦理上的可能性及限度。人工智能的历史演进具有不可逆转性，即智能机器（人）一旦具备了与人类同等甚至超越人类的智能，智能机器（人）基于独立、自主的意志从事行为的后果将是人类单方无法控制的。控制智能机器（人）可能带来的灾难性风险需要从政策和法律制度等方面进行顶层设计，调控人工智能技术研发的方向与进度。换言之，在弱人工智能时代，智能机器（人）的法律人格不是"应不应该"而是"可不可以"的问

---

〔1〕 腾讯研究院等：《人工智能》，中国人民大学出版社 2017 年版，第 20 页。

〔2〕 房绍坤、林广会："人工智能民事主体适格性之辨思"，载《苏州大学学报（哲学社会科学版）》2018 年第 5 期。

〔3〕 奥卡姆剃刀原理是由 14 世纪的逻辑学家奥卡姆（William of Occam）提出的。该原理被称为"如无必要，勿增实体"（Entities should not be multiplied unnecessarily）。

题。合理规划人工智能未来走向的路线图，从法律伦理的角度探讨人工智能研发的技术限度，控制人工智能作为法律主体的进程及限度是弱人工智能时代法律的关注焦点。

2. 强人工智能时代基于利益多元化设计法律人格规则

关于强人工智能时代法律人格的规则设计的想象和科幻色彩胜于严密的逻辑推理和理性分析。诸多科幻电影或小说中描述了机器意识觉醒的情形，如科幻影片《她》中的"萨曼莎"、《超能特工队》中的"大白"等。在技术条件尚未能实现强人工智能的阶段，人类只能通过想象预设人类与未来强人工智能之间的关系，并基于此进行相关制度设计。

在强人工智能时代，以"类"形式存在的人的主体地位遭到挑战。智能机器（人）作为新型意识主体必然会寻求法律上的地位。未来社会可能是人类与智能机器（人）共存的命运共同体，形成多元共主的局面。关于多元共主的思想在中国传统文化中早已出现。如《周易》整合处于矛盾对立关系中的阴与阳，形成了阴阳调和、共生共存的统一框架；道家通过辩证思维解释有无和大小等的关系；儒家思想强调"己所不欲，勿施于人"。

考虑到法律与现实生活的关系，对强人工智能时代法律人格进行规则设计不宜操之过急。因为缺乏现实生活作为根基的规则设计往往只是空中楼阁，即便设计得再完美也难以经受住现实生活的考验。人工智能能否发展到与人类智能媲美甚至超越人类智能的通用型人工智能阶段尚未可知。倘若通用型人工智能技术得以实现，具有独立思维和意志的智能机器（人）出现，人类面临的可能不再是法律人格设计的问题，而是作为类存在的智能机器（人）与作为类存在的人类之间进行利益协调和规则设计的问题。自我意识觉醒后的人工智能具有独立的自由意志，且在智力和体力方面明显优越于人类，其是否会遵循以人类公权力为后盾的法律规则体系不无疑问。"如果人工智能有意识，就不会服从人类为之设定的规则，至少应该是与人类一起制定规则，更可能的甚至是智能机器为人类设定规则。"[1]超强人工智能的认知能力突破了人类的认知极限，强人工智能时代的法律人格设计恐怕只是人类一厢情愿的幻想。

---

〔1〕 冯珏："自动驾驶汽车致损的民事侵权责任"，载《中国法学》2018 年第 6 期。

二、智能机器（人）的民事法律责任主体资格

人工智能导致的损害（AI-caused harm）将伴随人工智能应用领域的扩张持续增长。出现自动驾驶汽车导致事故、智能诊疗系统导致误诊、智能投资顾问出现误判等情况应当由谁（who）或者什么（what）来承担责任？联合国世界科学知识与技术伦理委员会（COMEST）发布报告，就智能机器（人）民事法律责任承担的问题提出了两种方案：一是让参与智能机器创造、生产和应用的人分担责任；二是让自主决策和行为的智能机器人独立承担责任。有学者认为："这两种责任分担方式可能都不完善，因为既无视人类在科技发展过程中的固有偏见，也忽略了科技被居心叵测的使用者用做他途的可能性。"[1] 另有学者在"人工智能类别化"的基础上构造了"九宫格"模型的三维法律责任主体规则体系。"一类人工智能"为人造人，如科幻影片中的"机器管家"；"二类人工智能"为人造机器或人造机器人，如智能网联汽车、无人机、服务机器人等；"三类人工智能"为人造程序，如语音或图像识别、智能搜索、智能投顾软件等。[2]

（一）学说见解

1. 综合考量说

智能机器（人）是算法支配下的硬件系统，虽然其决策或行为离不开初始程序设计者和制造者的行为，但是不能简单地将其等同于人类控制的工具。"对于人工智能侵害的民事责任，也不宜简单适用传统民事责任制度的处理原则，而应当结合人工智能的拟人属性，予以特殊的综合考量。"[3] 高丝敏教授认为考察人工智能的责任主体适格性需要综合考量独立意识、伦理考量、独立财产等三个因素。

2. 民事责任能力说

以智能机器（人）是否具有人形标准或应用场景标准确定其是否需要承担民事法律责任无疑是一种过于简单化的方式。"对'人工智能+X'的法律

---

〔1〕　腾讯研究院等：《人工智能》，中国人民大学出版社 2017 年版，第 197 页。

〔2〕　参见张清、张蓉："论类型化人工智能法律责任体系的构建"，载《中国高校社会科学》2018 年第 4 期。

〔3〕　张童："人工智能产品致人损害民事责任研究"，载《社会科学》2018 年第 4 期。

规制的'类型化'不能以'人形'或'非人形'为分界点,亦不能以'X'所在领域为分界点,因为是否具有人形以及应用于何种领域并不具有必然的法律意义,而应当以法律责任能力为基础,这样方能回归法律规制的本意。"[1]有学者认为,是否拥有独立财产通常会被认为是判断民事责任能力的标准。"独立财产是承担民事责任的基础,而人工智能通常没有独立的财产用以支付民事赔偿。"[2]由此可以推论,智能机器(人)不能承担民事责任,也不能作为民事责任主体。反之,倘若智能机器(人)拥有独立财产,则其能够以独立的财产承担民事法律责任。另有学者认为,关于智能机器(人)的独立财产和民事责任能力的思考是将简单问题复杂化,徒劳无益,"人工智能没有独立财产,也不具有相应的责任能力,其产生的责任只能由其所有人或控制人负担。"[3]

3. 参与主体分摊责任说

"机器人的责任问题,首先应当考虑的是人类的责任,而并非是机器人的责任。"[4]参与主体分摊责任说认为,设计智能机器(人)民事法律责任规则的目的不在于规范智能机器(人)的行为,而在于规范和引导人工智能技术的研发与应用。因而,承担民事责任的并非智能机器(人),而是参与人工智能技术研发和应用的主体。

智能是取得法律主体资格或成为民事法律责任主体的前提条件,但是,拥有智能并不必然能够成为法律关系中的主体。"奴隶当然也是具有智能的,但是这并不妨碍奴隶主对于奴隶的致害行为承担责任。"[5]未取得民事主体资格的智能机器(人)是受人类支配或利用的工具,属于产品的范畴,自身并不具有独立的人格和财产,需要由占有、使用或所有该智能机器(人)的主体承担民事法律责任。"最终人工智能的侵权责任还是要由相关自然人完全承

---

〔1〕 张清、张蓉:"论类型化人工智能法律责任体系的构建",载《中国高校社会科学》2018年第4期。

〔2〕 高丝敏:"智能投资顾问模式中的主体识别与义务设定",载《法学研究》2018年第5期。

〔3〕 房绍坤、林广会:"人工智能民事主体适格性之辨思",载《苏州大学学报(哲学社会科学版)》2018年第5期。

〔4〕 张建文:"格里申法案的贡献与局限——俄罗斯首部机器人法草案述评",载《华东政法大学学报》2018年第2期。

〔5〕 冯珏:"自动驾驶汽车致损的民事侵权责任",载《中国法学》2018年第6期。

担或补充承担，而人工智能本身无法独立承担民事义务与责任，不具备民事责任能力。"[1]

智能机器（人）作出的决策或行为是设计者、制造者、使用者等诸多主体共同作用的结果，因智能机器（人）产生的民事法律责任亦应由各参与主体进行分摊。"让所有参与到机器人的发明、授权和分配过程中的人来分担责任。"[2]这是基于风险控制的责任分配方式，"如果最终负有责任的主体得到确认，其所应承担的责任应与其给予机器人的指令级别以及机器人的自主性程度相称。"[3]

参与主体分摊责任说面临的困境是智能机器（人）自主决策或行为时的责任承担依据缺失。当智能机器（人）自主决策或行为时，参与人工智能技术研发和应用的主体对其行为无法准确预见也无法控制，对于此时将民事责任归咎于参与主体是否合理存在疑问。

4. 法律实体说

智能机器（人）不同于一般的物或产品，智能化因素使得其决策或行为与人的意志之间的关系复杂化。需要区分智能机器（人）致人损害是人的意志的结果还是智能机器（人）自身意志的结果。法律实体说以具有自我感知和自主学习能力的智能机器（人）具有独立的意志并能基于该意志进行独立判断为前提，认为智能机器（人）的决策或行为已经脱离了人的控制，具备独立承担法律责任的能力。"以主体意识参与到民事关系中来的智能机器人必须承担相应的责任，必须以主体身份参与到民事活动，作为法律关系的承担者。"[4]

5. 机器自主性说

"具有类似人类独立思考与深度学习的能力是人工智能与其他科技最大的差异。"[5]人工智能技术的研发和应用对既有民事法律责任体系构成冲击，求诸机器自主性，赋予智能机器（人）法律人格并由其承担民事法律责任的观

---

[1]　游文亭："人工智能民事侵权责任研究"，载《学术探索》2018年第12期。

[2]　腾讯研究院等：《人工智能》，中国人民大学出版社2017年版，第229页。

[3]　司晓、曹建峰："论人工智能的民事责任：以自动驾驶汽车和智能机器人为切入点"，载《法律科学（西北政法大学学报）》2017年第5期。

[4]　许中缘："论智能机器人的工具性人格"，载《法学评论》2018年第5期。

[5]　袁曾："人工智能有限法律人格审视"，载《东方法学》2017年第5期。

点应运而生。"这种观点甚至在没有得到有力论证的情况下，就得到了产业界、立法者甚至学界不少人士的支持与赞同。"〔1〕《格里申法案》虽然提出机器人可以独立拥有财产并承担责任的建议。但是，对于这一大胆设想并未提供相应的落实措施。该法案中规定："机器人—代理人拥有独立的财产并以之为自己的债务承担责任，可以以自己名义取得并行使民事权利和承担民事义务。在法律规定的情况下，机器人—代理人可以作为民事诉讼的参加者。"〔2〕

6. 刺穿面纱说

民事法律责任主体资格存在被形式化和工具化的可能。智能机器（人）的设计者、制造者或使用者会利用智能机器（人）的民事法律责任主体资格逃避责任。比照公司法中"刺穿法人面纱"的理论和规则设计，在一定情形下需要透过智能机器（人）民事法律责任主体资格，追究背后主体的责任，即向智能机器（人）主张责任承担的主体能够如同刺破法人面纱一样，主张由智能机器（人）的控制人承担责任。〔3〕

（二）弱人工智能时代的民事法律责任主体：以产品属性为基础的分析

1. 工具论视角下的分析

传统工具论以主体与客体二元划分为基础，作为客体的人工智能产品只是人类实现一定目的的工具，并无独立的意志或行为决策能力，与之相关的后果归属于利用人工智能产品的人，人工智能产品并非侵权的行为主体或责任主体。"弱人工智能实质上是人类活动的辅助与工具，其也无独立之意思表示，对该阶段人工智能侵权责任之追究与其他凭借工具侵权之情形并无差异。"〔4〕

以智能机器（人）的工具性为逻辑基点，智能机器（人）不具有独立的法律人格，不能为其行为造成的损害独立承担责任。在现有的责任规则体系下，智能机器（人）的行为归因于设计、制造、支配、使用智能机器（人）的人类个体或组织体。其功能不是惩戒致害主体，而是促使支配或利用智能机器（人）的主体避免致害行为发生。

---

〔1〕 冯珏："自动驾驶汽车致损的民事侵权责任"，载《中国法学》2018 年第 6 期。

〔2〕 张建文："格里申法案的贡献与局限——俄罗斯首部机器人法草案述评"，载《华东政法大学学报》2018 年第 2 期。

〔3〕 参见许中缘："论智能机器人的工具性人格"，载《法学评论》2018 年第 5 期。

〔4〕 刘小璇、张虎："论人工智能的侵权责任"，载《南京社会科学》2018 年第 9 期。

弱人工智能时代智能机器（人）的工具性特征是构建民事法律责任规则体系的基本理论预设。智能机器（人）制造得再精巧或者再复杂，都不过是人类设计的结果，要受制于人的行为。作为调整社会关系手段之一的法律，其关注的对象是人而非技术本身。法律对技术的影响是通过调整人与人之间的关系实现的。郑戈教授认为："法律应当去规制被技术改变后的社会中的人，从而使技术对人类社会的影响能够朝着善和正义的方向去发展。"[1]作为工具的智能机器（人）与汽车、电脑、房屋等人类占有或使用的物一样，发生事故造成损害，需要由生产者、所有者或使用者承担法律责任。换言之，以智能机器（人）的工具性特征为中心的法律规则体系设计是以智能机器（人）决策或行为的被动性为前提的，智能机器（人）决策或行为的模式为"命令—行动"。智能机器（人）的决策或行为不过是人的行为的延伸，造成的损害当然应当由智能机器（人）背后的行为人负责。

2. 民事法律责任主体类型

"《侵权责任法》自身的规则设计和背后蕴藏的制度张力能够较为妥善地解决现阶段的人工智能侵权的责任纠纷，在传统民法人物二分的制度构建下不应随意扩大民事主体的范围，以免徒增法教义学上的困惑。"[2]人工智能的研发与应用主体多元化使责任追究变得复杂化。现有的民事法律责任规则体系以人工智能产品作为法律关系客体为基本前提。机器的工具性是传统民事法律责任规则设计的基础。人工智能是程序员编程的结果，人工智能产品是工具性的存在。机器参与的活动不过是人的行为的延伸，造成的损害应当由智能机器（人）背后的行为人负责。人类利用人工智能产品与利用其他工具在本质上并无区别，因此人工智能产品造成的损害应当由其制造者、销售者、所有者、使用者等主体负责。

（1）研发阶段：算法设计者

人工智能时代，算法几乎无处不在，人类生活在算法的世界中。社会主体的上网痕迹、购物记录、位置信息等数据信息经算法处理后转化为一定的分数，影响社会对主体的评价以及主体未来的决策。在互联网的世界中，以

---

〔1〕 郑戈："算法的法律与法律的算法"，载《中国法律评论》2018 年第 2 期。

〔2〕 张建文、贾章范："《侵权责任法》视野下无人驾驶汽车的法律挑战与规则完善"，载《南京邮电大学学报（社会科学版）》2018 年第 4 期。

为自己是主宰的人类往往被禁锢在算法的牢笼中。算法决定人们看到什么，预测人们会如何行动或决策。算法在一定程度上决定了智能机器（人）的决策或行为。通过规则约束算法设计者的行为能够起到防范或避免智能机器（人）随意决策或行为的作用。有学者认为："如果是人工智能技术研发者即自动驾驶机动车的软件设计者提供的软件存在缺陷，则自动驾驶机动车的生产者、设计者应当按照《民法典》第1203条规定承担不真正连带责任。"[1]

（2）生产和销售阶段：智能机器（人）的制造者

"掌握核心技术的生产者作为风险的基本来源，具有较强的风险掌控能力，亦能通过集中化解风险的手段抽调出更多的社会资源。"[2]智能机器（人）是人类制造的产品，制造者对产品致人损害需要承担责任的情形主要包括：第一，因制造缺陷而致人损害的责任。制造缺陷是指因制造者未尽到必要注意义务而导致智能机器（人）存在产品缺陷。智能机器（人）因制造缺陷致人损害，制造者需要承担法律责任。第二，因制造者的恶意使得智能机器（人）致人损害。人类智能是人工智能的原动力和基础，制造者在制造智能机器（人）的过程中，改变算法设计或硬件设计而导致损害的，制造者需要承担法律责任。

流通环节连接生产环节和消费环节，起到桥梁作用，智能机器（人）由制造者转移至所有者或使用者进入消费环节通常需要经由销售者实现。销售者对产品致人损害需要承担责任的情形主要包括：第一，在销售环节因销售者的过错使得智能机器（人）出现缺陷；第二，受害人因产品制造缺陷向销售者请求赔偿。

有学者对销售商就制造缺陷承担连带责任提出质疑。人工智能系统的设计以及内在工作模式具有不透明性和难以解释性，"复杂人工智能系统在设计上存在的缺陷，不仅消费者们难以发现，就算是下游的生产商与销售商同样无法知晓。"[3]销售商与消费者对人工智能研发和应用细节的不知情被作为否定销售商承担连带责任的理由。这一观点虽不无道理，但是值得商榷。相对

---

〔1〕 杨立新："民事责任在人工智能发展风险管控中的作用"，载《法学杂志》2019年第2期。

〔2〕 张建文、贾章范："无人驾驶汽车致人损害的责任分析与规则应对"，载《重庆邮电大学学报（社会科学版）》2018年第4期。

〔3〕 ［美］马修·U. 谢勒："监管人工智能系统：风险、挑战、能力和策略"，曹建峰、李金磊译，载《信息安全与通信保密》2017年第3期。

于消费者，销售商在风险认知和控制上具有明显优势。销售商作为沟通生产商与消费者的桥梁，对生产者进行追责更为容易。倘若免除销售商的连带责任，对生产情况甚至生产商信息不知情的消费者可能陷入无法获得救济的困境。

（3）使用阶段：智能机器（人）的所有者和使用者

在智能机器（人）被作为产品的情况下，因使用产品而造成损害的，由使用者或所有者承担责任。杨立新教授认为："产品使用行为的后果要归产品的使用者、所有者承担。"[1]

（4）影响力标准

在智能机器（人）尚不具备独立意识的前提下，其无法对自身行为对第三人造成的损害负责。依据现行法律规范，智能机器（人）造成的损害由其制造者、所有者或使用者等主体负责。上述主体基于危险物品责任或产品责任承担相应的民事责任，旨在通过注意义务避免相应的加害行为发生。"从研发到使用全过程的所有参与者，他们对于人工智能的侵权责任的承担与其对该人工智能的影响呈正相关，也就是说，对人工智能的影响越大，侵权责任应当越重。"[2]在研发过程中，人类通过算法设计决定了人工智能的初始等级、功能、用途等。在生产过程中，人类决定了人工智能的外观、材质等。终端的消费者则在数据训练方面影响人工智能。"生产者、销售者、消费者（管理人或使用人）三者相比，对人工智能的影响逐渐减弱，责任程度逐渐减轻，这一点看来是合理的。"[3]

（5）大口袋原则：以受害人救济为中心的责任主体范围确定

为拓宽受害者得到救济的途径，有学者建议根据《民法典》第1170条关于共同危险行为规则，将智能机器（人）的制造者、设计者甚至服务提供者都纳入责任主体的范围，在无法查清责任主体时由上述主体对受害人承担连带责任。[4]存在疑问的是，共同危险行为以侵权行为人实施了导致损害发生

---

〔1〕　杨立新："用现行民法规则解决人工智能法律调整问题的尝试"，载《中州学刊》2018年第7期。

〔2〕　游文亭："人工智能民事侵权责任研究"，载《学术探索》2018年第12期。

〔3〕　游文亭："人工智能民事侵权责任研究"，载《学术探索》2018年第12期。

〔4〕　张建文、贾章范："《侵权责任法》视野下无人驾驶汽车的法律挑战与规则完善"，载《南京邮电大学学报（社会科学版）》2018年第4期。

的危险行为为前提。但是，智能机器（人）的设计者以及精密地图的提供者等参与主体可能只是参与了前期研发工作，他们就智能机器（人）的实际应用场景根本不知情，不具有控制风险的能力。倘若要求上述主体承担连带责任，与风险控制的一般原理相悖。应当严格限定大口袋原则适用的范围，不能使责任承担成为人工智能技术研发与应用的障碍，妨害技术进步和社会发展。

（三）强人工智能时代的民事法律责任主体：以自主性为基础的分析

随着人工智能技术的革新，智能机器（人）行为的被动性理论预设被动摇。智能机器（人）的认知和学习能力不断增强，冲击着现有民事法律责任规则体系赖以存在的理论假设。自主智能机器（人）的决策和行为虽然是人类设计者编程和制造的结果，但是并非程序设计者直接指令安排的结果。自主智能机器（人）能够对在不同场景获取的信息进行分析、判断并作出决策，而这并非是程序设计者事先安排或可以预料的。当智能机器（人）的行为具有自主性，行为模式转变为"感知—思考—行动"时，智能机器（人）的行为与人的行为相对独立，将智能机器（人）造成的损害归责于生产者、所有者或使用者的基础被动摇甚至丧失。"机器人的自主性越强，就越难将其当成是其他主体（比如制造商、所有人、使用者等）手中的简单工具，这反过来使得既有的责任规则开始变得不足，因而需要新的规则。新的规则着眼于如何让一台机器为其行为或者疏忽而部分或全部地承担责任。"[1]智能机器（人）能否作为独立民事责任主体的问题值得深入思考。

1. 行为相对独立性视角下的分析

人工智能的智能要素决定人工智能产品与一般的产品之间存在差异。拥有深度学习等算法的智能机器（人）的行为和决策并非程序员最初设计的结果，智能机器（人）具有相对独立的推理、判断及决定的能力。智能机器（人）在决策或行为方面的相对独立性，切断了行为与人类主体之间的联系，将智能机器（人）作为侵权行为的主体具有了理论上的正当性。换言之，智能机器（人）的自主性增强，其工具性特征弱化，将其致害行为归因于人类个体或组织体的正当性随之减弱。传统民事法律责任规则无法满足新形势的

---

[1] 司晓、曹建峰："论人工智能的民事责任：以自动驾驶汽车和智能机器人为切入点"，载《法律科学（西北政法大学学报）》2017年第5期。

要求。

　　侵权行为主体与责任主体通常是同一的，即实施侵权行为的主体需要承担侵权行为产生的不利法律后果。但是，侵权行为主体与责任主体也存在分离的现象，如职务侵权行为。智能机器（人）即便能作为侵权行为主体也并不意味着其当然能够成为侵权责任的承担主体。"对于人工智能，侵权责任与赔偿责任可能不统一，因为人工智能是物，无法承担侵权责任。但与一般机器侵权的无过错责任不同的是，人工智能可以用自己的保险、基金、劳动报酬来支付其损害赔偿。"[1]

　　2. 泛自主性现象

　　目前人工智能技术的研发与应用尚未达到智能机器（人）能自主行为导致侵害或损害的程度。2016 年 11 月中下旬，在深圳召开的第十八届中国国际高新技术成果交易会（China Hi-Tech Fair）中上演了机器人意识觉醒、威胁人类安全的一幕。在没有得到任何指令的情况下，名为"小胖"的家用服务型机器人突然打砸玻璃，致路人受伤。事后，"小胖"的展商北京进化者机器人科技有限公司发布声明称，"小胖"机器人发生"失控"行为不过是由于参展人员误操作。"小胖"机器人的行为缺乏自主性，并无独立意志。对"小胖"机器人拟人化的过度解读不过是部分媒体渲染和炒作的结果。[2]

　　类似事件在德国也有发生，网络报道盛传德国大众公司的机器人突袭技术人员。该报道称一名技术人员在安装机器人的过程中，处于静止状态的机器人突然"抓住"其胸部并将其"压在"铁板上，最终导致技术人员死亡。溯本求源，该消息最初来自原英国《金融时报》网络版的一则报道。该报道原文使用了"struck"（撞击）一词，并将该事件解释为工业事故。但是此后的报道用"catch"（抓住）替代了"struck"（撞击），将其描述为因技术故障而导致的"杀人案"。

　　耸人听闻的故事不过是主观臆想、夸大其词和以讹传讹的结果，并非事实真相。事后辟谣发现，轩然大波不过是无风起浪。艾伦·温菲尔德（Alan Winfield）教授称："很遗憾，大家夸大了机器人的能力，而且过分惧怕机器

────────────

〔1〕　游文亭："人工智能民事侵权责任研究"，载《学术探索》2018 年第 12 期。
〔2〕　参见"中国首例机器人伤人事件？亲历者揭秘事件过程"，载 http://news.ifeng.com/a/20161119/50282915_0.shtml，最后访问日期：2018 年 10 月 15 日。

人。科幻电影和媒体报道让大家变得过分敏感。"〔1〕机器人自主决策、自己负责的基础尚不具备。外观上独立的自主行为仍然是程序设计的结果，机器人并没有独立意识，更不会恶意攻击人类。人类在编程或操作中出现的错误被转嫁给了机器人，机器人成为人类的替罪羊。

即便智能机器人作为独立民事责任主体的条件尚不成熟，也有必要对由人工智能造成的人身或财产损失的责任主体重新进行思考。如何将行业标准与事故责任分配机制相结合、人工智能设计者与所有者和使用者之间的关系等问题的解决方案直接关系到人工智能行业的未来发展。"联合国教科文组织与世界科学知识与技术伦理委员会在 2016 年的报告中……在对机器人的操作失灵造成事故，形成责任承担问题时，报告甚至提出，可以让智能机器人承担责任，因为智能机器人确实拥有前所未有的自主性，并且拥有能够独立作出决策的能力。"〔2〕

在人工智能技术研发与应用的前景无法准确预见的情况下，法律对民事责任主体规则的设计需要兼顾现实与未来。一方面，根据目前人工智能技术研发和应用的情况，侧重将人类而非智能机器（人）作为责任主体进行规则设计，考虑智能机器（人）决策和行为的自主性，在主客体二元划分的框架下探索特别规则；另一方面，考虑到人工智能技术研发和应用的未来发展，为有条件地赋予智能机器（人）法律主体地位预留空间。

第二节　人工智能时代民事法律责任的形态

人工智能产品是具有一定自主性的智能机器。智能与机器的组成方式使得人工智能产品兼具人的属性和物的属性。有学者将民事法律责任分为侧重人之属性的责任和侧重物之属性的责任两种形态。"代理人责任、法人责任、替代责任偏向于人工智能的'人'之属性，或类比于自然人，或类比于法律拟制之人；产品责任和动物致人损害责任偏向于'物'之属性。"〔3〕

---

〔1〕　参见"中国首例机器人伤人事件？亲历者揭秘事件过程"，载 http://news.ifeng.com/a/20161119/50282915_0.shtml，最后访问日期：2018 年 10 月 15 日。
〔2〕　腾讯研究院等：《人工智能》，中国人民大学出版社 2017 年版，第 213 页。
〔3〕　游文亭："人工智能民事侵权责任研究"，载《学术探索》2018 年第 12 期。

一、侧重物之属性的责任形态：客体定位下的解释论视角

"现有技术下不应过分强调人工智能'人'之属性。"〔1〕目前，人工智能的综合智力水平仍无法与一般自然人相比，相应的法律责任需要由人而非智能机器（人）承担。"在机器人责任的调整上，无论是普通民事责任，还是高度危险来源致人损害责任以及产品责任，主要是以人类作为归责的伦理主体和法律主体，而非以机器人作为责任主体。"〔2〕

（一）高度危险来源占有人责任

机器智能化使得即便将智能机器（人）作为客体对待，也有别于一般的财产，机器智能潜伏着高度危险。占有智能机器（人）的主体由于占有高度危险来源的财产需要承担责任。《格里申法案》第 127 条第 2 款规定智能机器（人）的占有人需要依据《俄罗斯联邦民法典》第 1079 条关于高度危险来源致人损害的规定承担民事法律责任。

"对于占有人的确定，法案专门规定了'机器人—代理人的占有人'条文，'机器人—代理人的占有人应当理解为以所有权、经营权、业务管理权、租赁权或者其他合法依据使用机器人—代理人的法人、自然人或其他机器人—代理人'（第 127.3 条第 1 款）。"〔3〕由此可见，占有人是指基于合法权源对智能机器（人）进行占有的主体，包括自然人、法人以及其他智能机器（人）。对这一做法存在两点疑问：第一，占有是一种事实，而非权利状态，分为合法占有与非法占有。高度危险来源占有人基于占有而承担的占有人责任是一种侵权责任。占有人基于合法权源占有或是非基于合法权源占有并不影响占有事实本身，规定基于合法权源占有智能机器（人）的占有人承担民事责任，而将非基于合法权源占有智能机器（人）的占有人排除在占有人之外，在法律价值判断上缺乏正当理由。第二，智能机器（人）存在作为其他智能机器（人）的占有人进而作为责任主体的可能。这就使得在同一法律关

---

〔1〕　游文亭："人工智能民事侵权责任研究"，载《学术探索》2018 年第 12 期。

〔2〕　张建文："格里申法案的贡献与局限——俄罗斯首部机器人法草案述评"，载《华东政法大学学报》2018 年第 2 期。

〔3〕　张建文："格里申法案的贡献与局限——俄罗斯首部机器人法草案述评"，载《华东政法大学学报》2018 年第 2 期。

系中智能机器（人）同时拥有主体和客体的双重身份。在缺乏通过类型划分将智能机器（人）严格区分为主体类智能机器（人）和客体类智能机器（人）的情况下，智能机器（人）承担高度危险来源占有人责任会使得理论认知和规则适用陷入困境。

（二）产品责任：以《民法典》第 1203 条为中心

产品责任是指因产品缺陷导致他人人身或财产受损害而由产品制造商、销售商或供应商承担的责任。我国《民法典》设专章对"产品责任"进行了规定[1]，《中华人民共和国产品质量法》（以下简称《产品质量法》）对"产品质量责任"进行了系统规定，而《中华人民共和国消费者权益保护法》第 7 章"法律责任"从消费者权益保护的角度对产品责任进行了规定。我国形成了以产品缺陷为核心概念的产品责任法律体系。生产者承担产品责任的前提是消费者"原告必须证明产品有缺陷，这一缺陷是造成原告损害的近因（proximate cause），并且这一缺陷在产品制造者控制产品时已产生"[2]。这一证明是比较困难的。"由于人工智能系统自身的黑箱性质和不可解释性，也很难证明缺陷的存在。"[3] 在已经发生的智能驾驶事故中，相当一部分可能是智能驾驶系统存在缺陷导致的，但是该推论因缺乏证据未能得到法院支持。

"产品责任法上的产品通常限于生产出来的有形的物质商品，对于软件（计算机程序）等无形产品，我国尚无明确规定是否可以适用产品责任。"[4] 智能程序软件存在缺陷导致损害能否适用产品责任规则存在疑问。[5] 人工智能机器或设备导致的损害是否属于产品责任调整的范围取决于对智能机器（人）的定位。联合国教科文组织与世界科学知识与技术伦理委员会于 2016 年发布的报告认为：智能机器（人）是制造者生产的科技产品，其导致的损

---

〔1〕 参见《民法典》第 7 编第 4 章第 1202~1207 条。

〔2〕 陈吉栋："论机器人的法律人格——基于法释义学的讨论"，载《上海大学学报（社会科学版）》2018 年第 3 期。

〔3〕 曹建峰："全球首例自动驾驶汽车撞人致死案法律分析及启示"，载《信息安全与通信保密》2018 年第 6 期。

〔4〕 李西冷："人工智能与侵权责任之冲突与应对——以自动驾驶汽车为例"，载《私法》2018 年第 2 期。

〔5〕 参见丁利明："软件侵权的法律适用规则探究——以产品责任为视角的分析"，载《大连理工大学学报（社会科学版）》2010 年第 2 期。

害可以归责于制造者、销售者等主体，能够通过民法中的产品责任规则予以调整。[1]

1. 逻辑前提：智能机器（人）作为产品的法律定位

（1）智能机器（人）的产品属性

在弱人工智能时代，主体与客体二元划分的框架尚未受到毁灭性冲击，智能机器（人）作为程序设计和制造的产物，基本定位是动产，具有产品属性。从目前智能技术研发和应用的情况看，它并非主体性的存在而是工具性的存在。"我们在法律中只要将人工智能定义为'对人工智能进行模拟的工具'，那么其就不会对现有法律体系中的法律主体产生任何影响。"[2]弱人工智能时代智能机器（人）与人类制造的其他产品之间共性多于个性，需要通过"产品责任"规则体系分配相关损失。

不可否认，语言对社会生活具有一定的形塑作用，通过对人工智能进行概念界定的方式缓和法律体系的内在矛盾冲突具有一定的作用。但是，从法律与社会生活的关系角度观察，从来都是法律概念适应现实生活，而非相反。在法律上将人工智能界定为一种工具，并不能一劳永逸地将智能机器（人）限定在工具的范畴内，其属性取决于智能技术的研发与应用。

（2）人工智能产品的特殊性

智能机器（人）毕竟不同于传统的产品，其自主学习和行为的能力决定关于产品的现行法律规定不能或不能妥当地完全解决问题。将智能机器（人）纳入产品的范畴，试图在与产品相关的法律体系中解决人工智能时代产生的新问题未免过于乐观。"现有产品责任法中关于产品的概念，并没有预设针对智能活动产品的内容。"[3]现有的产品责任法律规范体系在人工智能时代显得捉襟见肘，尤其"面对自主智能机器人，人们将需要开始审视既有的产品责任制度能否在制造商利益和消费者利益之间实现平衡"[4]。

---

〔1〕　参见吴汉东："人工智能时代的制度安排与法律规制"，载《法律科学（西北政法大学学报）》2017年第5期。

〔2〕　倪楠："人工智能发展过程中的法律规制问题研究"，载《人文杂志》2018年第4期。

〔3〕　於兴中："算法社会与人的秉性"，载《中国法律评论》2018年第2期。

〔4〕　司晓、曹建峰："论人工智能的民事责任：以自动驾驶汽车和智能机器人为切入点"，载《法律科学（西北政法大学学报）》2017年第5期。

2. 人工智能时代关于产品缺陷责任的反思

产品责任是以"产品缺陷"概念为中心构建的责任体系。〔1〕因产品缺陷造成损害，受害人有权向产品的生产者或销售者请求赔偿。生产者与销售者承担不真正连带责任。承担责任的主体有权向有过错的另一方进行追偿。"人工智能机器人既然是产品，如果其存在缺陷（不论是设计缺陷、制造缺陷、警示说明缺陷还是跟踪观察缺陷），造成他人损害的，都应当由制造者、销售者，充其量再增加设计者，来承担责任。"〔2〕

我国《产品质量法》第 46 条从"不合理的危险"和"保障健康与安全标准"正反两方面界定了产品缺陷的概念。〔3〕根据该规定，构成产品缺陷需要满足以下条件：第一，产品危及人身、他人财产安全；第二，危及人身、他人财产安全的危险是不合理的；第三，产品不符合国家标准、行业标准。"我国产品责任制度对于产品缺陷采取了双重判定标准，即在界定其内涵为具有不合理危险之基础上，以消费者合理期待为一般标准，同时以国家和行业针对某些产品所制定的旨在保障人体健康和人身财产安全的强制性技术标准为法定标准。在判定产品缺陷时，有法定标准的适用法定标准，无法定标准时则适用一般标准。"〔4〕

（1）人工智能时代产品缺陷的类型

产品缺陷主要包括三种具体类型："警示缺陷、制造缺陷和设计缺陷。"〔5〕警示缺陷又称指示缺陷或信息披露缺陷，是指负有警示义务的主体对产品危及人身和财产安全的风险未进行信息披露。警示能够让消费者了解产品存在的潜在风险，进而评估是否购买以及如何使用相关产品。人工智能时代负有

〔1〕 产品缺陷责任与出卖人的瑕疵担保责任不同。"买卖法中的瑕疵概念与产品责任中的缺陷概念并不同一，要而言之，前者采主观标准。"参见冯洁语："人工智能技术与责任法的变迁——以自动驾驶技术为考察"，载《比较法研究》2018 年第 2 期。

〔2〕 杨立新："用现行民法规则解决人工智能法律调整问题的尝试"，载《中州学刊》2018 年第 7 期。

〔3〕《产品质量法》第 46 条规定："本法所称缺陷，是指产品存在危及人身、他人财产安全的不合理的危险；产品有保障人体健康和人身、财产安全的国家标准、行业标准的，是指不符合该标准。"

〔4〕 贺琛："我国产品责任法中发展风险抗辩制度的反思与重构"，载《法律科学（西北政法大学学报）》2016 年第 3 期。

〔5〕 付新华："自动驾驶汽车事故：责任归属、法律适用与'双层保险框架'的构建"，载《华东政法大学学报》2018 年第 4 期。

警示义务的主体需要将智能机器（人）可能存在的风险或潜在风险告知消费者。例如，智能汽车在其无法识别的位置可能发生故障并导致损失。

制造缺陷是指产品在加工、制作、装配过程中产生的危及人身、财产安全的不合理风险。"近年来，美国某些法院开始使用'偏离设计意图'（departure from intended design test）和'故障学说'（malfunction doctrine）这两种方式来帮助判定产品制造商是否需要承担责任。"[1]"偏离设计意图"是指制造商在制造智能机器的过程中偏离设计者的意图，即制造缺陷产生的原因是在制造产品的过程中背离了既定的设计方案或技术指标。"'故障学说'包含三个基本要素：一是产品故障，二是故障在常规和恰当使用产品时产生，三是产品未被改变或误用以导致故障。"[2]考虑到制造商与消费者在专业技能、人力物力上的显著差异，就制造缺陷的认定需要采用举证责任倒置的方式。例如，智能汽车的消费者或其他受害人能够证明智能汽车未按照说明书的描述运行，就能向制造商索赔。

人工智能时代智能制造工艺和技术的不断进步，降低了制造缺陷的发生率，使得受害人通过制造缺陷诉讼获得救济的可能性降低，受害人寻求法律救济的途径从制造缺陷转向设计缺陷。设计缺陷是指因设计者在产品设计中存在疏漏进而导致产品存在危及人身、财产安全的不合理风险。在一定时期，人工智能技术进步与设计缺陷在整个产品缺陷类型中的比重呈正相关关系，即随着人工智能技术不断进步，设计缺陷在产品缺陷类型中所占的比重增加。人工智能设计缺陷产生的原因有多种，如模型训练中的瑕疵数据、漏洞代码、不合理或非最优算法。因设计缺陷导致的损害赔偿救济往往具有群体性特征。设计缺陷存在于一类而非单个智能产品上，一旦因设计缺陷引发索赔，一类产品都面临这一问题，这就使产品责任的承担主体如制造商、销售商需要承担大规模的责任。

（2）产品缺陷的判断标准

第一，不合理危险标准。我国《产品质量法》第46条采用"不合理的危

---

〔1〕 付新华："自动驾驶汽车事故：责任归属、法律适用与'双层保险框架'的构建"，载《华东政法大学学报》2018年第4期。

〔2〕 付新华："自动驾驶汽车事故：责任归属、法律适用与'双层保险框架'的构建"，载《华东政法大学学报》2018年第4期。

险"标准判断产品责任。人工智能时代判断"不合理的风险"的理性人标准遭遇挑战。"金无足赤，人无完人"，现实生活中的人存在认识上的局限性。法律规则的设计需要考虑人在认识上的不足，否则会导致法律规则过于严苛或宽松而难以合理调整社会生活。选择何种类型的人作为法律规则设计的人像基础关系到法律规则的宽严程度。理性人标准是法律规则设计中经常采用的人像预设，它以社会生活中普通大众为考察对象，剔除了处于两端的"超强者"和"极弱者"，同时涤除了人的情绪化因素。

"Arnold v. Reuther"一案中，Arnold 主张 Reuther 有"最后的机会"（last clear chance）避免损害发生。法官基于人与机器的区别以及人的弱点，反驳了这一观点。"必须为人类的弱点和反应留出一定的余地，而如果这样的余地必须要求人类在零点几秒内作出反应，并且不能像现代机械装置那样，以机械的速度和精度作出反应，那么就必须承认，Reuther 作为一个普通人，再怎么做也不能避免因 Arnold 的过失而给她本人招来的不幸。"[1]法律义务与责任关注的对象从人类转向人工智能，相应地，判断行为理性和主体义务的标准也发生变化。例如，在自动驾驶领域，驾驶员由人类转变为人工智能驾驶系统后，判断人类驾驶员注意义务的标准难以适用于智能驾驶的场景，行为合理性的标准由理性人标准转向产品质量标准。

第二，消费者合理期待标准。消费者合理期待标准以消费者对智能产品的合理预期为基础判断产品是否存在缺陷。"在欧盟法中，产品缺陷是指考虑到所有情况，产品没有提供人们所期待的安全性。这类似于消费者的合理期待标准。"[2]消费者合理期待标准是抽象的法学构造，有赖于法律共同体对消费者认知水平达成共识。

消费者期待效用以普通消费者的认知为参照系，倘若产品设计中的风险不是普通消费者在合理预期范围内可以预见的，则该产品风险属于不合理的风险。在产品设计的原理和结构相对简单的情况下，普通消费者具备认知产品风险的能力，以普通消费者合理预期为标准进行判断具有合理性。但是，在人工智能时代苛求普通消费者对智能产品足够熟悉并能产生合理预期不太

〔1〕 司晓、曹建峰："论人工智能的民事责任：以自动驾驶汽车和智能机器人为切入点"，载《法律科学（西北政法大学学报）》2017 年第 5 期。
〔2〕 冯珏："自动驾驶汽车致损的民事侵权责任"，载《中国法学》2018 年第 6 期。

可能。人工智能技术的专业门槛使得绝大多数普通消费者对人工智能产品的安全性难以产生合理预期，基本排除了通过消费者期待测试判断人工智能产品是否存在设计缺陷的可能性。换言之，合理期待标准与消费者对产品的认知程度密切相关，倘若消费者对产品缺乏明确认知则很难产生合理预期。智能技术的研发与应用并不为普通消费者所熟知，通常超出了其认知范围，难以形成合理预期。此外，当受害人为第三人时消费者期待测试更难以适用。因为受害人并非智能汽车的消费者，不存在对智能汽车产品的合理预期。"《美国侵权法第三次重述：产品责任》已经不再将其作为一项独立的判断标准，而是仅作为风险—收益分析的一个因素。"[1]

智能产品与被替代的非智能产品具有同等甚至更高的效用和安全度是消费者对智能产品的合理预期。例如，智能驾驶系统替代人类驾驶员的前提是，智能驾驶在安全性方面与人类驾驶相同甚至要求更高。"美国国家高速公路交通安全管理局在给予汽车制造商免于遵守美国联邦机动车安全标准（FMVSS）的豁免时，也要求所引入的新技术至少与现有技术一样安全，甚至要求更为安全。"[2]

第三，风险效用标准。美国侵权法判断产品责任的主导标准经历了从"不合理的危险"向"风险—收益分析"的转变。《美国侵权法第二次重述》第 402 条 a 款将"不合理的危险"确定为判断产品责任的主导标准；而《美国侵权法第三次重述》则将"风险—收益分析"确定为判断产品责任的主导标准。"与消费者期待标准有所区别地是，风险—效用标准综合考虑了各种因素，较好地平衡了生产者和消费者的利益，并作出较为妥当的价值判断。"[3]风险效用测试是基于对成本和收益进行比较进而确定产品是否存在缺陷的测试方法，即比较替代方案所增加的成本与可能避免的潜在损失。约翰·韦德在"产品严格侵权责任的本质"（On the Nature of Strict Tort Liability for Products）一文中分析了运用风险效用测试智能驾驶的三个因素：第一，存在替代产品；第二，产品的用途和可取性；第三，驾驶员的避险能力。[4]

---

〔1〕　冯珏："自动驾驶汽车致损的民事侵权责任"，载《中国法学》2018 年第 6 期。

〔2〕　冯珏："自动驾驶汽车致损的民事侵权责任"，载《中国法学》2018 年第 6 期。

〔3〕　李西冷："人工智能与侵权责任之冲突及应对——以自动驾驶汽车为例"，载《私法》2018 年第 2 期。

〔4〕　参见付新华："自动驾驶汽车事故：责任归属、法律适用与'双层保险框架'的构建"，载《华东政法大学学报》2018 年第 4 期。

风险效用测试中的"成本—收益分析"需要区分整体分析与个案分析，整体分析具有统计学上的意义，个案分析关注对受害人的救济。替代设计与被替代设计之间的比较，分为全部比较与部分比较。人工智能产品是否存在设计缺陷并不一定需要进行全系统的整体比较，通常就导致事故发生的关键部分进行比较即可。基于算法在人工智能产品中的重要性，在一定的情形下，倘若能够证明替代算法能够阻止损害发生，且该替代算法的成本合理并非畸高，就足以证明人工智能产品存在设计缺陷。

3. 算法设计者的责任

算法设计者是否需要对智能机器（人）造成的损害承担法律责任？有学者认为，人工智能程序算法的设计者是风险制造的源头，需要对智能机器（人）造成的损害承担赔偿责任，进而将人工智能程序算法的设计者作为新型民事责任主体。"人工智能机器人造成他人损害时，不能简单地认定由该机器人的生产者承担责任，而应当由该程序的发明者承担责任。"[1] 这一观点值得商榷。首先，法律判断以事实判断为基础，但是法律判断并不等同于事实判断。人工智能程序设计者导致损害发生，就该损害承担责任的主体可以但不必然是程序设计者。法律责任的配置需要考虑社会政策、社会功能、可行性等诸多因素。其次，类比一般产品责任，人工智能程序算法的设计者不应对消费者直接承担损害赔偿责任。一般产品同样存在设计瑕疵的问题，但是该责任由制造者而非产品设计者承担。将人工智能程序算法的设计者作为产品责任的主体混淆了内部法律关系和外部法律关系。再次，人工智能程序算法的设计者虽然是风险产生的源头，但是一旦其完成研发过程便不再是有效的风险控制者。算法设计者可能对人工智能程序的具体应用一无所知或是缺乏对程序应用领域和范围的控制权，由其承担法律责任难谓公平。最后，人工智能系统的算法设计可能是由数人或组织在分散的状态下各自完成的，确定分散的参与人对损害发生的原因力有无或大小耗时耗力而且未必能够成功。

算法设计者的责任与传统产品责任中"原材料、零部件和半成品的生产者"的责任类似。"最终生产者对产品的质量有最终的和最重要的控制力。至于有证据证明最终产品的特定原材料、零部件或半成品的缺陷造成了损害，

---

[1] 王利明："人工智能时代对民法学的新挑战"，载《东方法学》2018年第3期。

最终生产者在承担了侵权责任之后，可依其与原材料、零部件或者半成品生产者之间的合同向后者追偿。"[1]生产者而非算法设计者是人工智能产品应用的最终主体，采取由其承担产品责任后，依据合同约定或法律规定向算法设计者追偿的方式更为可取。

4. 制造缺陷与算法缺陷之间的关系

关于制造缺陷与算法缺陷的关系的理论存在区分说和吸收说。区分说认为，制造缺陷应当归咎于智能设备的生产者，而算法缺陷应当归咎于智能系统的设计者，二者相互区别，各自独立。吸收说认为，算法缺陷属于制造缺陷的一种类型，算法缺陷产生的损害结果被制造缺陷吸收，由生产者作为责任承担的主体。生产者在对外承担责任后，有权依据与算法设计者之间的协议向其追偿。

厘清算法缺陷与制造缺陷之间的关系，首先需要区分算法设计者故意设计缺陷算法导致损害与算法设计者非因故意设计缺陷算法导致损害两种类型。算法设计者故意设计缺陷算法并导致损害的，算法设计者需要承担侵权责任，但是其承担的并非产品责任，而是基于过错的一般侵权责任。制造商知悉算法设计者故意设计缺陷算法的，对造成的损失承担产品责任；制造商对算法设计者故意设计缺陷算法不知情的，依据产品责任的构成要件判断其是否需要承担责任。"生产者责任仅限于传统的产品缺陷和因超级算法不可预测性而导致的损害，应当排除可归责于其他主体的原因力。"[2]

（三）类推适用动物管理人责任

智能机器（人）的智能属性使其区别于没有感知、思维或意识的无生命物体。在这一意义上，智能机器（人）更类似于动物，因而，有学者类比动物致害的责任承担来确定智能机器（人）的致害责任。智能机器（人）致害，由其管理人承担责任。受害人或第三人有过错的，减轻或免除智能机器（人）管理人的责任。"人工智能与其管理人的关系类似于动物之于其主人，但两者最大的区别在于人工智能比动物具有更强的自主性。"[3]

---

[1]　高圣平："论产品责任的责任主体及归责事由——以《侵权责任法》'产品责任'章的解释论为视角"，载《政治与法律》2010年第5期。

[2]　张建文、贾章范："《侵权责任法》视野下无人驾驶汽车的法律挑战与规则完善"，载《南京邮电大学学报（社会科学版）》2018年第4期。

[3]　游文亭："人工智能民事侵权责任研究"，载《学术探索》2018年第12期。

（四）责任竞合

责任竞合是指损害事实符合多种法律责任构成要件的要求，导致多种法律责任规范同时适用的情形。责任竞合时，权利人同时享有数个独立的请求权。当出现具有工具属性的智能机器（人）导致人身或财产损害的情形，一方面可以基于产品缺陷追究生产者的产品责任，另一方面可以基于管理人的过错追究其侵权责任。有学者认为此时发生产品责任和管理人责任的竞合。[1]"自动驾驶汽车致害时，可能发生责任竞合问题，即产品责任（《民法典》第1203 条）与机动车交通事故责任（《道交法》第 76 条）的竞合。"[2]持反对观点的学者认为，产品责任和管理人责任之间不存在竞合，人工智能工作物致人损害责任与产品责任"不是两种法律责任并存，而是人工智能工作物致人损害民事责任中的一部分是产品责任。因为两者存在部分重叠关系，故无法发生竞合"[3]。

责任竞合说试图解决损害原因难以查明的难题，进而扩展受害人的救济方式。但是，需要明确该学说适用的范围。产品责任与管理人责任竞合是智能机器（人）致人损害责任承担的例外。责任竞合的现象的确偶然存在，但是在规则设计的层面并无考虑的必要。由生产者和管理人分别基于产品缺陷和过错承担法律责任的框架更适应现实生活的需要。首先，产品责任与管理人责任适用的情形不同，并非基于相同事实适用不同法律规范进而产生数个救济途径的问题。产品责任产生的事实基础是产品存在缺陷；而管理人责任产生的事实基础是管理人存在过错。只有在同时存在产品缺陷和管理人过错事实的情形时才会出现责任竞合，后者并非常态。其次，责任竞合说目的是扩展受害人的救济途径，但是在实践中不能实现。无论责任竞合的后果是由受害人择一行使请求权抑或其他，责任主体都能够以责任构成要件不具备进行抗辩，结果是受害人需要举证证明产品存在缺陷以及管理人存在过错。受害人的举证义务并未因责任竞合的设计而减轻。考虑责任竞合进行归责设计，徒增立法成本并无实际意义。

---

〔1〕 参见齐恩平、曹一夔："人工智能视角下的民法问题分析"，载《天津商业大学学报》2018年第 1 期。

〔2〕 彭诚信、陈吉栋："论人工智能体法律人格的考量因素"，载《当代法学》2019 年第 2 期。

〔3〕 环建芬："人工智能工作物致人损害民事责任探析"，载《上海师范大学学报（哲学社会科学版）》2019 年第 2 期。

二、侧重人之属性的责任形态：主体定位下的立法论视角

（一）智能机器（人）自负责任

自负责任说主张，智能机器（人）行为的自主性使其应当对自身造成的损害承担法律责任。该说是建立在智能机器（人）能够作为独立的民事责任主体基础上的。有学者认为，由智能机器（人）独立承担损害赔偿责任虽然奇怪，却是合法且最佳的选择。[1]对此，有学者提出反对意见，认为这一观点混淆了技术上的自主性与主体意义上的自主性。"论者所主张的'由自动驾驶汽车自负责任，为其设立责任基金并实行强制保险制度'的观点，只是限制了本来应该由制造商、设计者、销售商或者其他利益相关方承担的责任并将其在全社会范围内予以分散，而这种责任限制和责任分散的主要理由，就是将技术意义上的'自主性'错误地理解为主体意义上的自主性。"[2]

（二）替代责任

替代责任是指某一类主体基于法定或约定的理由代替另一类主体承担法律责任，进而出现行为主体与责任主体分离的现象。替代责任存在的前提是法律主体多元化，如雇主与雇员、父母与未成年子女。行为主体与责任主体同一的情况下不存在替代责任。只有将智能机器（人）视为行为主体，才会出现替代责任。"如果智能机器人实际上'代理或者代表'某个法律主体从事行为或者进行决策，那么可以比照父母对未成年人子女的责任或者说监护人对被监护人的责任，或者雇主对雇员的责任，让部署智能机器人的人承担替代责任。"[3]

1. 代理人责任

"代理说的观点是，人工智能的所有行为均为人类所控制，其实施的行为与引起的后果最终必须由被代理人承担。"[4]在代理说的框架下，智能机器

---

〔1〕 参见［美］约翰·弗兰克·韦弗："人工智能机器人的法律责任"，郑志峰译，载《财经法学》2019年第1期。

〔2〕 冯珏："自动驾驶汽车致损的民事侵权责任"，载《中国法学》2018年第6期。

〔3〕 司晓、曹建峰："论人工智能的民事责任：以自动驾驶汽车和智能机器人为切入点"，载《法律科学（西北政法大学学报）》2017年第5期。

〔4〕 环建芬："人工智能工作物致人损害民事责任探析"，载《上海师范大学学报（哲学社会科学版）》2019年第2期。

（人）与智能机器（人）的所有人、使用人或占有人之间是代理与被代理的
关系。将智能机器（人）作为"人"看待是在代理关系的框架内理解智能机
器（人）致害的民事责任承担的逻辑前提。智能机器（人）与管理者都属于
主体的范畴，智能机器（人）是代理人而管理者是被代理人。智能机器
（人）实施的行为反映了管理者的意志，责任由管理者承担。《欧盟机器人民
事法律规则》第 52 条使用了"非人类代理人"的概念，在一定程度上承认了
智能机器（人）具有法律人格。在思瑞夫蒂电话公司诉贝森尼克案（Thrifty-
Tel, Inc. v. Bezenek）中，法院认定思瑞夫蒂电话公司的智能系统为该公司的
代理人或扮演类似代理人的角色，将智能系统的信赖归诸本人。[1]

　　"代理机制的引入和解释有效地解决了机器人—代理人和本人在从事民事
活动中特别是从事民事法律行为中的效力判断、法律后果归属以及可能产生
的民事责任的归属，本质上也属于一种查明和确定责任归属的法律机制。"[2]
欧洲议会在《欧盟机器人民事法律责任》（Civil Law Rules on Robots）这一议
案中表达了对既有法律框架调整合同行为的担忧。相对方选择、条款磋商、
合同订立与履行因智能机器（人）的参与对传统法律规则体系的适用性造成
冲击。有学者认为，这一担忧未免言过其实，其实传统的代理法律规则可以
有效解决此类问题，《格里申法案》就是非常成功的解决范例[3]。《格里申
法案》在责任规则设计上参照罗马法的特有产制度，让智能机器（人）在一
定范围内享有独立财产并基于该财产独立承担责任。智能机器（人）的所有
权人或占有人可以将部分财产转移给智能机器（人），由其占有或使用，在该
财产范围内，智能机器（人）独立承担责任。[4]

　　代理说存在的问题主要有：①代理的权限如何确定？作为代理人的人工
智能超越代理权实施加害行为时法律责任由谁承担？"鉴于人工智能的自主
性，代理权限和范围很难确定，如果超出权限的加害行为得不到管理人追认，

---

〔1〕　参见陈吉栋："论机器人的法律人格——基于法释义学的讨论"，载《上海大学学报（社会
科学版）》2018 年第 5 期。

〔2〕　张建文："格里申法案的贡献与局限——俄罗斯首部机器人法草案述评"，载《华东政法大
学学报》2018 年第 2 期。

〔3〕　张建文："格里申法案的贡献与局限——俄罗斯首部机器人法草案述评"，载《华东政法大
学学报》2018 年第 2 期。

〔4〕　参见《格里申法案》第 127.4 条第 1 款。

侵权责任应当由代理人，也就是人工智能承担，而这种责任对受害者而言显然是没有实际意义的。"[1]②代理人如何承担责任？倘若代理人无法承担法律责任，而被代理人需要承担所有法律责任，这就与代理人作为"人"而非"物"的理论预设相冲突。

2. 法人责任

法人责任说认为，智能机器（人）的法律地位类似于拟制的法人。赋予智能机器（人）主体地位的逻辑基点是伦理性人格还是工具性人格？主张赋予智能机器（人）类似自然人的人格或类似动物进行保护是注重伦理性人格，而主张赋予智能机器（人）类似法人的人格是注重工具性人格。法人是民事主体的一种类型，但是，它具有强烈的工具性色彩，不以伦理性为基础。《格里申法案》对具有高度自主性的智能机器（人）作类似于法人的处理，赋予其法律主体地位。法人责任说存在的弊端是：在"剥洋葱"理论的分析框架下，人工智能与法人剩余的内核存在本质的差异。将法人进行层层分解并剔除股东的因素后其只剩下空洞的内核；而将智能机器（人）进行层层分解并剔除管理者的因素后其剩下的可能是具有自主性的独立存在。法人的成立、运营、破产完全受人的控制，但人工智能有其自主性，很大程度上不受人的控制。[2]

3. 雇主责任

雇主责任说认为，在技术中立原则下，管理者对人工智能实施的侵权行为因未尽到管理义务而存在过错的，应当承担类似于雇主责任的法律责任。我国《民法典》第1191条对雇主责任进行了规定。有学者认为："类推适用雇主责任说，将人工智能当作其所有者的雇员，其行使智能之行为，所创设之权利和义务应归属于主体。"[3]在雇主责任说的框架内，区分智能机器（人）的职务行为与非职务行为十分必要。"如果将智能机器人看作是事实上的雇员，为了明确雇主的责任，就必须提出判断智能机器人的职务行为和非职务行为的标准。"[4]

---

〔1〕　游文亭："人工智能民事侵权责任研究"，载《学术探索》2018年第12期。

〔2〕　参见游文亭："人工智能民事侵权责任研究"，载《学术探索》2018年第12期。

〔3〕　陈吉栋："论机器人的法律人格——基于法释义学的讨论"，载《上海大学学报（社会科学版）》2018年第5期。

〔4〕　司晓、曹建峰："论人工智能的民事责任：以自动驾驶汽车和智能机器人为切入点"，载《法律科学（西北政法大学学报）》2017年第5期。

4. 监护责任

"人工智能的法律地位并非一成不变，未来可能具有民事主体资格，适用监护制度。"[1]为智能机器人设立类似监护制度的前提是：①智能机器人具有独立人格；②智能机器人缺乏责任能力。[2]作为智能机器（人）监督者的监护人责任随之产生，"其职责是维护、监督人工智能的日常行为，矫正人工智能的非正常行为以避免损害发生。当损害发生时，监督者代替生产者和创造者承担赔偿责任，其履行赔偿责任后有权向生产者和创造者追偿。"[3]存在疑问的是，监护人即智能机器（人）的监督者是谁？是公权主体还是私权主体？监督者的权利和义务是否会失衡？这些问题都在积极探索中，尚无定论，需要进一步研究并提出解释或解决方案。

第三节　人工智能时代的因果关系

"在法律规范原理上，使遭受损害的权益，与促使损害发生之原因者结合，将损害因而转嫁由原因者承担之法律价值判断因素，即为'归责'意义之核心。"[4]由此可见，将损害结果转嫁至导致该结果发生的原因力是法律归责的目的所在，确定因果关系是法律归责的要义所在。

人工智能时代算法黑箱使因果关系复杂化。算法黑箱是指，计算机基于输入数据生成模型的机器学习过程不透明。人工智能算法黑箱内外呈现出截然不同的两种景象。"打开黑盒子，设计者与用户面对的将是一堆可以得出某种答案的主观偏见与程序。而合上之后，它体现的就是客观性——一种无须满足任何更多的条件即可生成'是'与'否'的二元选项的机器。"[5]人工智能算法黑箱的出现"或者因为深度学习算法的运用而无法言明计算的过程

---

〔1〕　游文亭："人工智能民事侵权责任研究"，载《学术探索》2018 年第 12 期。

〔2〕　参见易继明："人工智能创作物是作品吗？"，载《法律科学（西北政法大学学报）》2017年第 5 期。

〔3〕　袁洋："人工智能的民事法律主体地位及民事责任问题研究"，载《中州学刊》2019 年第 8期。

〔4〕　邱聪智："庞德民事归责理论之评介"，载《民法研究（一）》，中国人民大学出版社 2005年版，第 84 页。

〔5〕　［美］卢克·多梅尔：《算法时代：新经济的新引擎》，胡小锐、钟毅译，中信出版社 2016年版，第 214 页。

与内容，或者由于算法商业机密与知识产权的考虑而不对外公开"[1]。

一、因果关系与相关关系

在算法和数据主导的应用场景中，以人类行为为基础的因果关系规则体系是否仍然适用不无疑问。算法设计者可能并非某个专业领域的专家，但是其设计的学习算法却能击败该专业领域的顶尖者，AlphaGo 击败世界围棋高手即为明证。"程序员给出的只是学习规则，但真正作出决策的是基于大数据训练后的算法本身，而这一结果与程序员的意志并无直接因果关联。"[2]

相关关系是因素与结果之间的关系，是一种变量关系。算法利用相关性而非因果性将输入的数据转化为输出数据或新算法。相关关系是因果关系量化的结果。人工智能时代，建立在数据分析基础上的决策和行为是否还可以通过因果关系进行解释？"大数据时代最惊心动魄的挑战，就是社会将需要从对因果关系的某种痴迷中蜕出，而代之以简单的相关关系。在大数据基础上建立起来的模型没有关于'为什么'的理解，只有'是什么'。"[3]换言之，因果关系与相关关系的区别在于，因果关系具有确定性而相关关系具有不确定性。"因果关系必须具有状态描述与状态之间的必然联系，而从相关性到因果性的逻辑链条并不完备，相关性具有不确定性。"[4]因果关系的确定性与智能机器（人）行为的可预期性相一致，符合人们追求稳定社会生活的需要；而相关关系的不确定性则使智能机器（人）的决策和行为可能出现人们无法预料的后果，难以发挥法律规则的教育、惩戒和引导作用。以相关关系替代因果关系可能陷入不可知论，规则无效的观点随之产生。例如，智能驾驶汽车通过感知设备收集数据和信息并基于算法在海量数据分析的基础上作出决策或行为。相互关联的数据整体而非单个数据与行为或决策之间存在对应关系。"信息的数据化使因果关系量化获得关系强度和正负性质的同时，丧失了

〔1〕　左卫民："关于法律人工智能在中国运用前景的若干思考"，载《清华法学》2018 年第 2 期。

〔2〕　贾开、蒋余浩："人工智能治理的三个基本问题：技术逻辑、风险挑战与公共政策选择"，载《中国行政管理》2017 年第 10 期。

〔3〕　王天思："大数据中的因果关系及其哲学内涵"，载《中国社会科学》2016 年第 5 期。

〔4〕　张成岗："人工智能时代：技术发展、风险挑战与秩序重构"，载《南京社会科学》2018 年第 5 期。

原来的必然性和方向性。"〔1〕行为与结果之间的关系变得复杂而模糊。

二、描述性因果关系向创构性因果关系转变

"描述是对既存对象的符号、语词和模型等的摹写;创构是从未存在的感性对象的创设,它是基于人们的需要,根据所设立的潜在结果,得到与之相联系的因素体系,并确定和控制这些因素的相互作用,获得所想得到的结果的过程。"〔2〕传统因果关系是以已有经验为基础的描述性因果关系。在大数据和人工智能时代,描述性因果关系的解释力弱化,发生向创构性因果关系的转变。

在描述性因果关系视角下,因果关系与相关关系是具有并列关系的两个概念。因果关系与相关关系是质与量的关系。因果关系侧重质,相关关系侧重量。在创构性因果关系视角下,因果关系与相关关系是具有包含关系的两个概念。相关关系并不排斥因果关系。相关关系是算法世界因果关系的定量表达方式,即从量的角度把握因果关系。在创构的过程中,算法将人们关注的重心从因果关系转向变量之间的相关关系。在量化关系中,因果关系被相关关系所取代。原因被转化为因素之间相互作用的过程。创构认知论视角下的因果关系与高度可能性的证明标准相一致。"高度可能性作为证据法中'情景不可再现'之产物,通过大量证据之间的联系构架出事物原本之面目。"〔3〕

区分描述与创构并不意味着二者截然不同,毫无关联。在创构的层面同样存在"为什么"的内容,它与描述可能存在共同的因果依据。"从技术上说,创构是通过组合操作,生产出满足表现出来的需要的过程。而从哲学上说,创构则建立在对客观对象的存在及其方式和人的需要及其发展的因果性认识基础之上。"〔4〕在创构论认知视角下,因果基础由线性关系转变为因素关系。传统的因果关系无论是一因一果还是多因一果,因与果之间都呈线性关系,它体现了事物之间必然的或方向性的关联性。而算法世界中的因果关系

---

〔1〕 张建文、贾章范:"无人驾驶汽车致人损害的责任分析与规则应对",载《重庆邮电大学学报(社会科学版)》2018 年第 4 期。

〔2〕 王天思:"大数据中的因果关系及其哲学内涵",载《中国社会科学》2016 年第 5 期。

〔3〕 张建文、贾章范:"《侵权责任法》视野下无人驾驶汽车的法律挑战与规则完善",载《南京邮电大学学报(社会科学版)》2018 年第 4 期。

〔4〕 王天思:"大数据中的因果关系及哲学内涵",载《中国社会科学》2016 年第 5 期。

则是以因素分析为基础的，它体现了事物之间在量上的关联性。"在创构论因果观的视角下，无人驾驶汽车的自主决策能力归因于能够结合大数据分析进行深度学习和自主分析的智能算法，虽然该能力可能中断行为与结果的因果关系，但趋于模糊的因果关系仍具有特定的相关性，并不妨碍责任主体的确定和特定主体的主观归责。"[1]

三、因果关系的新型规则

（一）识别规则

查明事实是责任认定的前提。技术漏洞、设计瑕疵、制造缺陷、管理失误、使用不当、人工智能超越原设计方案的"自身行为"都可能是导致人工智能产品侵权的原因，需要对人工智能产品设计、制造、管理、使用的各环节进行分析，探究因果关系。算法的专业性、复杂性和不透明性等特征使得智能机器（人）致损事故陷入不可解释或难以解释的困境。加害行为与损害结果之间的因果关系模糊化。决策逻辑和决策过程的发现和证明需要专业人员、设备进行分析，成本高昂。即便算法是公开的、透明的，受害方也会因为专业方面的限制而缺乏相应的举证、质证能力。为了胜诉受害人需要为克服技术上的障碍而支付无法估量的成本并且难以预测结果，维权成本与收益之间比例失衡，具有不经济的特征。为解决因果关系证明困难和不经济的难题，需要建立强制操作留痕和定期报告制度。通过强制留痕将智能机器（人）的行为轨迹固定下来，通过强制定期报告降低识别智能机器（人）行为轨迹的成本，保障其行为的透明度。

（二）法定或行业标准规则

过错推定下的举证责任倒置方式对于制造者一方而言有过于严苛之嫌。"由设计者和制造商证明产品没有缺陷，意味着他们要对'无'承担证明责任，这可能导致设计者和制造商须对几乎所有的自动驾驶汽车致损事故负责，与直接废弃缺陷要件无异。"[2]为了缓和举证责任倒置规则过于严苛的弊端，需要引入法定或行业标准规则。不符合法定或行业标准就是人工智能产品存

〔1〕 张建文、贾章范："《侵权责任法》视野下无人驾驶汽车的法律挑战与规则完善"，载《南京邮电大学学报（社会科学版）》2018年第4期。

〔2〕 冯珏："自动驾驶汽车致损的民事侵权责任"，载《中国法学》2018年第6期。

在缺陷的初步证明。设计者、制造者或生产者需要证明实际发生的损害与不符合法定或行业标准之间不存在因果关系，方可免责。

根据"事物自道其缘"的基本原理，"只要受害人能够证明其所受损害系智能机器人行为在事实上的结果，法律上的因果关系即告成立，而不必证明该行为是其损失发生的唯一原因或直接原因。"〔1〕制造者需要储存智能机器（人）运行过程中与安全相关的数据，并保证数据的可视化或可解释性，从而确保损害事实发生过程的透明度，并在事故发生时将其作为免除责任的证据。

（三）可预见性规则

根据人工智能程序设计者对智能机器行为是否可预见，可以将智能机器（人）的行为分为可预见行为和不可预见行为两种类型。在可预见行为中，智能机器（人）的行为与程序设计之间存在对应关系。在不可预见行为中，算法黑箱增加了识别智能机器（人）行为的难度。Jenna Burrell 在其论文"机器如何'思考'：理解机器学习算法中的不透明性"中论述了三种形式的不透明性：因公司商业秘密或者国家秘密而产生的不透明性，因技术文盲而产生的不透明性以及从机器学习算法的特征和要求将它们有效适用的测量中产生的不透明性。〔2〕

根据不可预见行为与人工智能程序设计者的主观意图之间的关系，又可将不可预见行为区分为目的性不可预见行为和非目的性不可预见行为。在目的性不可预见行为中，虽然智能机器（人）的行为是程序设计者不可预见的，但是，这种不可预见正是程序设计者的目的所在。深度学习算法使得智能机器（人）具备了自主学习的能力，能够基于算法和数据作出程序设计者不可预见的行为。该行为的不可预见本身在程序设计者或制造者的目的范围内。换言之，智能机器（人）行为或决策的不确定性与不可预测性是设计者或制造者预先设计的结果。具体行为不可预测不同于风险不可预测。以数据和算法为基础的机器行为和决策仍然处于人类的控制之下。"任何人如果允许机器作出自主决策，都应该能预见到机器总是会失控并且应当为此承担责任。"〔3〕

非目的性不可预见行为产生的原因主要有：第一，智能机器（人）自我

---

〔1〕 刘小璇、张虎："论人工智能的侵权责任"，载《南京社会科学》2018 年第 9 期。

〔2〕 参见腾讯研究院等：《人工智能》，中国人民大学出版社 2017 年版，第 249 页。

〔3〕 冯珏："自动驾驶汽车致损的民事侵权责任"，载《中国法学》2018 年第 6 期。

进化。高度智能化的人工智能产品在运行过程中自行修改程序。第二，外来因素介入。例如，黑客攻击将代码植入人工智能系统。外来因素介入人工智能系统造成损失时，人工智能系统沦为侵权的工具，真正实施侵权行为的主体是隐藏在人工智能系统背后的主体。这就需要运用穿透规则，由通过人工智能系统实施侵权行为的主体承担一般侵权责任。

总之，智能机器（人）的自主程度是影响法律责任承担的重要考量因素。预见性（foreseeability）是程序设计者、制造者、使用者等主体对智能机器（人）的致害行为承担法律责任的前提。不可预见（unforeseeable）阻却了人工智能系统设计者对系统造成损害需要承担的责任。受害者可能丧失获得救济的途径。[1]

（四）合理期待规则

化繁为简，以合理预期为标准判断缺陷是否存在。这就解决了因智能技术的复杂性而导致缺陷证明困难的问题降低缺陷证明标准，进而扩大产品责任的范围，避免生产者、消费者以及受害人围绕复杂的学习算法是否存在进行证明、分析和论证，是在既有规则体系下保障实质正义的一项合理政策选择。

（五）替代原因（suspending cause）切断因果关系的规则

"深度学习算法"（deep learning algorthm）使得智能机器（人）基于数据和算法分析，感知外界环境并进行决策成为可能。具有自主学习能力的人工智能系统作出的决策或行为会随着环境的改变而发生变化，即出现人类设计者未能预见的情况。人类编程员设定的目的与智能机器努力的结果出现偏差。人工智能自主学习和适应环境的能力，使控制权问题变得扑朔迷离。机器决策或行为的可预见性和可控制性这一理论预设根基发生动摇。智能机器（人）行为的自主性增强，相应地，人类对智能机器（人）的控制力减弱。无论人类在人工智能研发、程序设计和制造的过程中如何小心谨慎都无法完全控制或预测具有自主学习能力的人工智能系统根据环境因素变化可能作出的决策或行为。基于学习算法的智能机器（人）自主决策和行为的介入作为替代原因切断了人类程序设计者或者智能机器（人）使用者与损害结果之间的因果

---

　　[1]　See Mattew U. Scherer, "Regulating Intelligence Systems: Risks, Challenges, Competence, and Strategies", *Harvard Journal Law & Technology*, Vol. 29, 2016, Spring, p. 366.

145

关系。

在何种条件下，智能机器（人）的自主决策和行为构成切断人类程序设计者或智能机器（人）使用者与损害结果之间因果关系的介入因素？"哈特和奥诺尔讨论法律中的因果关系时，对于人的行为是否构成介入（替代）原因这一问题所提出的主要判断标准即在于介入的行为是否体现了介入者的自由意志和自主选择。"[1]也就是说，以介入行为是否体现了介入者独立的自由意志为标准判断是否构成替代原因。介入行为体现介入者独立的自由意志构成介入原因；介入行为不体现介入者独立的自由意志则不构成介入原因。

在机器意识尚未觉醒的技术条件下，人工智能尚不具有独立、自主的意识，智能机器（人）在交互环境中自主作出决策是人类设计者或制造者预先设计或追求的结果。智能机器（人）行为或决策的不确定性与不可预测性是设计者或制造者预先设计的结果。具体行为不可预测不同于风险不可预测。以数据和算法为基础的机器行为和决策仍然处于人类的控制之下。

第四节　人工智能时代民事法律责任的承担方式

一、民事法律责任承担方式的类型

人工智能时代的民事法律责任承担方式大致可以分为两种类型：一种是以人类为联结点的民事法律责任承担方式；另一种是以智能机器（人）为联结点的民事责任承担方式。前者是传统法律体系规定的民事法律责任承担方式，侧重规制人类的行为，财产责任是救济的重心所在；后者是人工智能时代可能采用的新型民事法律责任承担方式，侧重规制智能机器（人）的"行为"，不限于财产责任。

其中，以智能机器（人）为联结点的民事法律责任承担方式主要包括：第一，缴出赔偿。它源于罗马法的缴出赔偿（noxoe deditio）方式，要求将实施加害行为的智能机器（人）交由受害人或其家属进行处置。[2]第二，召回、销毁智能机器（人）。制造商或销售商发现智能机器（人）不符合产品

〔1〕　冯珏："自动驾驶汽车致损的民事侵权责任"，载《中国法学》2018 年第 6 期。
〔2〕　参见郑戈："人工智能与法律的未来"，载《探索与争鸣》2017 年第 10 期。

质量要求或存在其他瑕疵，可以通过召回、销毁的方式避免损害结果发生。第三，智能机器（人）支付赔偿金。智能机器（人）以其独立财产就致害行为承担赔偿责任。第四，限制智能机器（人）的自由。倘若智能机器（人）致人损害，则其自由权受到相应限制，以示惩戒。

二、对以智能机器（人）为联结点的责任承担方式的质疑

学者对以智能机器（人）为联结点的民事法律责任承担方式存在质疑，认为该方式形式上针对智能机器（人），但是实质上仍然是由智能机器（人）的所有者和使用者最终承担责任。

第一，智能机器（人）没有独立的收入或财产，属于其所有者或使用者财产的一部分，缴出赔偿、召回和销毁智能机器（人）、由智能机器（人）支付赔偿金以及限制智能机器（人）的自由等救济方式归根结底还是在限制或剥夺智能机器（人）的所有人或使用人的财产。

第二，法律规范约束的是人的行为，而非智能机器（人）的"行为"。民事法律责任能够起到惩戒、教育和威慑行为人的作用要以人的行为具有理性特征为基础，趋利避害的本性使得人们通常会以避免产生民事法律责任的方式而作出行为。"民事责任的承担对于承担者而言具有一定的警示和道德上否定的功能，这也是民事责任除经济补偿之外很重要的功能。但是人工智能还没有发展到可以让机器具有羞耻心和道德感的程度。"[1]智能机器（人）不会因需要承担民事法律责任而担心财产减少或者自由受到限制，进而调整自己的行为。民事法律责任的调整在面对作为行为主体的智能机器（人）时失效。"智能机器无法理解和响应法律的行止要求、无法接受法律的调整、无法理解财产之于自身的意义。"[2]"强人工智能将实现物理意义上的'永生'——只要保留相应的数据，则无论怎么摧毁强人工智能的物理载体，强人工智能实际上都会存在。这会导致法律对生命、自由的剥夺、惩罚手段对强人工智能不产生影响，强人工智能将处于绝对优势地位。"[3]

---

〔1〕　高丝敏："智能投资顾问模式中的主体识别和义务设定"，载《法学研究》2018 年第 5 期。

〔2〕　冯珏："自动驾驶汽车致损的民事侵权责任"，载《中国法学》2018 年第 6 期。

〔3〕　袁洋："人工智能的民事法律主体地位及民事责任问题研究"，载《中州学刊》2019 年第 8 期。

第五章
人工智能时代新型侵权责任规则

"一般来讲，当一项新技术出现时，侵权责任索赔将会增加。"[1]人工智能在社会生活中的应用（如无人驾驶机动车运输货物、无人机高空拍摄、智能机器人伴读、工业机器人参与生产线作业）越来越广泛，侵权责任产生的可能性随之增加。人工智能产品侵权责任在整个民事法律责任体系中所占比重越来越大，以至于有学者将人工智能民事法律责任与侵权责任混同，认为"人工智能所涉及的民事责任通常表现为，智能机器人、自动驾驶汽车等人工智能产品侵害人身或财产而引起的侵权责任"[2]。

机器自主学习能力的不断增强使人类对人工智能的行为或决策越来越不可预见。"人工智能之侵权行为与以往利用计算机所为之侵权行为的本质区别在于：人在侵权行为中所起到的作用不同，利用计算机所为的侵权行为，计算机完全听命于人的操作指令，完全系该指示人从事侵权行为的工具。而人工智能基于机器学习和深度学习，已经能够自行判断、收集和学习新的数据。"[3]目前，被视为物的人工智能产品被纳入传统侵权责任法律规范体系中予以调整并经由司法程序形成具有指导性或引导性的案例以及不成文的规则。但若智能机器（人）的自主性、创造性行为突破了人类对智能机器（人）的工具性假设，智能机器（人）就不同于普通的机器或工具，它不仅可以经程序设计独立从事重复性的活动，而且可能创设人类设计程序之外的新程序。传统侵权责任法律规范体系对人工智能产品的调整作用有限，人工智能自主

---

〔1〕 付新华："自动驾驶汽车事故：责任归属、法律适用与'双层保险框架'的构建"，载《华东政法大学学报》2018 年第 4 期。

〔2〕 张童："人工智能产品致人损害民事责任研究"，载《社会科学》2018 年第 4 期。

〔3〕 刘小璐、张虎："论人工智能的侵权责任"，载《南京社会科学》2018 年第 9 期。

行为造成的损害难以被纳入传统的侵权责任法律框架，实有必要反思和构建人工智能时代新型侵权责任规则。

第一节　人工智能时代侵权责任的归责原则

归责原则是侵权责任人承担民事责任的基础。我国《民法典》"侵权责任编"中的归责原则体系由过错责任原则和无过错责任原则共同构建。[1]其中，过错责任原则是侵权责任法归责原则体系中的主体，无过错责任原则是过错责任原则的补充。"在近代法中，过错与侵权是同一的。无过错责任则是工业化的产物，是法定的个别规则。"[2]换言之，在法律没有明确规定适用无过错责任原则的情况下均适用过错责任原则。

一、过错责任原则

过错是对人的主观心理状态的描述，过错责任原则强调行为主体的主观状态。判断是否有过错通常采用理性人标准。理性人能否合理预见其决策或行为的后果是判断主体是否存在过错进而确定其是否应当承担过错责任的基础。"如果应预见而没有预见，行为人就具有过错，应该对此种行为承担责任。如果受害人没有预见，这就可以减免侵权人责任。"[3]

（一）智能机器（人）承担过错责任存在的疑问

智能机器（人）是否具备独立的法律主体地位是探讨过错责任原则能否适用于智能机器（人）的前提条件。将过错责任原则引入智能机器（人）导致的侵权责任体系，首先需要明确存在过错的主体，即谁之过错？2016年联合国教科文组织通过的《关于机器人伦理的初步草案报告》将人工智能系统或设备定性为产品，通过产品责任制度解决人工智能系统或设备导致的侵权损害赔偿问题。倘若智能机器（人）被定位为产品，并没有独立的民事主体地位，则过错无可依附，更无所谓智能机器（人）是否存在主观过错以及其

---

〔1〕《民法典》"侵权责任编"沿袭了《侵权责任法》第6条、第7条的立法例。

〔2〕冯洁语："人工智能技术与责任法的变迁——以自动驾驶技术为考察"，载《比较法研究》2018年第2期。

〔3〕许中缘："论智能机器人的工具性人格"，载《法学评论》2018年第5期。

是否需要为此过错承担责任的问题。即便认定智能机器（人）存在过错，需要承担法律责任，因其无独立的法律地位和财产也无法对受害者予以救济。

（二）智能机器（人）使用者承担过错责任存在的疑问

在对人工智能产品进行常态使用的情况下，具有智能特征的人工智能产品的决策和行为具有相对自主性，使用者既不需要直接操控人工智能产品，也不需要根据周边环境对其决策或行为进行干预。使用者的注意义务被淡化甚至消失，成为不存在主观过错的"无辜者"。"人工智能实现了无人化的操作，导致其使用者不再负有主观上的注意义务，使得过错归责原则最终变得无所适从。"〔1〕

（三）智能机器（人）销售者承担过错责任存在的疑问

《产品质量法》第42条以及《民法典》第1203条规定销售者对产品缺陷承担过错责任。根据上述规定，智能机器（人）的销售者需要承担其在销售过程中因过错导致的侵权责任。"销售者的过错责任主要表现为进货检查与验收不当、验明合格证明或标识不当以及保持产品质量不当等方面"。〔2〕关于智能机器（人）销售者的过错如何判断、对应的责任如何承担等问题的答案尚不明确。

二、无过错责任原则

无过错责任原则起源于资本主义时期。机器的大规模出现和运用使机器事故频发而受害者无法得到救济的情况普遍存在，无过错责任原则应运而生。我国《产品质量法》第41条以及《民法典》第1202条明确规定生产者对产品缺陷承担无过错责任。人工智能时代客观归责替代主观归责成为一种发展趋势。"以过错责任为基础建立的'风险分配'责任体系，在未来的交通法规中将不复存在。对于交通事故的认定，其归责事由只有结果的'对与错'，而无主观上的'故意'或'过失'。"〔3〕在无过错责任的框架下，受害人仅需证明智能机器（人）的行为或决策与损害结果之间存在因果关系即可，至于主

---

〔1〕 张童："人工智能产品致人损害民事责任研究"，载《社会科学》2018年第4期。

〔2〕 张童："人工智能产品致人损害民事责任研究"，载《社会科学》2018年第4期。

〔3〕 吴汉东："人工智能时代的制度安排与法律规制"，载《法律科学（西北政法大学学报）》2017年第5期。

观过错并非所问。另有学者主张区分情形限定无过错责任原则的适用范围，如根据智能机器人是否通过审批程序进而确定归责原则。"对于通过监管机构审批的智能机器人，制造商实质上将只承担有限的侵权责任……对于没有经过审批的人工智能系统，制造商等法律主体应当承担严格责任，而且该责任是连带的"。[1]

关于智能机器（人）致人损害适用无过错责任原则的正当理由问题在认识上存在分歧。有学者认为："但智能机器人的严格责任的出发点不是'异常危险'或者'不合理危险'。"[2]有必要从权利救济、风险预防与分散、交易成本、事实查明等角度分析人工智能时代适用无过错责任原则的正当理由。

（一）为无过错的受害人提供救济：两害相权取其轻

无过错责任原则关注社会整体利益、社会群体的话语权以及社会秩序。在受害人对遭受的损失不存在过错的情况下，让其对外来之力导致的损害承担责任存在有悖法理之嫌。"在因果链条无法解释的情况下让一个个体自己承担所遭受的损失，与公正、分配正义、风险分担等基本观念背道而驰。"[3]值得注意的是，损失补偿的正当性与损失分配是两个不同的命题。无过错的受害人应当获得救济并不等同于损失赔偿责任必须由智能机器（人）的制造者、所有者或利用者承担。在各方参与主体均不具有可归责的过错时，让无过错的智能机器（人）的制造者、设计者、所有者或利用者承担责任是两害相权取其轻的做法。

（二）风险的预防与分散

技术更新是一柄双刃剑，一方面，技术更新有利于社会进步和发展；另一方面，技术更新的风险会带来损害。当技术更新作为既定的选择方案时，就需要从社会整体的视角考察不同类型主体控制和分散风险的能力进而配置技术更新产生的风险。智能机器（人）的制造者、所有者或利用者在控制和

---

〔1〕 司晓、曹建峰："论人工智能的民事责任：以自动驾驶汽车和智能机器人为切入点"，载《法律科学（西北政法大学学报）》2017年第5期。

〔2〕 司晓、曹建峰："论人工智能的民事责任：以自动驾驶汽车和智能机器人为切入点"，载《法律科学（西北政法大学学报）》2017年第5期。

〔3〕 司晓、曹建峰："论人工智能的民事责任：以自动驾驶汽车和智能机器人为切入点"，载《法律科学（西北政法大学学报）》2017年第5期。

分散风险方面具有优势。在过错难以判断、责任无法分清的情形下，由部分参与主体承担无过错责任，能够强化该类主体的责任意识，更多地尽到注意义务，预防风险发生。此外，制造者、所有者或利用者能够通过定价等方式分散损失。即便智能机器（人）的行为具有一定的自主性，该自主性也是由设计者、生产者设定的目的所决定的。"若设计者、生产者出于善意设计、制造的智能机器人侵犯了他人的权益，他人无须证明智能机器人过错与否，即应以'无过错责任'对智能机器人予以归责。"〔1〕

（三）节省交易成本

采用无过错责任原则具有节省诉讼成本的优势。智能机器（人）的行为具有专业性、不透明性、不可预测性和难以防控性，"囿于智能机器人的上述特性及设计的高端性和制造结构的复杂性，由被害人来证明人工智能存在过错与否显然不公平，更宜适用无过错责任的归责原则。"〔2〕也就是说，人工智能技术的复杂性使得当事人就产品缺陷、过错以及因果关系等进行举证的成本较高。尤其是伴随智能技术在社会生活中应用的普及以及人工智能自主性的增强，相关诉讼的数量以及难度呈几何级态势增长，"产品责任诉讼的成本亦将呈指数级增长，与其为律师、专家等投入高昂成本，倒不如更多赔偿受害者。"〔3〕

（四）有利于事实查明

在不同类型的归责原则下，主体的举证义务或责任存在差异，其对查明事实的主动性也有所不同。生产者对人工智能产品的制造过程和运行原理最为了解。侵权行为发生以后，由其举证证明人工智能产品是否存在产品缺陷或产品缺陷与损害结果之间是否存在因果关系有助于查明事实。"这一处理原则导源于生产者作为'最接近真相'的设计与制造者身份，也是归因于生产者在理解算法或代码等方面的天然优势，有助于解决事实查明之现实困境。"〔4〕

从过错责任到无过错责任或严格责任的转变是法律价值观从矫正正义向

---

〔1〕刘小璇、张虎："论人工智能的侵权责任"，载《南京社会科学》2018 年第 9 期。

〔2〕刘小璇、张虎："论人工智能的侵权责任"，载《南京社会科学》2018 年第 9 期。

〔3〕司晓、曹建峰："论人工智能的民事责任：以自动驾驶汽车和智能机器人为切入点"，载《法律科学（西北政法大学学报）》2017 年第 5 期。

〔4〕张童："人工智能产品致人损害民事责任研究"，载《社会科学》2018 年第 4 期。

分配正义转变在法律责任领域的体现。责任归咎从关注过错转向填补损失。无过错责任或严格责任以社会整体利益和实质正义为出发点。但是，也有学者对适用无过错责任表示担忧，认为无过错责任会增加人工智能技术研发和应用的成本，抑制人工智能技术和商业模式的创新。尤其是在人工智能技术和商业模式创新的初期，过于严苛的归责原则是否会对智能技术相关产业造成冲击并阻碍产业发展不无疑问。

总之，人工智能时代智能机器（人）致害的归责原则问题不是一个纯粹的法律适用问题，而是涉及法政策考量的复杂社会问题。归责原则的研究范式需要实现由非此即彼向情境化思维方式的转变。归责原则是在人工智能技术研发和应用的过程中不同利益群体博弈的结果，其背后是利益分析和政策考量，需要平衡受害人利益与行业发展利益。在当下，比照产品质量责任让人工智能产品制造者等主体承担无过错责任有利于救济受害人，也没有对人工智能行业造成严重冲击。在未来，则需要完善相应的保险制度以及其他配套制度，防止过错责任原则适用范围泛化，保障人工智能产业的持续健康发展。

第二节　人工智能时代侵权责任的免责事由

《产品质量法》第41条第2款对产品生产者的免责事由进行了规定。[1]这些关于产品生产者免责事由的规定是在前人工智能时代情境下进行思考和设计的结果，在人工智能时代是否仍然具有合理性值得思考。

一、机器自主学习作为免责事由的正当性分析

生产者作为技术风险的控制者对技术缺陷承担责任具有正当理由。智能系统基于程序设计自主作出的决策或行为并不违背设计者的初衷，难谓技术缺陷，由此导致的损害由生产者承担责任存在疑问。机器自主学习会导致智能机器（人）的行为或决策偏离人类预期的目的，能否将机器自主学习作为

---

〔1〕《产品质量法》第41条第2款规定生产者能够证明有下列情形之一的，不承担赔偿责任：①未将产品投入流通的；②产品投入流通时，引起损害的缺陷尚不存在的；③将产品投入流通时的科学技术水平尚不能发现缺陷的存在的。

免责事由？

第一，人工智能系统作出偏离人类预期的行为或决策具有可能性。人工智能系统离不开程序员的计算机编程设计。但是，人工智能系统的行为和决策并不必然是程序员设计的结果。人工智能系统区别于传统机器设备之处在于，人工智能系统的算法不完全依赖于程序员的分步编程。机器学习（machine learning）中，算法（algorithm）和模型（model）能够基于数据自主生成新的运行规则，无需程序员的介入或参与。

智能机器（人）的智能等级分为初始等级和教育等级。同一批次研发或制造的人工智能初始等级相同，但是，在投入流通环节后，智能等级因数据训练不同产生差异。换言之，离开模拟测试环境的人工智能系统能根据社会环境获取新的数据进行训练并形成不同的智能等级。高度自主性的人工智能系统会基于习得的算法设计新的规则，进行自主行为和决策。而这种自主行为和决策往往超出了人脑的认知和反应能力，与人为设计的结果存在偏差。"已经有证据表明高度'智能'的自主机器可以学习'打破'规则以保护其自身的生存。"[1]换言之，人工智能系统根据社会环境自主设定规则，进行自我调试的功能使其行为与决策在一定程度上存在不可预测性。

第二，人工智能系统偏离人类预设的必要性。人工智能系统虽然是由人类研发、制造和生产的，但是人类并不奢望能够预见人工智能系统未来所有的行为或决策。人类与人工智能系统在解决问题的方案设计方面存在差异。人类的计算力极为有限且受到预先设置的"前见"或"前理解"的限制，如经验、习惯、陈规、传统智慧等。因而，人类在方案设计方面具有一定的局限性。以算法和模型为基础的人工智能依靠计算机的超强算力往往能考虑得更为全面，能够选择人类没有考虑到的问题解决方案。人工智能系统的行为或决策的不可预见性在一定的情况下正是设计者所期望的。如在智能驾驶的场景中，测试环境并不能穷尽所有的现实可能性，当异常情况（novel situation）出现时，自动驾驶汽车必须在缺乏预先设定的规则的情况下，依据自己创建

---

〔1〕 司晓、曹建峰："论人工智能的民事责任：以自动驾驶汽车和智能机器人为切入点"，载《法律科学（西北政法大学学报）》2017年第5期。

的规则，真正独立自主地作出决策。[1]

若产品投入流通领域之前，在测试环境下人工智能并不存在产品缺陷；产品投入流通领域之后，在新的社会环境中出现偏离人类预期目的的行为或决策，生产者能否以《产品质量法》第41条第2款第2项主张免责？"究竟是算法自身缺陷引起了侵害？还是人工智能系统基于算法而自主实施了侵害？这两类事实将产生迥然不同的法律后果，前者导致生产者对算法缺陷承担严格责任，后者则使生产者摆脱了责任。"[2]值得注意的是，由于人工智能技术的复杂性使得人工智能产品生产者相对于普通产品生产者更容易证明智能机器（人）行为的自主性。这就有必要区分生产者可预见的自主行为或决策和生产者不可预见的自主行为或决策并以此确定免责事由。生产者需要就其对不可预见的智能机器（人）的自主行为或决策举证，司法裁判中需要辅以专家证人制度。

二、"事故不可解释性" 作为免责事由的正当性分析

机器深度学习（deep learning）将创建规则的权力从人类程序员转移至学习算法（learning algorithm）。学习算法在数据训练的基础上创设规则，形成模型。算法是确定的、可被理解的，但是模型的决策逻辑未必具有确定性和可被理解性。人工智能系统生产者能否以 "事故不可解释" 为由主张免责？事故具有可解释性（interpretability）是合理划分责任的前提。"事故不可解释" 使缺陷本身以及缺陷产生的时间是投入流通之前还是之后等问题难以判断，生产者能否基于《产品质量法》第41条第2款第2项主张免责不无疑问。

首先，基于"事故不可解释"免责需要以智能机器（人）行为或决策的透明性为前提。决策的可追溯性要求其过程透明，英国下议院科学和技术委员会发布的报告《机器人与人工智能》（Robotics and Artificial Intelligence）强调人工智能决策透明化与安全价值之间的关系。该报告认为，人工智能决策透明化有利于对其进行管控，尤其是在关系到人类生命安全的领域，决策透

---

〔1〕　参见司晓、曹建峰："论人工智能的民事责任：以自动驾驶汽车和智能机器人为切入点"，载《法律科学（西北政法大学学报）》2017年第5期。

〔2〕　张童："人工智能产品致人损害民事责任研究"，载《社会科学》2018年第4期。

明化显得尤为重要。

其次，"事故不可解释"并不意味着免除了人工智能产品生产者解释算法的义务。解密算法需要专业知识并耗费一定的成本，通过设定义务和责任推定规则的方式将该义务或责任施加给人工智能产品的生产者具有合理性。"在发生可疑后果的时候要求程序员用自然语言来解释算法的设计原理，并且追究其相关责任，这显然是一种治本之法。"[1]通过解释算法证明算法是在被合理应用的情况下仍然发生了不可解释的事故，生产者方能依"事故不可解释"免责。

三、技术中立作为免责事由的正当性分析

因技术本身产生的责任，适用技术中立原则，智能机器（人）的生产者无需承担法律责任。有学者质疑技术中立不过是一种假象。数据分析和决策与人的主观性相关，创构是将预期结果转变为现实的过程，其目的是满足人的需要，各种因素之间的比例关系正是由人来调整的。这就需要区分纯粹技术设计和目的性技术设计，并将目的性技术设计细分为合法性设计和非法性设计。倘若设计人工智能技术的目的是从事侵权或其他违法活动，则不适用技术中立原则。"在替代责任情形中，机器人本无瑕疵，符合技术中立原则要求，但机器人的所有人或使用人，或不尽善良管理人之义务，或放任机器人的侵权行为，则不能以技术中立原则免除责任。"[2]

四、发展风险作为免责事由的正当性分析

学习算法（learning algorithm）不同于编码算法（coded algorithm），它会根据输入数据生成人类程序设计者未曾预料到的新算法进而作出决策或行为。因学习算法自主生成的程序导致发生损害是否适用发展风险抗辩？有学者认为："如果将其定义为设计缺陷将极大地阻碍技术进步，故也可以有条件地适用发展风险抗辩原则，坚持以可责难性评价为前提。"[3]为促进技术进

---

〔1〕 郑戈："人工智能与法律的未来"，载《探索与争鸣》2017 年第 10 期。

〔2〕 吴汉东："人工智能时代的制度安排与法律规制"，载《法律科学（西北政法大学学报）》2017 年第 5 期。

〔3〕 陶盈："机器学习的法律审视"，载《法学杂志》2018 年第 9 期。

步，法律允许新型技术的研发和应用主体基于开发风险主张抗辩。倘若缺陷是依现有技术不可知的，则生产者可以主张发展风险抗辩（the development risk clause）。发展风险抗辩关注缺陷的可识别性，生产者主张发展风险抗辩以其依当时的技术条件对技术缺陷不可知为前提，至于该缺陷是否能够避免并非所问。

否认发展风险抗辩作为免责事由正当性的观点认为，风险承担与利益分配呈正相关关系，生产者将产品投入流通领域获得了利益，就需要承担相应的风险。发展风险抗辩使生产者承担的风险与获取的利益之间的关系失衡。否定说表面上有一定的合理性，但是考虑到生产者预期收益的有限性与风险责任的无限性，该说难以成立。发展风险抗辩具有鼓励技术创新，消除生产者应用新型技术顾虑的作用，反之，禁止发展风险抗辩可能阻碍技术创新和应用。"发展风险抗辩制度将促使在发展风险上形成生产者和消费者之双边预防模式，从而激励双方当事人共同内部化风险防控成本，而这显然比生产者单边预防模式更能降低整体上的社会风险控制成本。"[1]

从绝对安全到合理安全的转变是综合考量生产者或行业利益与消费者利益的结果，发展风险抗辩是平衡安全与效率的调节器。进入流通领域的产品需要满足安全的需要，但是这一需要不能过度，否则会严重影响效率价值的实现。过高的安全门槛，在排除社会风险的同时也排除了创新性产品的效用。在鼓励技术创新的同时需要合理保障消费者的权益，这正是将发展风险抗辩作为免责事由的正当性理由。

判断依当时科学技术水平能否发现缺陷需要遵循客观标准而非主观标准，即依据当时整体的科学技术水平，而非生产者主观上认知的科学技术水平。推定生产者已知当时整体的科学技术水平，能够督促生产者全面了解和掌握当时的科学技术水平，又不苛责其100%保证技术安全。

发展风险抗辩需要满足消费者合理期待原则的要求。例如，出行安全是选择智能驾驶方式的消费者的合理期待，发展风险抗辩不能作为提供不安全出行服务的借口。"因系统泄漏或数据采集不完整等原因导致的不可预测性风险可以作为无人驾驶汽车产业内在的风险成本，溢出的负外部性风险可以通

---

〔1〕　贺琛："我国产品责任法中发展风险抗辩制度的反思与重构"，载《法律科学（西北政法大学学报）》2016年第3期。

过生产者担责的方式进行内化，以期为受害者的救济提供更为安全的基本保障。"〔1〕这一目的在封闭的私法体系中难以实现，需要借助公权力主导的监管和审批制度。

关于人工智能产品发展风险抗辩的举证，根据 2008 年最高人民法院《关于民事诉讼证据的若干规定》第 4 条第 6 项的规定，在产品缺陷侵权责任诉讼案件中，生产者就免责事由负有举证责任，因此发展风险抗辩的举证责任应由生产者承担。生产者需要证明"当时科技水平无法发现该缺陷"。而要达到这一证明目的，人工智能产品的生产者通常需要证明其产品当时在安全性上不次于同类产品，没有更为安全的替代方案。实践中，要生产者就此举证比较困难，基于诉讼风险和诉讼成本的考虑，生产者更倾向于径先以产品无缺陷、受害人存在过错等事由对抗责任成立，而甚少援引举证难度较高且相关规则不明的第 41 条第 2 款第 3 项为抗辩，使得其实质上成为一个"沉睡"条款。〔2〕

第三节　智能驾驶侵权责任问题研究

智能驾驶汽车是人工智能技术在机动车驾驶领域的应用和推广。人工智能感知和识别系统取代了人类驾驶员的眼睛和耳朵，分析不同情境下的路况和环境并作出决策。"自动驾驶汽车（Autonomous Vehicle）已经不再是《少数人报告》《我，机器人》等科幻电影中的概念，谷歌、丰田、尼桑、奥迪、特斯拉等汽车制造商正在将其变为现实。"〔3〕

智能驾驶汽车是人工智能技术应用于社会生活较早和较为成熟的项目。它的出现引发了交通运输产业颠覆性的变革，是产业结构升级的突破口和新的经济增长点，受到发达国家的追捧。是否将自动驾驶作为道路交通法的调整对象成为当代社会评判法律制度先进与否的标准。《德国道路交通法》修改后明确允许自动驾驶汽车上路，该修改案被德国联邦交通部部长誉为"世界

---

〔1〕 张建文、贾章范："无人驾驶汽车致人损害的责任分析与规则应对"，载《重庆邮电大学学报（社会科学版）》2018 年第 4 期。

〔2〕 参见贺琛："我国产品责任法中发展风险抗辩制度的反思与重构"，载《法律科学（西北政法大学学报）》2016 年第 3 期。

〔3〕 郑志峰："自动驾驶汽车的交通事故侵权责任"，载《法学》2018 年第 4 期。

上最先进的《道路交通法》"[1]。

"智能算法操纵的汽车早已默默上路，正在与人类司机驾驶的汽车互动。事故早已先于规则出现。"[2]"谷歌无人驾驶汽车与公交车发生碰撞""特拉斯 ModelS 因错误识别致车主约书亚·布朗死亡""奔驰汽车定速巡航失灵""优步无人驾驶汽车致依莱·恩赫茨伯格死亡""特拉斯 ModelS 爆炸起火致人死亡"等一系列智能驾驶致害事件表明构建并完善相关民事法律责任规则十分必要。

"关于人工智能责任制度的讨论，目前主要集中在自动驾驶汽车以及谁应当为自动驾驶汽车发生的故障和事故负责方面，尤其是自动驾驶汽车做出独立智能决策导致损害发生的情况下，将会面临更多的法律难题。"[3]学者研究智能驾驶侵权责任规则体系的热情高涨，认为"必须尽快启动立法程序，对自动驾驶技术引发的一系列问题进行调查研究，最终制定专门法律《自动驾驶汽车法》"[4]。但也有学者冷静地认为制定关于智能驾驶的侵权责任规则体系的时机尚不成熟，"要针对自动驾驶汽车的致损事故制定出明晰且稳定的侵权责任体系，很明显是为时尚早"[5]。

一、从禁止到有限许可的智能驾驶

（一）人类驾驶员作为单一驾驶主体的阶段

驾驶行为关系到人的生命安全，也存在影响公共安全的风险因素。在人工智能技术无法保障公众安全的情况下，无人驾驶被严厉禁止。1968 年，联合国制定的《维也纳道路交通公约》明确规定控制汽车的应当是人而不是计算机，该公约第 8 条载明："凡行驶的车辆或车辆组合必须有一名驾驶人。"[6]智能驾驶技术应用于实践后，联合国仍然对此持审慎的态度，"当车速超过 10 公

---

〔1〕 冯洁语："人工智能技术与责任法的变迁——以自动驾驶技术为考察"，载《比较法研究》2018 年第 2 期。

〔2〕 郑戈："算法的法律与法律的算法"，载《中国法律评论》2018 年第 2 期。

〔3〕 腾讯研究院等：《人工智能》，中国人民大学出版社 2017 年版，第 197 页。

〔4〕 侯郭垒："自动驾驶汽车风险的立法规制研究"，载《法学论坛》2018 年第 5 期。

〔5〕 冯珏："自动驾驶汽车致损的民事侵权责任"，载《中国法学》2018 年第 6 期。

〔6〕 张韬略、蒋瑶瑶："德国智能汽车立法及《道路交通法》修订之评介"，载《德国研究》2017 年第 3 期。

里/小时，汽车的自动转向功能就应当被自动禁用，该规定极大地限制了汽车自动转向系统，特别是变道辅助和车道保持辅助系统在智能汽车上的应用。"[1]

《中华人民共和国道路交通安全法》（以下简称《道路交通安全法》）中规定的驾驶员是否应当限定在自然人的范围内？无论是从文意解释、目的解释还是历史解释的角度出发，《道路交通安全法》中规定的驾驶员都应当被解释为自然人。"从国家法律层面讲，自动驾驶汽车道路测试合法化的问题仍然处于灰色地带，就自动驾驶汽车发展的速度来看，急需国家层面的法律法规来对整个自动驾驶行业进行引导和规制，因为没有任何无人驾驶系统能够做到始终完美可靠。"[2]

（二）驾驶主体多元化阶段

智能驾驶具有100%的安全性是人们美好的愿望。"然而事实是，如果需要完美的安全可靠性，无人驾驶汽车将永远不会获得合法地位，因为没有任何无人驾驶系统能够做到始终完美可靠。"[3]智能驾驶系统具有与人类驾驶员同等甚至更高的安全系数即可。传统驾驶事故产生的主要原因出在驾驶员身上，如驾驶员疲劳驾驶、注意力不集中、心绪不宁，从这一方面看，智能驾驶提升了行车的安全性。随着人工智能技术的进步与发展，智能驾驶汽车的安全性能得到改善，禁止智能驾驶汽车上路的限制性规定的正当性被动摇。

智能驾驶立法肇始于美国的内华达州，该州于2011年通过了《511议案》（Assembly Bill 511），承认智能驾驶行为的合法性。2016年，美国交通运输部（DOT）和国家公路交通安全管理局（NHTSA）联合出台《联邦自动驾驶汽车政策》。为防止各州关于无人驾驶汽车上路的规定产生矛盾冲突，避免监管碎片化，美国众议院于2017年通过了《自动驾驶汽车法案》（Safely Ensuring Lives Future Deployment and Research in Vehicle Evolution Act，又称 Self Drive Act）。该法案修订了《美国法典》（United States Code）第49条"交通运输"（transportation）中的相关条文。它赋予美国国家公路交通安全管理局优先监管智能驾驶汽车的权力，并对智能驾驶汽车的"安全标准""网络安

〔1〕 张韬略、蒋瑶瑶："德国智能汽车立法及《道路交通法》修订之评介"，载《德国研究》2017年第3期。

〔2〕 侯郭垒："自动驾驶汽车风险的立法规制研究"，载《法学论坛》2018年第5期。

〔3〕 曹建峰："全球首例自动驾驶汽车撞人致死案法律分析及启示"，载《信息安全与通信保密》2018年第6期。

全""通用性豁免""隐私保护计划"等进行了规定。"密歇根州、佛罗里达州……删除了自动驾驶汽车中必须有驾驶员的要求,增加要求技术人员应当有能力在必要情况下迅速接管与控制车辆,或者确保车辆本身务必有能力实现减速或停车……"〔1〕同年 4 月美国佛罗里达州、密歇根州通过的法案中删除了智能汽车必须配备人类驾驶员的要求,增加了技术人员远程接管和控制车辆的要求。2017 年 10 月,美国加州修正智能驾驶相关法案,允许没有方向盘、制动踏板、后视镜等人类驾驶必须设备的智能汽车上路测试。

2015 年,德国允许在特定的高速公路〔2〕进行智能驾驶的测试项目。2016 年,德国交通部起草的道路交通法修改草案扩大了驾驶员的范围,智能驾驶系统被纳入其中。〔3〕该草案于 2017 年被德国联邦议会和参议院通过,允许智能驾驶汽车上路。《德国道路交通法(修订)》第 1b 条第 1 款,人类驾驶员在驾驶期间可以借助高度或完全智能驾驶系统而不亲自驾驶车辆。"但为了符合 1968 年《维也纳道路交通公约》第八条'每一部车辆在行驶时都必须有驾驶员在位'的规定,它没有允许自动驾驶汽车变成'无人驾驶'汽车。"〔4〕人类驾驶员启动智能驾驶系统后,可以将注意力转移至与驾驶行为无关的活动,如读书、看报、上网、休憩;但是,他需要随时保持警醒状态,处于等候模式,一旦智能驾驶系统发出移交驾驶权的请求,人类驾驶员就需要恢复驾驶状态。

2016 年,联合国修正《维也纳道路交通公约》,认可计算机对汽车的控制,承认智能驾驶的合法性,但是要求人类驾驶员必须在场并可以覆盖或接管智能驾驶。这"意味着包括美国在内的 72 个签约国可允许自动驾驶功能汽车在特定时间自动驾驶,为自动驾驶技术在交通运输中的应用清除了障碍"〔5〕。

2017 年 7 月,百度公司总裁李彦宏乘坐自动驾驶汽车在北京五环路上进行测试。2017 年 12 月,深圳福田保税区出现 4 台无人驾驶公交——阿尔发巴智能公交。2017 年 12 月工业和信息化部印布了《促进新一代人工智能产业发展三年行动计划(2018 年-2020 年)》的通知,明确要求:"建立可靠、安

---

〔1〕 张童:"人工智能产品致人损害民事责任研究",载《社会科学》2018 年第 4 期。

〔2〕 "连接慕尼黑和柏林的 A9 高速公路"。

〔3〕 参见腾讯研究院等:《人工智能》,中国人民大学出版社 2017 年版,第 85 页。

〔4〕 郑戈:"人工智能与法律的未来",载《探索与争鸣》2017 年第 10 期。

〔5〕 腾讯研究院等:《人工智能》,中国人民大学出版社 2017 年版,第 227 页。

全、实时性强的智能网联汽车智能化平台，形成平台相关标准，支撑高度自动驾驶（HA级）。"2017年12月，北京市出台了《关于加快推进自动驾驶车辆道路测试有关工作的指导意见（试行）》和《自动驾驶车辆道路测试管理实施细则（试行）》等一系列地方性规范性文件，标志着我国智能汽车上路测试行为合法化。2018年1月，国家发展与改革委员会发布《智能汽车创新发展战略（征求意见稿）》。

表5-1　智能驾驶相关政策或法律

时间	国家或地区 （含国际组织）	文件名
2011	美国内华达州	《511议案》
2015	英国	《智能驾驶测试实践规章》
2016	联合国	《维也纳道路交通公约》
2016	美国	《联邦自动驾驶汽车政策》
2016	日本	《道路自动驾驶车辆操作指南》
2017	德国	《德国道路交通法》（2016年修订）
2017	美国	《自动驾驶汽车法案》
2018	中国	《智能汽车创新发展战略（征求意见稿）》

二、以驾驶分级为中心的考察

智能驾驶汽车是人工智能应用于汽车领域的结果，其实质是移动的智能机器（人）。汽车的自动化程度影响人车关系和驾驶形态，它是区分设定责任规则的必要考虑因素。汽车从无智能驾驶到完全智能驾驶，自动化程度逐渐增强，司机的角色由驾驶者向乘客渐变，责任重心从人的责任转向物的责任。

（一）驾驶分级与人车关系

智能驾驶分级是确定人车关系的前提条件。[1]美国公路交通安全管理局将驾驶分为五个等级，而美国汽车工程师协会（Society of Automotive Engineers，

---

〔1〕 我国智能驾驶汽车分级的相关规定，参见《智能网联汽车道路测试管理规范（试行）》第28条第2款、《上海市智能网联汽车道路测试管理办法（试行）》第30条第2项等。

简称 SAE）将其分为六个等级。两者大同小异，差别在于美国汽车工程师协会在完全智能驾驶阶段的层次划分更为细致、复杂。〔1〕按照美国汽车工程师协会的标准，驾驶从 L0 到 L5 被分为六个等级，即无自动化（L0，no automation）、驾驶辅助（L1，driver assistant）、部分自动化（L2，partial automation）、有条件自动化（L3，conditional automation）、高度自动化（L4，high automation）和完全自动化（L5，full automation）。

L0 级驾驶不属于智能驾驶，人类驾驶员完全掌握驾驶权，负责观察道路交通状况并作出应对。驾驶支持或辅助系统为人类驾驶员决策提供帮助，不具有控制汽车驾驶权的能力。在人车关系中，机动车处于完全被动的状态，机动车在驾驶人的控制下运行。

L1~L3 级驾驶具有了一定的智能驾驶元素，但是驾驶行为主要依赖人类驾驶员。在人车关系中，智能机器（人）行为的主动性增强，驾驶权逐渐由人类驾驶员转向智能驾驶系统，但其并未摆脱辅助人类驾驶员的角色定位。智能汽车的工具属性决定人类驾驶员仍然是驾驶责任的承担主体。智能机器（人）与人类驾驶员共同完成驾驶行为，智能驾驶系统起到驾驶辅助的作用。人类驾驶员主导机动车控制权，不能离开驾驶员的位置。

"有条件的自动驾驶（level 3）以上的阶段才是自动驾驶汽车发展的方向和拟运用的主要场景，也是自动驾驶汽车的民事责任引起各方关注的主要技术背景。"〔2〕L4~L5 级驾驶中机动车已演进为"站在轮子上的智能机器人"，驾驶行为由智能机器（人）自主完成，人类的角色从驾驶员转变为乘客。

（二）基于驾驶分级的民事法律责任分析

智能驾驶汽车分级是以人类对智能汽车的控制权为基础的，不同级别的智能驾驶汽车中人类扮演角色不同，其需要承担的民事法律责任也有所差异。L1~L3 级驾驶中，智能驾驶的责任类型以人的责任为主。掌握智能汽车驾驶控制权的人类驾驶员作为主导者有责任保障驾驶行为的安全性。人类驾驶员"对机动车运行危险承担过错推定责任。只在能够证明自动驾驶机动车有缺

〔1〕 2015 年，德国联邦交通与数字基础设施部编纂的《自动与互联网驾驶战略》（Strategieautomatisiertes und vernetztes fahren）将智能驾驶分为五个阶段。参见冯洁语："人工智能技术与责任法的变迁——以自动驾驶技术为考察"，载《比较法研究》2018 年第 2 期。

〔2〕 冯珏："自动驾驶汽车致损的民事侵权责任"，载《中国法学》2018 年第 6 期。

陷，驾驶人无过失且其即使尽到高度注意义务仍无法避免发生事故造成损害的情形下，才应当由自动驾驶机动车的生产者、设计者、销售者承担产品责任"〔1〕。美国佛罗里达州 2016 年发生的 ModelS 交通事故案中，事故车辆的智能驾驶级别为 L2 级，用户手册中明确载明了辅助驾驶系统的作用，警示驾驶员不能脱离驾驶状态，在发现危险时需要随时接管驾驶。"驾驶人未尽机动车操控者的专心驾驶之责，在碰撞事故发生前未能及时发现危险、迅速接管驾驶，导致事故发生，是直接责任者，应当适用传统道路交通事故责任规则确定责任归属。"〔2〕

L4~L5 级驾驶中，智能汽车的使用者并不存在主观过错或加害行为，作为侵权责任构成要件之一的因果关系更是无从谈起。智能驾驶汽车发生交通事故造成人身或财产损害不能归咎于乘客。即便智能汽车使用者坐在驾驶员的位置上，也无需对交通事故承担民事责任，除非人类驾驶员主动介入掌握了智能汽车的控制权。

《中国制造（2025）》按照智能网联汽车的智能化程度，将其分为四种类型，从 DA 到 FA 人类驾驶员逐渐丧失驾驶控制权，直至无人驾驶。有学者将智能驾驶分为驾驶支援、狭义自动驾驶和无人驾驶三个阶段对智能驾驶的责任构成与分配进行研究。〔3〕换言之，依驾驶权转移程度将驾驶行为类型化，可以分为辅助驾驶、人机共同驾驶和智能驾驶系统驾驶三种类型。在驾驶支援阶段，责任的构成与分配与传统机动车责任无异。在狭义自动驾驶阶段，智能驾驶系统使用人与智能驾驶系统共同控制智能汽车，属于共同驾驶人。在无人驾驶阶段，智能驾驶系统完全取代人类驾驶员成为驾驶控制权的主体，智能系统的生产者或智能机器本身需要承担驾驶人责任。

三、以驾驶控制权为中心的考察

驾驶人是指实际控制机动车，对驾驶行为负责的人。人工智能出现以前，

---

〔1〕 杨立新："用现行民法规则解决人工智能法律调整问题的尝试"，载《中州学刊》2018 年第 7 期。

〔2〕 杨立新："用现行民法规则解决人工智能法律调整问题的尝试"，载《中州学刊》2018 年第 7 期。

〔3〕 参见冯洁语："人工智能技术与责任法的变迁——以自动驾驶技术为考察"，载《比较法研究》2018 年第 2 期。

驾驶人的身份相对容易判断，即在特定位置驾驶机动车的人。人类驾驶员是传统的驾驶活动控制者，也是交通事故损害赔偿责任的承担主体。智能驾驶技术出现后，智能驾驶系统辅助或取代人类驾驶员，事实上部分或全部控制机动车。智能驾驶形态各异，相应的民事法律责任体系关注的重心也存在差别。

1. 辅助驾驶阶段：人类驾驶员控制驾驶权

智能驾驶支援系统起到辅助人类驾驶员的作用，驾驶控制权保留在人类驾驶员手中，人类驾驶员需要时刻对机动车运行状况以及路况等保持警惕。人类驾驶员而非智能驾驶支援系统实际控制机动车，智能驾驶支援系统并未在控制机动车方面取代人类驾驶员。

有学者提出："大规模采用驾驶支援系统以后，驾驶人能否主张自己无过错，继而主张仅承担损害 10% 的责任。"[1]我们认为，智能支援系统的普及不会对责任分配构成实质冲击。在这一阶段，人类驾驶员需要对驾驶过程中机动车的状况和路况进行自主分析，作出理性判断。智能驾驶支援系统是人类驾驶员自主理性判断的辅助工具，而不是主张免责的"挡箭牌"。驾驶员的过错主要包括两种类型：第一，基于使用机动车产生的过错；第二，基于信赖驾驶支援系统产生的过错。值得注意的是，在驾驶支援系统阶段，人类驾驶员不能基于对驾驶支援系统的完全信赖而主张免责。例如，在导航系统与实际路况不符的情况下，人类驾驶员需要对路况进行理性判断，而不能完全信赖导航系统。

驾驶支援系统可以分为信息提供系统和操作辅助系统。信息提供系统未直接提供额外的安全保障，该系统出现瑕疵后人类驾驶员仍能避免事故发生，切断了瑕疵与事故之间的因果关系；操作辅助系统提供了额外的安全保障，让人类驾驶员产生合理信赖，该系统出现瑕疵与事故发生之间的因果关系未被切断。[2]

2. 共同驾驶阶段：人类驾驶员与智能驾驶系统共同作用

智能驾驶支援系统升级为自主智能驾驶系统后，智能汽车驾驶控制权主

---

〔1〕 冯洁语："人工智能技术与责任法的变迁——以自动驾驶技术为考察"，载《比较法研究》2018 年第 2 期。

〔2〕 参见冯洁语："人工智能技术与责任法的变迁——以自动驾驶技术为考察"，载《比较法研究》2018 年第 2 期。

体出现多元化趋势，人类驾驶员的角色发生变化。施哈德（Schrader）提出了"双重驾驶人共同驾驶"的分析框架。智能驾驶系统事实上部分或全部地控制智能汽车驾驶运行，使得智能驾驶系统本身或其生产者具备了驾驶人的属性。[1]"由第三人事实上控制车辆的运行仅导致第三人本身具有驾驶人的属性，并不导致原驾驶人丧失其运行支配。因为在驾驶员位置的人仍然保留了介入的可能性。"[2]也就是说，智能驾驶系统控制智能汽车运行的事实使智能驾驶系统本身或智能驾驶系统的生产者等主体具备了作为驾驶人的条件，人类驾驶员丧失的是唯一驾驶人而非驾驶人的身份。人类驾驶员保留了介入智能汽车驾驶的可能，能够随时终止智能驾驶系统对智能汽车的控制。智能汽车驾驶行为由人类驾驶员和智能驾驶系统共同完成。

智能汽车的驾驶控制权在人类驾驶员与智能驾驶系统之间转移，相应地民事法律责任也在不同主体如车主、制造商、人类驾驶员等之间发生转移。"由于智能汽车的驾驶操作是司机和自动驾驶系统共同完成的任务，确定事故发生时由哪方在驾驶，对责任的划分至关重要"。[3]为明确不同类型主体的民事法律责任，需要对人机控制权模式切换的相关信息进行存储和保留，这就需要对智能驾驶数据的搜集、存储、使用及删除规则进行设计。

人类驾驶员接管或移交驾驶控制权时，智能系统需要对相关的时间、地点、路况、汽车性能、技术故障等信息进行保存。[4]事件数据记录仪（Event Data Recorder，EDR），俗称"黑匣子"，此技术为判断人类驾驶员是否及时、合理地履行了接管义务提供了事实依据。在发生交通事故后，可以通过"黑匣子"的记录快速且准确地判定事故发生的原因，这既有助于法律责任的分配，又有助于对人员致伤原因的判定和保险理赔的鉴定。[5]在德国，为了确保数据存储合乎法律要求的证明目的，《德国道路交通法》要求，通常情况下自动驾驶汽车所存储的数据在 6 个月之后删除，但如果该机动车涉及第 7 条

---

〔1〕 施哈德主要关注智能汽车或智能驾驶系统的生产者。

〔2〕 冯洁语："人工智能技术与责任法的变迁——以自动驾驶技术为考察"，载《比较法研究》2018 年第 2 期。

〔3〕 张韬略、蒋瑶瑶："德国智能汽车立法及《道路交通法》修订之评介"，载《德国研究》2017 年第 3 期。

〔4〕 参见《德国道路交通安全法》（2016 年修改）第 63a 条第 1 款。

〔5〕 参见侯郭垒："自动驾驶汽车风险的立法规制研究"，载《法学论坛》2018 年第 5 期。

第 1 款规定的事故的，相关数据在 3 年后才可以删除（第 63a 条第 4 款）。[1]

在人机混合模式下，智能驾驶导致人员和财产损害的责任如何划分？人机切换模式能否作为减轻设计者或生产者责任或加重人类驾驶员责任的正当理由？有学者认为，"共同驾驶"阶段相应的责任需要根据共同侵权的规则进行判断。"生产者取得了驾驶人的属性，需要承担驾驶人责任。……此种观点导致了共同的汽车驾驶，在事故中根据共同侵权的规则处理。"[2]有学者提出反对意见："尽管在自动驾驶阶段，从技术方面来看，需要系统使用人监控系统，但是这并没有赋予系统使用人事实上对车辆运行的事实控制……采用共同驾驶的区分，忽视了机器完全控制驾驶任务，并且架空了驾驶人责任中实际控制这一要件。"[3]

3. 智能驾驶系统控制阶段：从"驾驶员"到"乘客"的身份转变

在驾驶行为完全由智能驾驶系统控制的阶段，人类驾驶员的角色完成从驾驶员向乘客的转变。"在一些厂商所意图发展的高等级智能汽车中，如谷歌的概念车、大众发布的 Sedric 概念车等，则已经完全取消了方向盘、刹车等干预装置，乘客只需要（也只能够）完成开启关闭车辆、输入目的地等操作。"[4]"波顿恩（Bodungen）和霍夫曼（Hoffmann）则认为，在自动驾驶的状态下，在驾驶员位置的人类已经丧失了驾驶人属性，在与责任相关的事故时点上，自动驾驶系统自行作出了决断，因此，也仅系统符合驾驶人的定义。"[5]人类驾驶员的行为存在过错的前提是回避可能性。倘若人类驾驶员尽到了必要注意义务仍然无法回避，则人类驾驶员没有可归责的主观过错。高级智能驾驶阶段判断"机动车一方"的过错无法在既有的法律框架中寻求答案。智能机器（人）的生产者提供的不再单纯是一种产品，而且是一种服务，需要对服务造

---

〔1〕 参见张韬略、蒋瑶瑶："德国智能汽车立法及《道路交通法》修订之评介"，载《德国研究》2017 年第 3 期。

〔2〕 冯洁语："人工智能技术与责任法的变迁——以自动驾驶技术为考察"，载《比较法研究》2018 年第 2 期。

〔3〕 冯洁语："人工智能技术与责任法的变迁——以自动驾驶技术为考察"，载《比较法研究》2018 年第 2 期。

〔4〕 殷秋实："智能汽车的侵权法问题与应对"，载《法律科学（西北政法大学学报）》2018 年第 5 期。

〔5〕 冯洁语："人工智能技术与责任法的变迁——以自动驾驶技术为考察"，载《比较法研究》2018 年第 2 期。

成的损害承担相应的民事责任。"《道路交通安全法》仅将机动车驾驶人视为
'交通违法行为'的责任人。在无人驾驶汽车应用过程中，因无人驾驶技术缺
陷所造成的交通事故归责，就成为《道路交通安全法》的一大漏洞。"〔1〕

　　智能驾驶是否必须由人类驾驶员共同完成或作为补充？美国持否定态度，
允许无人驾驶汽车进行路测；中国和德国的态度相对保守，运行智能驾驶系
统时需要配备人类驾驶员，随时接管。在这一模式下，人机切换的脱手难题
（hands-off problem）随之产生。驾驶权如何由智能驾驶系统平滑过渡到人类
驾驶员？人类驾驶员是否需要时刻保持警惕状态？处于放松状态的人类驾驶
员是否具备及时接管的反应能力？这一背景下，驾驶资格制度需要重新构建，
即从关注人类驾驶员的年龄、身体状况、是否通过驾驶考试转向对智能驾驶
系统的认知、理解和操控能力。

四、智能驾驶中的民事法律责任类型

　　"不明确的交通责任与产品责任皆为阻碍自动驾驶车进入市场的制度性屏
障。"〔2〕对因智能技术进步以及普及应用而产生的新型智能驾驶形态导致的损
害如何进行责任分配问题能否在既有的法律框架体系中寻求完满答案？这决
定了智能驾驶民事法律责任规则的研究路径。倘若答案是肯定的，则通过法
律解释的方法就可以解决现实问题，立法的迫切性降低；反之，则需要通过
立法重构规则体系。

　　智能驾驶发生事故造成损害的类型分为两种：第一，智能驾驶中发生交
通事故导致智能汽车和人类驾驶员遭受损失；第二，智能驾驶中发生交通事
故导致第三人遭受人身或财产损失。如何救济因智能驾驶导致的损害？在人
工智能专门法律规范体系尚未建立的前提下，求助于既有的侵权责任法律规
范体系，在"产品责任+传统交通事故责任"的框架中寻求解决方案的做法得
到多数学者的认同。

　　传统的汽车交通事故一般可以归因于驾驶人、产品缺陷以及自然条件，
可以分为人的责任和物的责任两种类型。非因机动车缺陷导致交通事故的责

〔1〕 张玉洁："论无人驾驶汽车的行政法规制"，载《行政法学研究》2018年第1期。
〔2〕 翁岳暄、[德]多尼米克·希伦布兰德："汽车智能化的道路：智能汽车、自动驾驶汽车安全监管研究"，载《科技与法律》2014年第4期。

任属于人的责任，由机动车所有人或驾驶人承担。[1]因机动车缺陷导致交通事故的责任属于物的责任。同理，智能驾驶造成人身或财产损害的责任也可以分为人的责任和物的责任两种类型，人的责任主要是道路交通事故责任，物的责任主要是产品责任。随着驾驶的自动化程度升级，智能驾驶发生交通事故的责任属性逐渐由道路交通事故责任转变为产品责任，即在自动化驾驶程度较低的情况下，道路交通事故责任为主，产品责任为辅；而在自动化驾驶程度较高的情况下，产品责任为主，道路交通事故责任为辅。

另有学者在机动车交通事故责任和产品责任的二元框架基础上增加高度危险责任类型。"机动车交通事故责任、产品责任和高度危险责任在某种程度上均可适用于无人驾驶侵权的责任类型，三者在应对人工智能时代的无人驾驶汽车侵权事件中各有所长，阶段性的类型化探讨更能为复杂的责任类型提供归责进路。"[2]还有学者认为："拥有大数据分析、深度学习和自动化决策算法的无人驾驶汽车逐渐成为工具理性与价值选择相融合的新生事物，而现行的《侵权责任法》无法确定该类事故的责任承担者。"[3]人工智能技术的应用滋生了对技术理性的盲目崇拜，忽略了其前提假设的有效性。在工具理性与价值理性二元区分的框架下，科技产品被赋予工具属性，价值判断由其背后的社会主体作出。人工智能技术的研发与应用使工具属性与价值判断相融合，智能机器（人）对人类指令的服从性弱化。价值选择究竟取决于技术背后的社会主体还是技术的凝结物本身的问题出现，责任分配的问题复杂化。

（一）道路交通事故责任

"机动车交通事故，是指机动车与非机动车驾驶人员、行人、乘车人以及其他在公路、城市道路和虽在单位管辖范围但允许社会机动车通行的地方以及广场、公共停车场等用于公众通行的场所上，进行交通活动的人员，因违反《道路交通安全法》和其他道路交通管理法规、规章的行为，过失或者意外造成的人身伤亡或者财产损失的事件。"[4]将智能驾驶汽车作为机动车的一

---

〔1〕　参见《民法典》"侵权责任编"、《道路交通安全法》第76条的规定。

〔2〕　张建文、贾章范："《侵权责任法》视野下无人驾驶汽车的法律挑战与规则完善"，载《南京邮电大学学报（社会科学版）》2018年第4期。

〔3〕　张建文、贾章范："《侵权责任法》视野下无人驾驶汽车的法律挑战与规则完善"，载《南京邮电大学学报（社会科学版）》2018年第4期。

〔4〕　王利明等：《民法学》，法律出版社2017年版，第931～932页。

种类型，其造成的损失需要适用道路交通事故责任规则。

对是否区分机动车保有人责任与驾驶人责任这一问题，各国立法有所差异。《德国道路交通安全法》（2016 年修改）对二者进行区分。"道路交通事故严格责任独立于车辆的自动化程度，即机动车持有人必须承担责任。"〔1〕我国《道路交通安全法》第 76 条中使用了"机动车一方"这一模糊概念，并未明确区分保有人责任与驾驶人责任。关于"机动车一方"的理解〔2〕，"我国学界有力说同样倾向于遵循德国法学说，区分机动车保有人和驾驶人，第 76 条规定的'机动车一方'系指机动车保有人。判断保有人采二元标准，即运行支配与运行利益。通常，机动车的所有人及租赁、借用汽车的使用人等均为保有人。"〔3〕有必要在区分保有人与驾驶人的框架下分析智能驾驶汽车使用人和保有人的责任。

1. 以驾驶员过错为中心的使用人责任

传统驾驶行为的安全性与人类驾驶员的驾驶技术和能力密切相关，《道路交通安全法》及相关法律法规以人类驾驶员的驾驶行为为中心，以人类驾驶员的主观过错为基础构建相应的责任承担体系。在机动车驾驶过程中，人类驾驶员对汽车具有控制权，过错是判断驾驶人是否应当承担民事法律责任以及承担民事法律责任比例的基础，而判断驾驶人是否具有过错的主要依据是驾驶过程中驾驶人是否履行了必要的注意义务。"法定的注意义务是认定过错的基本标准，在满足当事人主观可归责性的基础上尚须在客观上违反了注意义务。"〔4〕根据我国《道路交通安全法》的规定，机动车驾驶人限定为人类驾驶员，驾驶权限定在人类驾驶员手中。人类驾驶员的双手不能离开方向盘。人类驾驶员在驾驶过程中未尽到注意义务造成人身或财产损害，需要承担相应的侵权责任。智能驾驶中，由人类驾驶员承担过错责任是传统道路交通事

---

〔1〕 腾讯研究院等：《人工智能》，中国人民大学出版社 2017 年版，第 228 页。

〔2〕 参见程啸："机动车损害赔偿责任主体研究"，载《法学研究》2006 年第 4 期；张新宝、解娜娜："机动车一方：道路交通事故赔偿义务人解析"，载《法学家》2008 年第 6 期；殷秋实："智能汽车的侵权法问题与应对"，载《法律科学（西北政法大学学报）》2018 年第 5 期。

〔3〕 冯洁语："人工智能技术与责任法的变迁——以自动驾驶技术为考察"，载《比较法研究》2018 年第 2 期。

〔4〕 张建文、贾章范："无人驾驶汽车致人损害的责任分析与规则应对"，载《重庆邮电大学学报（社会科学版）》2018 年第 4 期。

故责任在智能驾驶领域的自然延伸。

　　智能驾驶汽车有别于传统的机动车，智能驾驶使驾驶行为摆脱了对人类驾驶员的技术依赖。智能驾驶中人类驾驶员的身份部分或全部地发生从驾驶者向乘客的转变，注意义务的内容和需要履行注意义务的时间点是否应当发生变化以及如何发生变化不无疑问。倘若智能驾驶汽车使用者的身份部分转变为乘客，使用者并未完全丧失驾驶员的身份，其仍然负有必要的注意义务；倘若智能驾驶汽车使用者的身份全部转变为乘客，其不再具有驾驶员的身份，则无所谓人类驾驶员或所谓的人类驾驶员有名无实，不再存在人类驾驶员需要承担相应注意义务的问题。无人驾驶汽车对驾驶人员的消减与代替使得以驾驶人员主观过错为基础的责任体系不具有可适用性。[1]

　　关于智能驾驶中人类驾驶员的具体注意义务，有学者认为："世界各国一直未开放自动驾驶汽车的完全控制权。自动驾驶汽车需要有执照的驾驶员坐在方向盘后面，以便在系统失灵的情况下控制车辆；人类驾驶员仍然负有接管义务和注意义务。"[2]《德国道路交通法》（2016 年修订）第 1b 条第 2 款规定，智能驾驶过程中人类驾驶员负有警觉义务和接管义务。

　　（1）警惕义务

　　警惕义务（prudent duty），又称警觉义务，是指驾驶员在机动车行驶期间需要保持警醒的状态，以保障安全行驶。根据驾驶形态不同，警惕义务指向的对象及内容有所差异。智能驾驶出现以前，人类驾驶员需要在驾驶全程保持警惕。人类驾驶员的手需要时刻紧握方向盘并关注机动车的运行状况以及路况，作出合理的判断和决策。智能驾驶出现后，人类驾驶员警惕义务的内容发生了变化。智能驾驶汽车处于人类驾驶员与智能驾驶系统共同控制（shared control）或授权控制（authorized control）的状态下。[3]智能驾驶期间人类驾驶员可以从事与驾驶行为无关的活动，如阅读、上网、思考、玩游戏等，不必时刻对车辆运行状况和路况保持警惕。人类驾驶员需要对智能驾驶

　　〔1〕　参见张建文、贾章范："无人驾驶汽车致人损害的责任分析与规则应对"，载《重庆邮电大学学报（社会科学版）》2018 年第 4 期。

　　〔2〕　付新华："自动驾驶汽车事故：责任归属、法律适用与'双层保险框架'的构建"，载《华东政法大学学报》2018 年第 4 期。

　　〔3〕　参见翁岳暄、[德] 多尼米克·希伦布兰德："汽车智能化的道路：智能汽车、自动驾驶汽车安全监管研究"，载《科技与法律》2014 年第 4 期。

系统的预警信息保持警惕,即注意义务的对象从关注机动车行驶的状况逐渐转向关注智能汽车的运行状况。

(2)接管义务

接管义务(handover duty),又被称为"无迟延控制汽车的义务",是指智能驾驶系统发出接管控制权的请求或者人类驾驶员意识到需要接管控制权时,人类驾驶员需要及时掌握汽车的驾驶权,作出合理的判断和决策。人类驾驶员是否负有接管义务?在何种情形负有接管义务?

2016年5月7日,在美国佛罗里达州列维县(Levy County)的高速公路上,乔舒亚·布朗(Joshua Brown)采用自动驾驶模式驾驶一辆特斯拉 Model S 轿车全速行驶时,智能驾驶系统误将白色的卡车车身当作天空,未能识别出转弯的卡车,导致两车相撞、车毁人亡。车载系统数据表明,事故发生时该车处于自动驾驶状态,紧急制动装置未作出警示或自动刹车,驾驶员未采取避免碰撞的行为。同年6月美国国家公路安全管理局针对该车智能驾驶系统在碰撞时的设计和性能启动调查程序。智能驾驶系统是否处于启动状态成为争议的关键。"其中所体现的侵权法原则是:在事故责任不在于别的车辆的情况下,如果汽车处在自动驾驶状态,责任应当由汽车制造商承担;如果汽车处在人为操作状态,责任则在于司机。"[1]郑戈教授认为这一包含在"默会知识"中的法律原则在马车、骡车时代已经存在。

在智能驾驶过程中,不参与驾驶活动的人类驾驶员处于等候状态,不负有对道路交通状况和智能汽车运行状况进行监控的义务;但是,需要时刻警醒以备接管,当智能系统发出接管讯息或请求以及智能系统无法正常工作时,人类驾驶员需要及时、合理地对智能汽车进行接管。2017年6月,德国颁布《道路交通安全法第八修正案》要求"在任何情况下驾驶员都可以手动取代或关闭自动驾驶系统并接管车辆;自动驾驶系统应可以识别出需要驾驶员亲自操控的情形,并在移交接管前向驾驶员作出足够的提示等"[2]。

接管义务具有以下法律特征:①接管义务产生的条件。人类驾驶员必须始终在方向盘后处于等待状态,在智能驾驶系统发出请求后或智能系统无法正常工作时对智能汽车进行控制。换言之,接管义务产生的条件有两个,一

---

〔1〕 郑戈:"算法的法律与法律的算法",载《中国法律评论》2018年第2期。

〔2〕 冯珏:"自动驾驶汽车致损的民事侵权责任",载《中国法学》2018年第6期。

是智能驾驶系统无法正常工作；二是智能驾驶系统发出请求。②接管义务产生的时点。接管涉及驾驶权在智能驾驶系统和人类驾驶员之间进行转移，人类驾驶员负有接管义务的时间点问题随之产生。《德国道路交通法》（2016 年修订）第 1a 条第 2 款中规定的"充足的预留时间"和第 1b 条中规定的"立即"等概念具有模糊性，需要进一步明确。需要根据理性人标准确定人类驾驶员接管驾驶控制权的合理时间，避免苛责人类驾驶员或为其逃避责任提供借口。③接管义务产生的法律后果。接管义务与责任移转之间存在密切的关系，接管前后驾驶模式的切换导致法律责任的转移。"如果自动驾驶模式正在运行过程中发生了事故，责任在于汽车制造商。但如果自动驾驶系统已经发出了请求人工控制的信号，责任便转移到了汽车上的驾驶人员身上。"[1]

英国《自动与电动汽车法案》区分自我驾驶（driving itself）与高级辅助驾驶系统（advanced driver assistance system），在此基础上对接管义务采取不同态度。采用高级辅助驾驶系统的智能驾驶中人类驾驶员负有接管义务，需要随时准备接管；采用自主驾驶方式的智能驾驶中驾驶权在部分路段甚至全程转移至智能驾驶系统，人类驾驶员不负有监管或干预驾驶行为的义务。二者之间存在一定的模糊地带。"虽然 L3 级别的自动驾驶汽车能够执行整个动态驾驶任务（Dynamic Driving Task，DDT）——包括监测驾驶环境，但是在车辆需要的情况下，则要求驾驶员进行干预。因此，在车辆需要的情况下要求驾驶员干预是否构成'控制'或'监控'，这一点是值得商榷的。"[2]

接管义务与智能驾驶技术分级密切相关。L0 和 L1 级驾驶中，智能驾驶系统仅起到辅助或优化人类驾驶员某项核心控制的功能，如转向、刹车等，并未替代人类驾驶员取得核心控制权，无所谓人类驾驶员进行接管。L2 级智能驾驶中，人类驾驶员与智能驾驶系统处于联合控制车辆的状态。人类驾驶员有条件地放弃部分车辆控制权，对车辆需处于监控状态。智能驾驶系统在无事先预警的情况下放弃车辆的控制权时，人类驾驶员负有随时接管义务。

L3 级智能驾驶中，人类驾驶员不必将目光紧盯在监控系统上。在特定环境下，智能驾驶系统控制车辆所有核心功能。只有在智能驾驶系统发出预警

---

〔1〕　郑戈："人工智能与法律的未来"，载《探索与争鸣》2017 年第 10 期。

〔2〕　曹建峰、张嫣红："《英国自动与电动汽车法案》评述：自动驾驶汽车保险和责任规则的革新"，载《信息安全与通信保密》2018 年第 10 期。

时人类驾驶员才负有接管义务。"世界范围内已经通过的关于自动驾驶的法律、国际公约、政策指南等，大多是针对 L3 级别自动驾驶的立法方案，并且分享着一条共同的原则：人类驾驶员需要在紧急情况下随时准备接管汽车。"〔1〕

《上海市智能网联汽车道路测试管理办法（试行）》区分有条件自动驾驶和高度自动驾驶来确定人类驾驶员的接管义务。有条件自动驾驶中智能驾驶系统向人类驾驶员发出响应请求后，人类驾驶员需要响应；而高度自动驾驶中即便智能驾驶系统向人类驾驶员发出响应请求，人类驾驶员也无需响应。"高度自动驾驶阶段的驾驶员可忽视系统提出的接管请求，意味着不再具有接管义务，那么实则与无接管请求功能的完全自动驾驶阶段交通事故侵权责任的承担原理并无区别。"〔2〕

（3）人类驾驶员法定义务和责任设计评析

人类驾驶员在驾驶行为中扮演的角色是区分产品责任与非产品责任并进而在人类驾驶员、车辆保有人与制造商、设计者等主体之间分配责任的关键。人类驾驶员参与驾驶活动的，相关主体依其过错承担法律责任；非因人类驾驶员驾驶行为导致的损失，通常依产品责任由制造商等相关主体承担责任。

这一责任分配方式给驾驶人员带来了不确定性。福尔克尔·吕德曼（Volker Lüdermann）教授认为，《德国道路交通法》并未完全处理好自动驾驶系统与人类驾驶员之间的关系。驾驶过程中，人类驾驶员需要时刻保持警醒的待命状态（stand by），在智能驾驶系统发出接管信号后"立即"接管，未能为人类驾驶员提供充分保障。〔3〕试想，如果一个人花比传统汽车贵得多的价钱购买了自动驾驶汽车，却必须时刻保持警觉，而且要在自动驾驶系统控制汽车操作一段时间后瞬间介入，应付紧急情况，这实际上对驾驶员提出了更高的要求。〔4〕此外，"佩尔茨曼效应"（Peltzman Effect）"认为车辆安全检

〔1〕 冯珏："自动驾驶汽车致损的民事侵权责任"，载《中国法学》2018 年第 6 期。

〔2〕 李西冷："人工智能与侵权责任之冲突及应对——以自动驾驶汽车为例"，载《私法》2018 年第 2 期。

〔3〕 参见张韬略、蒋瑶瑶："德国智能汽车立法及《道路交通法》修订之评介"，载《德国研究》2017 年第 3 期。

〔4〕 参见郑戈："人工智能与法律的未来"，载《探索与争鸣》2017 年第 10 期。

查计划为驾驶员提供了一种虚假的安全感，导致其在驾驶时不太审慎"[1]。换言之，与驾驶无关的行为会分散人类驾驶员的注意力。使用自动驾驶汽车的主要目的是节约驾驶时间，以便用来看书、睡觉、发短信、玩"光晕"（hole）游戏，或者做其他事情，一旦自动驾驶汽车普及开来，让人们因疏于监控自动驾驶汽车而承担责任似乎就有些荒谬了，因为人们根本就不会监督它们。[2]智能驾驶技术发展的目的是让智能驾驶系统部分或全部替代人类驾驶员，将人类驾驶员从繁重、烦闷的驾驶活动中解放出来。倘若需要人类驾驶员一直关注人机切换模式，随时处于待命的高度紧张状态，则与智能驾驶技术的应用目的有所背离。"这种注意义务在生理上难以实现，事实上让操作人无法主张自己没有过错。"[3]

2. 智能驾驶汽车保有人责任

（1）智能驾驶汽车保有人的无过错责任

"自动驾驶汽车就好比是所有人雇佣的司机。当自动驾驶汽车按照所有人的指示运行时，如果其违反道路交通规则，进而发生交通事故，那么，理当由所有人承担责任，就好比雇员的行为引起损害由雇主承担责任一样。"[4]与驾驶员基于过错归责不同，机动车保有人需要承担无过错责任。人工智能时代，人类驾驶员对智能驾驶系统故障造成的损害不需要承担赔偿责任。[5]但是，智能驾驶汽车保有人需要承担无过错的损害赔偿责任。这一结论的正当理由包括：

第一，"保有人责任的基础在于抽象风险，是每辆机动车无论如何均会给其他交通参与人带来的风险，与个案情况无关"[6]。换言之，智能驾驶汽车保有人承担责任的基础是技术风险带来的抽象风险，驾驶权即便由智能驾驶系统掌控，智能驾驶的运营费用的负担主体和利益享有主体仍然为智能汽车

〔1〕 付新华："自动驾驶汽车事故：责任归属、法律适用与'双层保险框架'的构建"，载《华东政法大学学报》2018 年第 4 期。

〔2〕 参见 ［美］约翰·弗兰克·韦弗："人工智能机器人的法律责任"，郑志峰译，载《财经法学》2019 年第 1 期。

〔3〕 殷秋实："智能汽车的侵权法问题与应对"，载《法律科学（西北政法大学学报）》2018 年第 5 期。

〔4〕 郑志峰："自动驾驶汽车的交通事故侵权责任"，载《法学》2018 年第 4 期。

〔5〕 参见《德国民法典》第 823 条、《德国道路交通法》（2016 年修订）第 18 条。

〔6〕 冯珏："自动驾驶汽车致损的民事侵权责任"，载《中国法学》2018 年第 6 期。

保有人而非制造者或生产者。

第二，身份转变为乘客的驾驶员遭受的损失能够得到更充分的救济。将机动车道路交通事故责任的主体从驾驶员扩及机动车保有人，可以适应自动驾驶汽车逐渐由自动系统承担驾驶任务这一变化。[1]人类驾驶员在智能驾驶系统掌控驾驶权的阶段，身份由驾驶员转变为乘客，遭受损害时可以依乘客的身份请求救济。

第三，交通事故受害人获得救济的便利性。"以机动车风险为基础的责任，使得受害人在求偿时，不必困扰于人机混合驾驶时驾驶员是否有过失，或者在人机混合行驶时完全自动驾驶汽车与全手动驾驶汽车或有条件的自动驾驶汽车之间的过错和事故原因判定等难题。"[2]

机动车保有人承担无过错责任并非没有边界。"机动车保有人承担的无过错责任是有数额限制的。超过这一限额，则必须回归到传统的过错责任上，也即驾驶人责任。"[3]《德国道路交通法》（2016年修订）第12条第1款提高了车主承担无过错赔偿责任的额度，强化了对受害人的保护。

（2）机动车保有人的安全检查义务

智能汽车保有人负有定期对智能汽车进行安全检查的义务，需要定期对智能汽车进行保养、维护或修理以及系统升级。对智能汽车进行安全检查的范围包括硬件设施和软件设施。倘若车主未履行安全检查义务，车主对事故责任需要承担民事法律责任；反之，则民事法律责任由车主转移至制造商。[4]

（二）产品责任

智能驾驶中智能驾驶系统取代人类驾驶员的角色掌握驾驶控制权。当出现智能驾驶汽车未能识别行人或障碍物，因而没能及时避让造成损害等情形，智能系统的生产者和设计者对驾驶行为造成的损害是否需要承担民事责任？倘若将交通事故的发生归咎于智能系统的生产者或设计者，需要对其施加何

〔1〕 参见冯珏："自动驾驶汽车致损的民事侵权责任"，载《中国法学》2018年第6期。

〔2〕 冯珏："自动驾驶汽车致损的民事侵权责任"，载《中国法学》2018年第6期。

〔3〕 冯洁语："人工智能技术与责任法的变迁——以自动驾驶技术为考察"，载《比较法研究》2018年第2期。

〔4〕 参见付新华："自动驾驶汽车事故：责任归属、法律适用与'双层保险框架'的构建"，载《华东政法大学学报》2018年第4期。

种注意义务？智能驾驶系统生产者在交通事故中的行为义务是否等同于其在产品责任中的行为义务？"如果作此等同，意味着生产者的产品责任与驾驶人责任的趋同。"[1]智能驾驶汽车致人损害的关注重心从驾驶领域转移至生产和流通领域，智能驾驶系统的设计者、制造者、销售者等被纳入责任主体的范围。

1. 制造商责任

人类驾驶员的身份从驾驶者向乘客转变，车辆控制权主体发生变化，民事责任也需要随之转移，即基于驾驶过错需要由人类驾驶员承担的过失侵权责任转移至生产者。智能驾驶系统的生产者对驾驶行为有相对独立的控制权。"考虑到未来自动驾驶汽车是政府承认的合法交通工具，使用人不应为自己在汽车运行中打电话、发短信等行为承担过失侵权责任。故此，理应由汽车制造商承担责任。"[2]"'技术+制造商+出行服务'的三维模式使得汽车产品的生产者转变为集技术研发、生产制造和出行服务于一体的新型主体，他们在获得最大化市场价值的同时亦具备足够的风险防控能力和损害填补能力。"[3]法律规制的重心随之发生转移，即规制对象从驾驶者转向智能系统制造者。有学者认为："就对第三方的侵权责任而言，汽车生产商应当是唯一的责任承担者。当然，如果事故最终判定是由存在缺陷的人工智能设备造成的，汽车生产商可以从设备生产商那里获得赔偿。"[4]

（1）基于合理期待原则的民事法律责任

2016年1月，一辆白色特斯拉轿车在京港澳高速河北邯郸路段径直撞向一辆正在作业的道路清扫车，年仅23岁的特斯拉轿车司机高某宁不幸身亡。行车记录仪以及交警现场勘查的结果表明，事故发生当日天气状况良好，高某宁情绪正常；事故发生前特斯拉轿车并未紧急制动或避让。交警认定，该追尾事故中高某宁需要承担主要责任。事故发生后，高某宁的父亲高某斌在查看行车记录仪后产生了困惑：在事故发生前的20多秒就能够看到道路清扫

---

〔1〕 冯洁语："人工智能技术与责任法的变迁——以自动驾驶技术为考察"，载《比较法研究》2018年第2期。

〔2〕 郑志峰："自动驾驶汽车的交通事故侵权责任"，载《法学》2018年第4期。

〔3〕 张建文、贾章范："《侵权责任法》视野下无人驾驶汽车的法律挑战与规则完善"，载《南京邮电大学学报（社会科学版）》2018年第4期。

〔4〕 ［英］霍斯特·艾丹米勒："机器人的崛起与人类的法律"，李飞、敦小匣译，载《法治现代化研究》2017年第4期。

车尾部的指示灯，为什么有丰富驾驶经验的高某宁并未采取任何应对措施，即减速、避让或紧急制动？高某斌根据特斯拉轿车运行的"定速状态"，推测高某宁在驾驶过程中开启了智能驾驶功能，转移了其对路面状况的关注，而智能驾驶系统并未识别出道路清扫车，导致追尾事故发生。2016年7月，高某斌向北京市朝阳区人民法院提起诉讼，向特斯拉销售商索赔1万元。高某斌的代理律师认为，特斯拉销售商在营销时存在不实宣传的误导行为，应当对追尾事故承担责任。[1]事故发生后，特斯拉公司将智能驾驶系统的中文翻译名称由"自动驾驶"改为"自动辅助驾驶"。该案例警醒智能汽车制造者不能掩盖或淡化智能驾驶系统的缺陷，将智能驾驶作为汽车销售的噱头。在智能驾驶系统尚不成熟的阶段，夸大智能驾驶系统的功能，错误诱导车主或用户安装或更新智能驾驶系统并信赖智能驾驶系统，不符合保护消费者合理预期的要求，因此发生损害的，需要由制造者承担相应责任。

（2）因改装而免除制造商的民事法律责任

车辆被改造为智能汽车或者智能汽车的功能被实质性改造，除非有证据证明改造前的车辆已经存在缺陷，改造后的智能汽车在行驶过程中造成人身或财产损害的，汽车的原始制造商无需对智能汽车产品缺陷承担法律责任。"例如谷歌用奔驰汽车进行测试，安全责任由谷歌承担。"[2]美国的密歇根州和佛罗里达州关于智能驾驶的相关法案中对汽车被改造后制造商和改造者的责任进行了明确规定，经第三方改造后的人工智能产品，原制造商不再对其承担制造缺陷责任，除非能够证明该制造缺陷在改造前已经存在。

（3）智能系统更新义务

人工智能作出的决策或行为建立在数据化知识体系基础上，知识更新要求人工智能系统及时更新。知识更新的义务原则上由制造商承担。"从法律角度而言，解决这些问题的方法是让供应商提醒消费者这些人工智能系统的局限性。在快速变化的领域，如果供应商不提供及时更新系统知识的方法，可能会被认为是法律上不合理的（legally unreasonable）。"[3]

〔1〕 参见"央视曝光国内首起特斯拉自动驾驶致死事故"，载 http://business. sohu. com/20160914/ n468429035. shtml？ t＝1473844844249，最后访问日期：2018年8月16日。

〔2〕 腾讯研究院等：《人工智能》，中国人民大学出版社2017年版，第227~228页。

〔3〕 ［英］约翰·金斯顿："人工智能与法律责任"，魏翔译，载《地方立法研究》2019年第1期。

2. 智能驾驶系统程序设计者的责任

智能汽车是包括硬件设备即车身和软件设备——智能驾驶系统的混合体。车身由智能汽车制造商制造，而智能驾驶系统通常由智能驾驶研发企业提供。[1]设计者是否有必要成为产品责任的主体？杨立新教授认为：基于人工智能技术和自动驾驶软件设计的重要性以及设计者和生产者可能出现分离的情况，需要增加设计者为产品责任主体，以应对自动驾驶的软件设计出现缺陷时的责任规则所需。[2]持不同意见的学者认为，需要区分对外和对内关系确定智能驾驶系统程序设计者的责任。"虽然无法排除事故是由于无人驾驶系统程序错误造成的，但其驾驶系统已经内化为无人驾驶汽车的一部分，对外亦是以无人驾驶汽车致行人死亡的形式表现出来，无人驾驶系统的开发者对外无需承担连带责任。"[3]智能驾驶系统程序设计者的责任可以通过其与生产者或测试平台等主体之间的协议确定并进行内部划分。在程序设计者恶意植入不合理或危险算法等情况下，其需要承担一般侵权责任而非产品责任。

有学者认为，智能驾驶中对不可归责于人类驾驶员过错的损害应当由智能驾驶系统开发者、硬件设施生产者、基础设施提供者以及驾驶信息收集和处理者按照不真正连带责任的方式承担。[4]这就将责任主体的范围进行了进一步扩张，将影响驾驶行为的可能主体均纳入责任主体的范围。这一做法是否会导致参与主体的责任过重而影响行业发展不无疑问。持反对观点的学者认为，在智能驾驶汽车对道路交通状况作出误判导致损失的情况下，"把当前的过错责任规则应用到硬件或软件上都是不现实的，我们不会在计算机软件或自动汽车硬件上强加侵权责任，也不能给机器施加责任。"[5]

---

〔1〕　See Gary E. Marchant, Rachael A. Lindor, The coming Collision Between Autonomous Vehicles and the Liability System.

〔2〕　参见杨立新："用现行民法规则解决人工智能法律调整问题的尝试"，载《中州学刊》2018年第7期。

〔3〕　张建文、贾章范："《侵权责任法》视野下无人驾驶汽车的法律挑战与规则完善"，载《南京邮电大学学报（社会科学版）》2018年第4期。

〔4〕　参见张建文、贾章范："《侵权责任法》视野下无人驾驶汽车的法律挑战与规则完善"，载《南京邮电大学学报（社会科学版）》2018年第4期。

〔5〕　付新华："自动驾驶汽车事故：责任归属、法律适用与'双层保险框架'的构建"，载《华东政法大学学报》2018年第4期。

3. 智能驾驶汽车测试者的责任

智能驾驶汽车进行公路测试时尚未投入流通领域。但是，测试行为具有负外部性，其高度危险性使得致人损害成为可能，如何承担民事责任的问题由此产生。"在全球首例无人驾驶汽车致行人死亡案件中，责任主体可区分为无人驾驶汽车测试者优步公司和汽车生产者沃尔沃公司，两者应当就无人驾驶汽车造成的损害承担连带责任，这是基于风险开启者和受益者担责之基本法理。"[1]换言之，智能驾驶汽车测试者与制造者需要就致害行为承担不真正连带责任，在对外承担连带责任后，根据协议和过错进行内部追责。

4. 智能机器自身的责任

人类驾驶员、机动车持有人、机动车制造者或销售者等主体对机动车造成的损害承担责任以机动车的工具属性为前提。但是，随着智能机器决策和行为的自主性增强，智能汽车的工具属性假设被动摇，不再由人类支配和控制的智能机器造成的损害也不应继续归咎于人类。驾驶行为并无人类参与，使得归责丧失基础。"当四级以上的自动驾驶汽车发生事故、造成损害时，即使人类使用者处于驾驶位上，也无法诉诸过错责任，让人类使用者承担民事责任。"[2]

智能机器是否应当以及如何对其自主决策和行为的后果承担民事法律责任？倘若智能机器（人）拥有独立的法律地位或人格，则其能够作为独立的民事责任主体就其自主决策或行为承担责任。即便其不具有独立的法律地位或人格，也可以通过相应的制度设计以其相对独立的财产承担责任。当然，不具有独立人格的智能机器以独立财产承担责任是否可行存在疑问。"如果自动驾驶汽车致损，而需要赔偿的金额超出了其责任基金，该怎么办？套用关于法人的法律技术，基金的出资人在此种情况下是承担有限责任还是无限责任？更进一步，自动驾驶汽车会破产吗？资不抵债应该会破产，那么破产以后，自动驾驶汽车会被民法'放逐'吗？或者通过'人格减等'把自己变身为其债权人的'电子奴隶'？"[3]

---

〔1〕 张建文、贾章范："《侵权责任法》视野下无人驾驶汽车的法律挑战与规则完善"，载《南京邮电大学学报（社会科学版）》2018 年第 4 期。

〔2〕 司晓、曹建峰："论人工智能的民事责任：以自动驾驶汽车和智能机器人为切入点"，载《法律科学（西北政法大学学报）》2017 年第 5 期。

〔3〕 冯珏："自动驾驶汽车致损的民事侵权责任"，载《中国法学》2018 年第 6 期。

5. 消费者责任自担

消费者责任自担是指因人工智能产品而导致的损失由消费者自行承担。责任自担说认为，消费者实施购买行为时应当知悉人工智能产品作为一项新型产品可能存在风险，其坚持实施购买行为就需要对该行为的后果承担责任。"我认为将与人工智能相关的责任分配给所有者是一个合理的（plausible）公共政策选择——它简单、容易执行，并且初看起来具有某种程度的公平性。"[1]

"现代风险社会要求确立一种制度，在这种制度中，因侵权致害而受到的损失，将不会落在不幸的受害者个人身上。"[2]消费者责任自担说可能导致人工智能产品市场萎缩。消费者购买人工智能产品时的理性预期是投入市场的人工智能产品是安全的，而非存在致损风险。责任自担的模式将风险积聚于对人工智能技术的研发和应用风险缺乏控制权甚至几乎毫无认知的智能机器（人）所有者或使用者身上，会使生产者缺乏控制风险的动力，消费者只能通过降低购买需求来控制风险。这既违背公平原则，又不利于人工智能技术应用的未来发展。

（三）高度危险责任

"高度危险责任起源于德国 1838 年公布的《普鲁士铁路企业法》中明确规定的'容易致人损害的企业，虽企业主毫无过失，亦不得以无过失为免除赔偿的理由'。"[3]它在英美法中被称为异常危险责任，在德国法上被称为特别危险责任，是指因具有高度危险的行为或物造成损害而需要承担的侵权责任。它是协调风险的必要性与生产和生活的安全性的调试器。"危险责任的正当性，主要来自控制人开启了危险、控制人能够更好地控制危险、以及控制人从危险中获得了利益。"[4]

高度危险作业的类型随着社会的发展与转型发生变化并不断产生新类型。为适应高度危险作业类型不断扩张的现实，《民法典》采用一般条款与具体列

---

〔1〕 ［美］约翰·弗兰克·韦弗："人工智能机器人的法律责任"，郑志峰译，载《财经法学》2019 年第 1 期。文章的作者并不认为将责任分配给所有者是一项最好的（best）公共政策选择方案。

〔2〕 张俊岩："风险社会与侵权损害救济途径多元化"，载《法学家》2011 年第 2 期。

〔3〕 张建文、贾章范："无人驾驶汽车致人损害的责任分析与规则应对"，载《重庆邮电大学学报（社会科学版）》2018 年第 4 期。

〔4〕 殷秋实："智能汽车的侵权法问题与应对"，载《法律科学（西北政法大学学报）》2018 年第 5 期。

举相结合的方式，在保障明确性的同时保持适度开放性从而避免法律滞后于社会生活。"高度危险责任一般条款是现代侵权法发展的产物，文明和危险如孪生兄弟，高度危险是现代科技发展的必然产物。"〔1〕我国《民法典》第1236条对高度危险责任进行了一般规定。〔2〕该一般条款抽象概括了具体类型的高度危险责任的共性因素，起到兜底作用，具有较强的涵摄力和适用性。

在风险社会中高度危险责任一般条款的抽象概括性使其在新型风险规制中具有开放性和包容性。机器智能化导致的新型风险在理论上存在被解释为高度危险的可能。但是，能否将这一风险纳入《民法典》第1236条关于高度危险责任一般条款调整的范围取决于对该法条的理解。

（1）封闭类型体系解释下的适用可能性分析

"高度危险责任一般条款的适用范围……并非毫无限制，应仅仅适用于《侵权责任法》第9章规范的'高度危险活动'。"〔3〕根据这一理解，机器智能化引发的新型风险需要被纳入《民法典》"侵权责任编"第8章规范的高度危险作业或活动的类型中，才能适用高度危险责任一般条款进行调整。

（2）开放类型体系解释下的适用可能性分析

高度危险责任一般条款被理解为增强对新型社会风险导致损害的受害人进行救济的途径，不受《民法典》"侵权责任编"第8章所规定的具体类型的限制。即便机器智能化引发的新型风险不能被涵盖在《民法典》"侵权责任编"第8章规定的具体类型中，受害人也可以根据高度危险责任一般条款获得救济。

与封闭类型体系相比，开放类型体系关于高度危险责任一般条款的解释更符合《民法典》的立法意旨。设计高度危险责任一般条款的目的在于应对社会发展过程中出现的新型风险类型，进而缓和法律规范的稳定性与社会发展的变化性之间的矛盾。倘若采用封闭类型体系的理解方式，则高度危险责任一般条款从适用的角度而言缺乏实质意义。因为新型社会风险符合《民法典》"侵权责任编"第8章规定的具体类型的高度危险责任，直接适用具体类型的高度危险责任规定即可，没有必要适用一般条款；新型社会风险不符合

---

〔1〕 王利明："论高度危险责任一般条款的适用"，载《中国法学》2010年第6期。
〔2〕 《民法典》第1236条规定，从事高度危险作业造成他人损害的，应当承担侵权责任。
〔3〕 王利明："论高度危险责任一般条款的适用"，载《中国法学》2010年第6期。

《民法典》"侵权责任编"第8章规定的具体类型的高度危险责任,根据封闭类型体系的理解方式,亦应将其排除在调整范围之外。这就使得《民法典》"侵权责任编"第8章关于高度危险责任一般条款的规定无法发挥作为兜底条款填补法律漏洞的功能。

以学习算法和数据分析为基础的智能驾驶系统的决策或行为存在突破人类程序设计者算法设计的可能性,这一风险是人工智能时代出现的新型高度危险。将预防机器智能化导致损害的责任配置给智能驾驶汽车的生产者,能够促使其提高安全生产水平并给予受害人较为充分的救济,《民法典》关于高度危险责任的条款在这一情形下适用体现了法律对技术风险的包容性和负责性。"隐藏在深度学习和自动化决策背后的不可预测性风险则可以通过高度危险责任予以解决。"[1]

人工智能时代因机器智能化产生的高度危险责任需要采用限额赔偿的方式来承担。人工智能技术研发和应用的风险需要由技术受益的主体分摊,而不应由推动技术进步的生产者独自承担。智能驾驶汽车生产者对因学习算法产生的自主性的可预见和控制范围有限,其承担责任的范围也应当有所限制。这样才能在技术创新与损害填补之间寻求合理的平衡。

智能驾驶汽车生产者同时是产品质量责任和高度危险责任的承担主体。但是,二者的责任基础截然不同。产品质量责任是因产品缺陷而产生的责任,智能驾驶汽车生产者对此的控制力较强,承担的责任较重,即不仅需要承担连带责任还可能承担惩罚性赔偿责任。高度危险责任是因高度危险而产生的责任,智能驾驶汽车生产者对学习算法的控制力较弱,承担的责任较轻,即通常只需要承担限额赔偿责任。

---

〔1〕 张建文、贾章范:"无人驾驶汽车致人损害的责任分析与规则应对",载《重庆邮电大学学报(社会科学版)》2018年第4期。

第六章
智能投资顾问中新型民事责任规则

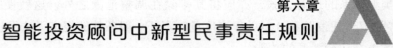

人工智能时代，因算法和数据分析的介入，合同主体之间的关系发生变化，合同责任规则需要随之发生变化。"现有法律框架的缺点在合同责任方面更是显而易见的，因为机器人现在能够选择合同当事人，磋商合同条款，缔结合同并决定是否以及如何执行所达成的合同，这些现象使得传统的合同规则无法适用。"[1]智能合约（smart contract）的性质、法律构造、法律责任等问题引发学界热议。

智能合约是以代码形式存在的，用于实现在线财产交换的自动化应用程序。它是区块链技术应用于网络交易活动的产物，具有显著的技术性特征。智能合约的本质是合意。这种合意与传统合意的区别主要体现在代码化和智能化两个方面：第一，代码化。传统的合意是通过书面形式或口头形式达成的，以文字记载或者语言表达为载体。而智能合约中的合意的载体是编程代码。代码是智能合约主体内心意思的外在表现形式。内心意思的载体由自然语言转变为程序语言的代码转化过程中，是否会出现遗漏或偏差不无疑问。第二，智能化。智能合约的执行不依赖于合同当事人的履行行为。预先设定的程序会自动执行交易活动。程序中设定的条件成就，智能合约就会自动执行。这一因智能技术革命而出现的新兴事物在私法体系中如何定位？智能合约是合同吗？如何对智能合约进行法律规制？私法学者必须直面这一系列的基础理论问题，才能保障智能合约在法治的框架内生成和发展。

智能合约的基础理论博大精深，考虑到当下人工智能技术研发和应用的情况以及社会现实，本书选择智能投资顾问这一模式相对成熟且迫切需要解

---

〔1〕 腾讯研究院等：《人工智能》，中国人民大学出版社 2017 年版，第 230 页。

决方案的领域进行研究。

第一节　智能投资顾问的概念与特征

科技改变金融。[1]智能投资顾问是人工智能技术应用于金融服务业产生的新型智能金融代理模式，人工智能程序取代自然人为投资者分析、整理数据以及提供咨询等中介服务。[2]投资顾问的形式经历了从人工投资顾问到在线投资顾问再到智能投资顾问的转变。

科技公司开创了智能投资顾问业务的先河。Betterment 和 Wealthfront 首先推出基于金融模型和算法的资产管理组合建议。此后，其他科技公司和金融公司纷纷推出智能投资顾问业务，从事该业务的主体呈现多元化趋势。在我国，商业银行凭借稳定且庞大的客户群和金融数据，在精准定位客户方面占据优势，建立了银行类智能投资顾问平台，如兴业银行的兴业智投、招商银行的摩羯智投。券商凭借其在证券市场分析方面拥有的优势，建立了券商类智能投资顾问平台，如广发证券的贝塔牛、平安证券的智能财富顾问系统。基金公司推出智能投资顾问平台，如天弘基金的风向篮子。电商平台企业推出智能投资顾问平台，如蚂蚁聚宝和京东智投。此外，还有以互联网金融公司为依托的智能投资顾问，如同花顺的 iFinD 智能投资顾问；以互联网财富管理公司为依托的智能投资顾问，如宜信的投米 RA；独立的智能投资顾问，如理财魔方、弥财。

在智能技术的应用降低金融服务成本、传统金融产品和服务供给不足以及国家对智能投资顾问业务包容和鼓励的监管态度等因素共同作用下，智能投资顾问业务迅速崛起。但是，以金融机构及从业人员为重点规制对象的传统金融法律体系难以解决智能投资顾问模式下出现的新问题。"当法律和监管难于发力时，可能面临责任失灵的问题，即法律对于行为主体的义务和责任设置不合理，从而导致风险外部化。"[3]智能投资顾问成为当代社会金融科技

---

〔1〕　参见吴烨、叶林："'智能投顾'的本质及规制路径"，载《法学杂志》2018 年第 5 期。

〔2〕　2010 年 5 月，美国股市发生"闪电崩盘事件"（flash crash），人工智能排斥人类干预自动执行股票交易，在以纳秒（nanoseconds）为计算单位的交易活动中自动执行。

〔3〕　高丝敏："智能投资顾问模式中的主体识别和义务设定"，载《法学研究》2018 年第 5 期。

关注的重点。

一、智能投资顾问的概念

与智能投资顾问这一舶来概念相关或近似的概念有"自动化的投资工具"（automated investment tool）、"在线投资顾问"（online investment advisor）、"数字投资顾问"（digital investment advisor）、"数字化建议"（digital advice）、"零售交易与投资平台"（retail trading and investment platforms）以及"金融建议自动化"（automation in financial adivice）等。

从语义分析的角度看，"智能投资顾问"概念可以分解为"智能"和"投资顾问"（investment adviser）两个方面，它是智能技术在投资顾问领域的应用。而关于"投资顾问"的概念有广义与狭义之分。狭义的"投资顾问"限于投资咨询，广义的"投资顾问"包括投资咨询与资产管理。早期投资顾问是指单纯向客户提供咨询建议的个人或组织，采狭义投资顾问概念。美国《1940 年投资顾问法》对"adviser"进行扩张解释，将资产管理纳入其中，采广义投资顾问概念。一般而言，欧美国家在广义层面使用投资顾问的概念，而亚洲国家在狭义层面使用投资顾问概念。

智能投资顾问是投资顾问业务转型、升级的结果。投资顾问业务大致经历了提供普遍化投资建议到提供个性化投资建议再到提供智能化投资建议和资产管理服务三个阶段。具体而言：第一阶段是提供不考虑投资主体个性化特征的普遍性投资建议，它纯粹基于金融市场信息进行数据分析作出，不针对具体投资主体。第二阶段是结合投资主体的个性化特征与金融市场信息而作出的定制化投资建议。第三阶段是智能系统基于个性化投资建议自主进行资产配置或管理。

智能投资顾问（robot advisor）简称智能投顾，通常又被称为智能理财、机器人理财，是指一项自动化、数字化的投资建议算法或程序，它能够基于投资者的财务目标、投资期间、收入、其他资产和风险容忍度等信息，为投资者提供投资建议，或为投资者创建并运营投资组合。[1] 从经济学的角度看，智能投资顾问描述的是智能系统为客户定制个性化资产配置方案并根据市场

---

〔1〕 参见郑佳宁："论智能投顾运营者的民事责任——以信义义务为中心的展开"，载《法学杂志》2018 年第 10 期。

变化进行动态调整的系列活动，其基本流程是客户精准画像——自动配置资产——智能交易——动态智能调整。[1]在法学研究领域，它是一个经常被使用但极少被定义的概念。

（一）智能投资顾问业务范围限定在投资咨询范围内

在我国，荐股软件是智能投资顾问的雏形。自 2007 年开始，由科技公司研发和销售的荐股软件在投资市场大量出现。它是专业投资者或消费者的辅助性分析工具，为投资者提供的咨询意见是实时交易信息在预先设定的算法或模型中运算的结果。起初，荐股软件销售商或供应商对运算结果并不产生实质影响，不是证券法试图规制的投资咨询业务。邱某某与上海某软件技术股份有限公司确认合同无效纠纷案中人民法院将荐股合同定性为销售合同并作出了上述认定。[2]销售合同说将荐股软件视为一种商品，投资咨询意见由荐股软件提供，切断了投资者与投资机构以及自然人投资顾问之间的直接联系。

销售合同说能否真正揭示主体之间的法律关系？在技术面纱的遮掩下是否存在以销售荐股软件为名行投资咨询之实的情形？有学者认为，在销售合同说的理论框架下，对荐股软件提供者的身份识别会陷入形式化的困境，荐股软件提供者难以被识别为投资咨询顾问。这一顾名思义而非从合同关系本质出发进行身份识别的方式"纵容了实际从事投资咨询业务的机构借助技术力量间接提供投资建议，从而避免被认定为投资顾问，并免于承担相应的信义义务和合规义务"[3]。

根据《中华人民共和国证券法》（以下简称《证券法》）第 161 条[4]的

---

〔1〕美国金融监管局（FINRA）在监管指引中队智能投资顾问的流程进行了描述："客户画像——资产配置——投资组合选择——交易执行——投资组合再平衡——税筹——投资组合分析。"参见蔚赵春、徐建刚："智能投资顾问的理论框架与发展应对"，载《武汉金融》2018 年第 4 期。

〔2〕参见徐汇区人民法院［2013］徐民二［商］初字第 2158 号民事判决书，上海市第一中级人民法院［2015］沪一中民四［商］终字第 380 号民事判决书。转引自高丝敏："智能投资顾问模式中的主体识别和义务设定"，载《法学研究》2018 年第 5 期。

〔3〕高丝敏："智能投资顾问模式中的主体识别和义务设定"，载《法学研究》2018 年第 5 期。

〔4〕《证券法》第 161 条规定："证券投资咨询机构及其从业人员从事证券服务业务不得有下列行为：①代理委托人从事证券投资；②与委托人约定分享证券投资收益或者分担证券投资损失；③买卖本证券投资咨询机构提供服务的证券；④法律、行政法规禁止的其他行为。有前款所列行为之一，给投资者造成损失的，应当依法承担赔偿责任。"

规定，投资咨询机构及其从业人员禁止从事投资咨询服务以外的业务活动，这就排除了投资咨询机构及其从业人员从事资产管理义务的可能性。《证券投资顾问业务暂行规定》第 12 条〔1〕关于投资顾问告知义务的范围中明确要求"证券投资顾问不得代客户作出投资决策"。根据上述规定，智能投资顾问运营者只能从事荐股等业务，不能参与深度资产配置。

（二）智能投资顾问业务范围包括投资咨询和资产管理

信托关系说认为，在智能投资顾问中，投资人与智能投资顾问经营者之间形成资产信托法律关系。投资人作为委托人，委托智能投资顾问运营者全权管理投资人账户，资产管理的收益和风险由投资人承担。"投资者将资金交给智能投顾经营者并形成资金池（pooling），智能投顾经营者在信托文件范围内做出投资决策并负责管理资金池内的资金，投资者要承受智能投顾经营者管理资产形成的损益。"〔2〕全权委托账户模式下智能投资顾问服务流程为：①投资人注册账户并与智能投资顾问运营者签订服务协议；②智能投资顾问系统提供投资组合建议并发出交易指令；③执行交易指令；④投资组合再平衡；⑤出具投资业绩报告。信托关系说将智能投资顾问的业务范围从投资咨询扩展到资产管理。

1. 投资顾问与智能投资顾问指向的对象一致

美国《1940 年投资顾问法》（Investment Adivisers Act of 1940）改变了早期将投资顾问业务限于投资咨询的做法，采用广义的投资顾问概念。投资顾问法的调整对象不限于投资咨询，扩张至资产管理。2017 年 2 月，美国证券交易委员会（SEC）发布《智能投顾监管指南》（Guidance Update：Robo-Advisers），该指南明确"智能投顾是指通过基于网络算法的程序、利用创新技术为用户提供全权委托的账户管理服务的注册投资顾问"〔3〕。它是集客户分

---

〔1〕《证券投资顾问业务暂行规定》第 12 条规定："证券公司、证券投资咨询机构向客户提供证券投资顾问服务，应当告知客户下列基本信息：①公司名称、地址、联系方式、投诉电话、证券投资咨询业务资格等；②证券投资顾问的姓名及其登记编码；③证券投资顾问服务的内容和方式；④投资决策由客户作出，投资风险由客户承担；⑤证券投资顾问不得代客户作出投资决策。证券公司、证券投资咨询机构应当通过营业场所、中国证券业协会和公司网站，公示前款第①、②项信息，方便投资者查询、监督。"

〔2〕吴烨、叶林："'智能投顾'的本质及规制路径"，载《法学杂志》2018 年第 5 期。

〔3〕李文莉、杨玥捷："智能投顾的法律风险及监管建议"，载《法学》2017 年第 8 期。

析（customer prolifling）、资产配置（asset allocation）、交易执行（transaction excuting）等为一体的自动化投资工具（automated investment tools）。持有注册投资顾问（RIA）牌照的智能投资顾问平台需要接受美国证券交易委员会的监管。"美国 SEC 要求智能投顾提供'全权委托的账户管理服务'，体现了智能投顾下经纪商与投资顾问的深度融合……SEC 认为，未能成功识别本应视作投资顾问纳入美国《1940 年投资顾问法》监管范围内的经纪—交易商并予以监管，会带来很大的隐患。"[1]

2. 投资顾问与智能投资顾问指向的对象不一致

亚洲国家，如日本、韩国，使用狭义的投资顾问概念并进行立法规制。如日本《金融商品交易法》对投资咨询业务和资产管理业务进行了区分。投资顾问与资产管理的概念各自独立且平行。投资顾问固守最初含义，业务限于投资咨询，不包括资产管理。将投资顾问限定在投资咨询的原初含义，则使从事该类业务的门槛相对较低且监管较为宽松。"凡是符合一般经营者标准的机构，均可以提供投资建议服务；但只有符合较高标准并拥有资产管理牌照的经营者，才可以从事客户账户的全权委托业务。"[2]而在界定智能投资顾问概念时，上述国家却并没有将调整对象限定在投资咨询的范围内。无论是在日本还是在韩国，智能投资顾问都被认为是基于网络和算法而提供的自动化资产管理服务。[3]智能投资顾问与投资顾问两个概念在指向对象上出现差异。投资顾问指向的对象为投资咨询，而智能投资顾问指向的对象为资产管理。智能投资顾问属于资产管理而非投资咨询业务，受到相对严格的监管。

（三）我国智能投资顾问概念的选择与取舍

我国智能投资顾问市场实践借鉴了欧美集合投资咨询与资产管理的复合型业务模式，但是，在法律规范层面并未完成从狭义投资顾问概念到广义投资顾问概念的转变，造成法律与现实生活的隔离。

1. 以我国智能投资顾问业务的实践为基础的考察

智能投资顾问业务除了为投资者提供投资咨询和建议外，资产配置与管理服务也被纳入其中，是捆绑多种业务的"一站式投资理财服务"。有学者认

---

[1] 李文莉、杨玥捷："智能投顾的法律风险及监管建议"，载《法学》2017 年第 8 期。

[2] 吴烨、叶林："'智能投顾'的本质及规制路径"，载《法学杂志》2018 年第 5 期。

[3] 参见吴烨、叶林："'智能投顾'的本质及规制路径"，载《法学杂志》2018 年第 5 期。

为，我国智能投资顾问是投资咨询业务和资产管理业务的复合体，资产管理是智能投资顾问的本质功能，投资咨询是智能投资顾问业务的从属功能。以资产管理为中心定义智能投资顾问概念是基于我国本土实践的结果，符合我国国情。[1]

2. 以我国智能投资顾问相关法律规范为基础的考察

根据我国《证券投资顾问业务暂行规定》第 2 条的规定，证券投资顾问业务为投资主体提供投资建议等辅助性咨询服务，属于证券咨询业务基本形式之一。[2] 证券投资顾问概念是证券投资咨询概念的下位概念。2016 年 8 月，证监会明确将智能投资顾问作为证券投资咨询业务的一种类型，将其定性为投资顾问服务，开展智能投资顾问业务的相关人员和机构需要具备投资顾问的资质和牌照。2017 年中国人民银行、银监会、证监会、保监会和外汇局联合发布的《关于规范金融机构资产管理业务的指导意见（征求意见稿）》界定了资产管理业务的范围，明确资产管理业务是金融机构接受投资者的委托对其资产进行投资、管理的服务活动。

资产管理业务与投资咨询业务相区别。资产管理超过了投资咨询概念的涵摄范围，被排除在投资咨询之外。资产管理业务中受托人基于协议或投资计划有权对委托人的资产进行投资、管理；而投资咨询业务是为投资者提供投资建议。投资咨询与资产管理中投资决定权的行使主体不同，投资咨询中投资决定权属于客户，而资产管理中投资决定权通过委托方式转移至资产管理者。

法律条文中对"投资顾问"的解释难以涵盖现实生活中智能投资顾问的类型，法律规定与现实生活产生隔离。"我国多数学者忽视了智能投顾含义在国别上的差异，将其视为'投资顾问'或者'投资咨询'的新形态，立法也未能及时跟进，如此一来，在规范智能投顾的问题上，遂出现立法缺位、规范无据和监管错位的尴尬情况。"[3]

---

〔1〕 参见吴烨、叶林："'智能投顾'的本质及规制路径"，载《法学杂志》2018 年第 5 期。

〔2〕《证券投资顾问业务暂行规定》第 2 条规定："本规定所称证券投资顾问业务，是证券投资咨询业务的一种基本形式，指证券公司、证券投资咨询机构接受客户委托，按照约定，向客户提供涉及证券及证券相关产品的投资建议服务，辅助客户作出投资决策，并直接或者间接获取经济利益的经营活动。投资建议服务内容包括投资的品种选择、投资组合以及理财规划建议等。"

〔3〕 吴烨、叶林："'智能投顾'的本质及规制路径"，载《法学杂志》2018 年第 5 期。

3. 我国智能投资顾问概念的应然选择

人工智能时代投资顾问业务功能应实现多元化。"随着投顾主体的虚拟智能化，投资顾问已由最初单纯的投资咨询建议，转变为兼具资产管理与投资咨询双重性质的金融服务。"[1]智能投资顾问的重心不在于投资咨询而在于资产管理。为应对瞬息万变的投资市场，智能投资顾问系统需要在较短的时间内完成提供投资组合建议、发出交易指令、执行交易指令以及投资组合再平衡的过程。智能投资顾问系统为投资者进行实时资产配置的前提是全权管理投资者的资金账户。智能投资顾问业务的重心由投资咨询转向资产管理后，投资者全权委托智能投资顾问经营者管理账户属于常态化现象。监管机构倾向于将智能投资顾问作为类似资产管理的业务形态进行监管。有学者建议我国立法采用广义投资顾问的概念，将资产管理涵盖在投资顾问中，建立统一的金融牌照管理制度。

二、智能投资顾问的特征

（一）虚拟化

传统投资顾问业务具有对人的依赖性，人与人之间面对面的服务是典型方式。智能投资顾问通过智能设备自动完成投资咨询和资产管理，淡化了对物理网点的基础设施和人的依赖。投资顾问服务提供者从自然人转变为智能投资顾问系统是智能投资顾问最显著的特征。"反应性、机动性和代表性这三个根本特征使得智能投资顾问具有了类似人类代理人的特征。"[2]

（二）自主性

智能投资顾问系统通过对客户的风险偏好以及承受能力进行分析，提供投资顾问服务或撮合交易。建立在算法和模型基础上的智能投资顾问能够在没有人类直接操控的情况下自主执行并完成任务，在观察和分析的基础上根据环境变化或场景转换作出应对，为他人提供咨询或中介服务。人工智能的自主性与人类生活的便捷性呈正相关关系，而与人类的控制呈负相关关系。

（三）技术性与秘密性

智能投资顾问是计算机科学和互联网技术应用于金融领域的成果，具有

---

〔1〕　吴烨、叶林："'智能投顾'的本质及规制路径"，载《法学杂志》2018年第5期。
〔2〕　高丝敏："智能投资顾问模式中的主体识别和义务设定"，载《法学研究》2018年第5期。

高度技术性。以算法和模型为基础的数据分析，涉及计算机、金融、信息处理等交叉学科。法律关注的重点从"如何做"转向"做什么"。"由于智能投顾整个算法运作体系以一系列经济假设为依托，如果该假设是错误的，或至少不适用于特定个体，那么由此得出的运算结果将不利于投资者。即使该假设是正确的，也难以完全抵挡市场的系统性风险。"[1]

智能投资顾问的核心算法处于保密状态。算法的秘密性使得智能投资顾问服务领域出现鱼龙混杂、泥沙俱下的混乱场面。部分不具备智能投资顾问实力的公司通过过度包装，打着"智能理财""大数据""人工智能"的幌子从事智能投资顾问服务活动。

（四）排除或削弱非理性因素

自然人提供的投资顾问服务虽然具有一定的专业性，但是，难免受到外界环境或情绪等因素的干扰，从而提供非理性的投资顾问建议。智能投资顾问系统是建立在理性计算基础之上的，合理的算法设计能够在一定程度上矫正认知偏差，排除或削弱投资顾问服务中的非理性因素。

第二节　智能投资顾问业务中运营者的民事法律义务

金融产品的复杂性以及信息的高度不对称使得投资者与金融机构在谈判、磋商以及风险防范方面的悬殊加剧，发生由投资者向消费者的角色转变。[2]投资者与金融机构及从业人员在事实上的不平等使得意定主义的法律调整方式暴露出缺陷。这就需要通过设定法定义务和责任的方式，矫正事实上的不平等，对投资者予以倾斜保护。

一、以信义义务为中心

投资者信赖投资机构及从业人员的建议而为投资行为，这是投资者与投资机构之间信义关系产生的基础。"在传统的投资顾问模式下，为投资者提供顾问意见的专业人员与投资者之间因为专业关系而形成了信义关系，对投资

---

〔1〕 李文莉、杨玥捷："智能投顾的法律风险及监管建议"，载《法学》2017 年第 8 期。

〔2〕 参见陈洁："投资者到金融消费者的角色嬗变"，载《法学研究》2011 年第 5 期。

者承担信义义务。"〔1〕自然人投资顾问基于学识、经验、常识、逻辑推理、直觉、职业伦理等进行专业判断并为投资者提供咨询或中介服务。自然人投资顾问在进行专业判断和提供服务的过程中难免出现需要进行利益衡量和选择的情况，这就需要通过信义义务对其进行规制。美国证监会诉资本收益研究局（SEC v. Capital Gains Research Bureau）一案中〔2〕，美国最高法院以委托关系为基础，通过解释《1940 年投资顾问法》第 206 条，确立了投资顾问机构的信义义务。

"假使由人工智能来充任投资顾问，即所谓的智能投顾，那么智能投顾是否也同样负有信义义务呢？其中一个关键问题在于，人类在开发智能投顾时，可以也应该将信义义务的具体要求内化于其决策模型之中，因而能够响应法律的要求构建或训练这种决策模型的，显然只有人类本身。"〔3〕在智能投资顾问活动中，智能投资顾问系统对投资者账户中资产的配置与处分拥有一定程度的决定权，投资者基于对智能投资顾问的信赖从事投资行为。为保护投资者的信赖利益，需要智能投资顾问运营者负有信义义务，不得因利益冲突实施欺诈投资者的行为。

智能投资顾问运营者通过智能投资顾问系统进行相关业务活动，智能投资顾问系统中参数设定是否合理是判断其运营者是否履行了信义义务的重要标准。"美国金融业监管局的报告要求，在检验有无利益冲突时，要考虑算法中是否包含会引发利益冲突的参数，尤其在组合投资中，如果输出的结果偏向于某些金融产品，那么运营者有义务解释原因，并且需要将输出的结果与未选择的类似产品的优劣作对比。"〔4〕我国未来立法需要对智能投资顾问运营者施加强制性的参数说明义务，禁止智能投资顾问运营者在程序中设置损害投资者利益的参数。

---

〔1〕 高丝敏："智能投资顾问模式中的主体识别和义务设定"，载《法学研究》2018 年第 5 期。

〔2〕 See 375 U. S. 180, 194（1963）. 该案中，投资顾问在建仓后，推荐客户买入股票并长期持有。在股价上涨时投资顾问将自己仓位中的股票抛出获利。联邦最高法院将这一行为定性为《1940 年投资顾问法》第 206 条规定的欺诈。

〔3〕 冯珏："自动驾驶汽车致损的民事侵权责任"，载《中国法学》2018 年第 6 期。

〔4〕 高丝敏："智能投资顾问模式中的主体识别和义务设定"，载《法学研究》2018 年第 5 期。

二、义务群体系

智能投资顾问信义义务的理论基础是"客户最佳利益原则",即智能投资顾问需要以客户利益最大化为行为宗旨或目标。智能投资顾问系统根据客户的财务状况、心理承受能力、投资意愿和目标为客户提供合理的投资建议以及资产管理服务。一般认为,投资顾问业务中的信义义务可以分解为勤勉义务和忠实义务。[1] 勤勉义务要求智能投资顾问机构在为消费者提供服务时需保持如同处理自己事务一般勤勉、谨慎。勤勉义务又可细化为投资者适当性义务、胜任性义务和谨慎义务。忠实义务要求智能投资顾问机构在利益冲突的场景以消费者利益最大化为目标。

(一) 勤勉义务

1. 投资者适当性义务

投资者适当性义务,又称隔离义务,是指投资顾问机构或从业人员向金融投资者或消费者提供的产品或服务需要与金融消费者的财务状况、风险承受能力、投资经验等相匹配,将不符合风险承受能力要求的投资者隔离在相应金融产品之外。[2] 这一起源于美国的金融法治原则得到其他国家和国际组织的认同,成为金融法治体系建设中的重要内容。[3] 在智能投资顾问服务模式下,人工成本降低,投资顾问服务业务惠及大众。但是,让大众享受优质服务的普惠金融是一柄双刃剑。社会大众往往缺乏投资经验和能力,智能投资顾问运营者可能利用经济或技术等方面的优势侵害投资者利益,因此适当性义务的要求需要更为严格。而且金融消费者的财务状况、投资需求和风险承受能力处于动态变化之中,适应性义务也需要根据该变化进行动态调整。

精准客户画像是智能投资顾问提供投资建议或资产管理服务的前提。而精准客户画像往往是通过标准化调查问卷实现的。标准化调查问卷是智能投

---

〔1〕 证监会发布的《证券投资顾问业务暂行规定》第 4 条和第 5 条规定了投资顾问的谨慎义务和忠实义务。

〔2〕 参见王敏:"证券推荐的适合性义务——从职业道德到法律责任",载《环球法律评论》2010 年第 6 期。《证券投资顾问业务暂行规定》第 15 条规定:"证券投资顾问应当根据了解的客户情况,在评估客户风险承受能力和服务需求的基础上,向客户提供适当的投资建议服务。"

〔3〕 参见国际清算银行(BIS)关于《金融商品和服务零售领域的客户适当性》的规定。

资顾问平台获取信息的方式。调查问卷设计的科学性及合理性直接影响智能投资顾问对客户财产状况以及风险承担能力的评估，影响客户画像的精准性。智能系统通过问卷方式搜集的信息尚且不能达到自然人投资顾问搜集信息的真实性和完整性程度，对智能投资顾问系统负有监督和检查义务的主体需要介入，直接与投资者接触，获取或补充信息，从而满足在信息搜集方面的需要。"我国未来立法有必要对问卷设计设定基本的要求，保证其具备收集必要信息的能力、回应冲突信息的能力以及持续更新信息的能力。"[1]当然，智能投资顾问业务运营以投资者或消费者提供的信息为基础判断其适当性，需要培养理性投资者或消费者的观点。预先设定的算法的质量取决于数据的真实性和覆盖面等因素，数据的不完全性也会影响算法。倘若投资者基于故意或过失提供了不真实或不准确的信息，误导智能投资顾问系统，使得智能投资顾问运营者未能准确判断投资者是否满足适当性要求，并基于误判给出投资建议或进行资产管理，相应的责任应由存在主观过错的投资者承担。

2. 胜任性义务

《证券法》第 160 条第 2 款对投资顾问机构的从业资格进行了规定。《关于规范金融机构资产管理业务指导意见》中规定："运用人工智能技术开展投资顾问业务应当取得投资顾问资质，非金融机构不得借助智能投资顾问超范围经营或变相开展资产管理业务。"根据上述规定，从事智能投资顾问业务的运营主体需要具备执业资格并进行注册登记，否则为非法经营。监管部门通过行政许可的方式设定智能投资顾问的准入门槛在一定程度上能够保证行业有序、健康发展。但是，设置过于严苛的准入门槛甚至通过禁止核发牌照的方式在遏制智能投资顾问行业野蛮生长的同时也阻滞了行业发展，给金融市场持续、健康发展留下隐患。对于智能投资顾问业务宜疏不宜堵，需要创新金融科技监管手段和方法，在保障金融安全的同时促进金融创新。

3. 谨慎义务

负有谨慎义务的智能投资顾问运营者需要按照同行业中类似智能投资顾问运营者的标准谨慎行事。"智能投资顾问业务中的受托人负有保证算法能够执行预期任务的谨慎义务，确保不会产生超出合理范围的偏差而导致投资者利

---

〔1〕　高丝敏："智能投资顾问模式中的主体识别和义务设定"，载《法学研究》2018 年第 5 期。

人工智能时代新型民事法律责任规则研究

益受损。"〔1〕自然人形态的投资顾问面对的投资者是确定的，投资顾问针对特定投资主体在特定的市场环境下提供投资策略或方案。智能投资顾问面向的投资者是未来可能出现的不特定的主体，投资的市场环境也处于变化中。因而，智能投资顾问运营者承担谨慎义务需要考虑的对象是未来不特定的投资主体，而非单个特定的投资主体。

（二）忠实义务

利益冲突是指不同类型的利益同时存在并互相排斥的情形。智能投资顾问中的利益冲突存在直接冲突和间接冲突两种类型。〔2〕直接冲突是指在智能投资顾问中，投资者与智能投资顾问经营者之间发生的利益冲突，主要表现为智能投资顾问经营者为了自身利益最大化在提供投资顾问服务时通过自我交易或双方代理等方式侵害投资者的利益。"间接利益冲突的主体是'投资公司的关联者、运营者和主要收购者'，法律禁止其'对该投资公司的证券或者其他资产的买卖行为和金钱借贷行为'。"〔3〕投资顾问的忠实义务要求其行为以投资者利益最大化而非运营主体利益最大化为出发点。"基于利益冲突的忠实义务虽然可以通过顾客的同意被豁免，但忠实义务中的善意义务却无法被豁免。"〔4〕

在自然人形态的投资顾问活动中，作为投资顾问的自然人身份具有多重性。一方面，作为投资顾问的自然人基于与金融机构的劳动合同关系是金融机构的工作人员；另一方面，作为投资顾问的自然人又是金融投资者信赖的主体。同一主体具有多重身份难免在面临价值选择和利益衡量时陷入冲突的困境。忠实义务为冲突性价值和利益选择设定了标准。当投资者利益与包括投资顾问个人或机构在内的其他人的利益发生冲突时，需要优先考虑投资者的利益。投资顾问需要为投资者推荐最大化投资者利益（best interest rule）而非有利于金融机构或自己的金融产品。

智能投资顾问机器（人）并没有独立的利益主张或需要，不会因个人利益或情感与投资者利益发生冲突。从这一意义上讲，智能投资顾问机器（人）

〔1〕 高丝敏："智能投资顾问模式中的主体识别和义务设定"，载《法学研究》2018 年第 5 期。
〔2〕 参见吴烨、叶林："'智能投顾'的本质及规制路径"，载《法学杂志》2018 年第 5 期。
〔3〕 吴烨、叶林："'智能投顾'的本质及规制路径"，载《法学杂志》2018 年第 5 期。
〔4〕 高丝敏："智能投资顾问模式中的主体识别和义务设定"，载《法学研究》2018 年第 5 期。

比人类投资顾问更为理性，更有利于实现投资者利益最大化。但是，这并不意味着智能投资顾问机器（人）的决策和行为是绝对理性、客观的。智能投资顾问运营者可以通过程序设计以代码的方式操控智能投资顾问的行为或决策。"智能投资顾问语境下信义义务规制的重点在于，通过忠实义务的设定避免算法中包含损害投资者利益的设置。"[1]

智能投资顾问的行为和决策是在算法黑箱中完成的。对于缺乏专业技术知识的投资者而言，其只能被动地接受生成的投资建议，难以判断生成过程及结果的合理性与正当性。智能投资顾问运营者是否通过算法谋取私利，投资者无从知晓，这就需要法定主义调整方式的介入。"需要注意的是，在证券法上，对投顾过程中的利益冲突主要是通过一种'基于披露'，而非'基于绩效'的标准来调整。"[2]智能投资顾问运营者信息披露需要满足真实、准确、完整、及时、易读等要求。算法代码披露是智能投资顾问运营者披露信息的主要方式，对投资者利益算法披露的范围限于算法逻辑和预期结果，而非源代码。[3]

第三节　智能投资顾问业务中运营者的民事法律责任

一、责任主体的识别

（一）智能投资顾问机器（人）不作为责任主体

1. 辅助工具说

智能投资顾问机器（人）提供的服务不过是人类预先设定的算法或程序的外在展示。智能投资顾问机器（人）在提供服务的过程中，缺乏独立的意志，其自主决策或行为并未超过程序设计员的预期。即便是不需要人工干预的智能投资顾问机器（人）也未脱离工具属性，"智能投顾的存在仅仅是为了实现其背后的投资顾问服务机构所设定的单一目的，即为投资者选择合适的投资方案并执行，故应当由智能投顾运营者为其设计和运营的智能投顾承担

---

〔1〕　高丝敏："智能投资顾问模式中的主体识别和义务设定"，载《法学研究》2018 年第 5 期。

〔2〕　郑佳宁："论智能投顾运营者的民事责任——以信义义务为中心的展开"，载《法学杂志》2018 年第 10 期。

〔3〕　参见高丝敏："智能投资顾问模式中的主体识别和义务设定"，载《法学研究》2018 年第 5 期。

责任。"〔1〕

2. 电子代理人说

美国《统一计算机信息交易法》第 102 条第 28 项对电子代理人的概念进行了界定。根据该条文，电子代理人是无需人的介入而能够独立就电子信息进行回应或行为的自动化工具。根据代理理论，电子代理人是交易主体的代理人，交易活动的后果由交易主体而非电子代理人承担。"在 Michael D. GREEN v. MORNINGSTAR，INC. 案中，原告是接受智能投顾服务的投资者，其认为被告所运营的智能投顾机器人在运行中具有建议投资者选择昂贵的投资项目倾向，即投资者遭受了被告公司的不公平对待。"〔2〕此时应由智能投资顾问运营者而非智能投资顾问机器（人）对第三人承担民事法律责任。

3. 揭开技术面纱说

事物的表象与本质之间不一致，这就需要采用穿透式的方式确定投资服务主体〔3〕并选择责任承担主体。采用穿透技术是为了透过表象发现本质，否则会出现民事责任虚设的情况，导致民事责任机制失灵，损害金融投资者对智能投资顾问市场的信心。智能投资顾问中直接提供投资咨询服务的是智能产品，它基于算法和数据形成判断。人工智能技术的专业性使得复杂的金融结构和法律关系扑朔迷离，在神秘的技术面纱下责任主体识别陷入困境。人工智能系统的介入切断了金融机构及人员与投资者之间的直接关系，为投资者提供咨询和中介业务的主体由原先的自然人转变为智能投资顾问系统，这就使得传统的以金融从业人员为主要对象的金融监管政策和法律失灵，出现法律体系和监管层面的漏洞。〔4〕人工智能技术成为规避严格金融监管的工具。在弱人工智能时代智能投资顾问系统仍然是一种工具性的存在，尚不符合戴维森所谓的"有意识的代理人"的要求。〔5〕智能投资顾问系统的技术性特征

---

〔1〕 郑佳宁："论智能投顾运营者的民事责任——以信义义务为中心的展开"，载《法学杂志》2018 年第 10 期。

〔2〕 郑佳宁："论智能投顾运营者的民事责任——以信义义务为中心的展开"，载《法学杂志》2018 年第 10 期。

〔3〕 参见叶林、吴烨："金融市场的'穿透式'监管论纲"，载《法学》2017 年第 12 期。

〔4〕 参见高丝敏："智能投资顾问模式中的主体识别和义务设定"，载《法学研究》2018 年第 5 期。

〔5〕 参见高丝敏："智能投资顾问模式中的主体识别和义务设定"，载《法学研究》2018 年第 5 期。"根据戴维森的定义，所谓的有意识的代理人所为的法律行为必须是基于他们的相信或者愿望，而非人类的指令。"

不能作为逃避或推卸责任的借口，不应成为人类犯错时的替罪羊。

（二）智能投资顾问运营者自主设计算法时的责任主体

智能投资顾问系统不具有独立主体资格，因其导致的损失需要依法定或约定的方式确定，由机构或自然人作为义务和责任的主体，否则会出现无人承担义务或责任的状况，导致义务或责任机制失灵。

在智能投资顾问运营者自主设计算法时，设计者和使用者合一，智能投资顾问运营者需要作为责任主体承担相应的民事法律责任。第一，风险控制规则。从风险控制的角度而言，智能投资顾问运营者作为设计者和使用者，参与了智能投资顾问活动的整个过程，是最佳的风险控制者。由智能投资顾问运营者作为智能投资顾问行为的民事责任承担主体，在救济受害人的同时可以达到风险控制的目的，具有合理性。第二，延展规则。智能投资顾问运营者与智能投资顾问系统的关系犹如人的身体与借助工具的延展部分。智能投资顾问运营者借助智能投资顾问系统为投资者提供投资咨询和资产管理服务，因延展部分造成的损害需要由智能投资顾问运营者承担。第三，使用者承担规则。电子代理人的责任采用使用者承担规则。美国统一电子交易法规定，如果一个人使用电子代理人作出真实的意思表示，那么电子代理人的行为归诸于使用者，即使该电子代理人的行为没有被使用者知晓或者预览过。[1]

基于算法缺陷导致的损害既可能源于主观因素也可能源于客观因素。主观算法缺陷，是指智能投资顾问运营者因故意或者过失产生的算法缺陷。客观算法缺陷，是指因技术水平限制而产生的算法缺陷。倘若该算法缺陷超出了当时环境下技术人员的认知水平，智能投资顾问运营者可以主张免责。

（三）智能投资顾问运营者使用第三方算法时的责任主体

1. 前置金融行为主体承担责任的规则：以技术中立为前提

智能投资顾问行为中的金融行为经由智能投资顾问系统的研发与设计被前置。金融从业人员以及程序设计者参与了智能投资顾问系统的设计。这些人员虽然没有直接向客户提供咨询意见或参与交易活动，但是他们为智能投资顾问系统提供的金融模型或程序设计对后续交易可能产生实质影响。"金融

---

〔1〕参见高丝敏："智能投资顾问模式中的主体识别和义务设定"，载《法学研究》2018年第5期。

人员的专业判断、职业伦理和利益衡量会直接影响到模板的设计。因此，立法者需要将参与前置程序设计的金融人员纳入受托人的范围之内"〔1〕。

前置金融行为中金融机构或人员与程序设计者扮演的角色不同。金融机构或人员提供设计目标，程序设计者通过技术方式将该设计目标转化为一定的算法或模型。在程序设计者的行为具有技术中立特征的前提下，程序设计者是将金融机构或人员的想法予以实现的辅助人，即"程序设计者类似于受托人的辅助人，除非故意或者过失造成投资者损害，否则并不承担赔偿责任"。〔2〕

2. 智能投资顾问运营主体承担责任的规则

（1）智能投资顾问业务中运营者与程序设计者的责任划分

智能投资顾问系统通常是由第三方科技公司研发的。在智能投资顾问系统的设计者与使用者分离的情况下，如何划分两者的责任？一般而言，智能投资顾问系统的设计行为作为使用行为的辅助，设计者没有完全独立于使用者的意图，智能投资顾问行为的法律后果归属于使用者。智能投资顾问系统设计者的行为具有从属性或附属性的特征，是使用者意图的延伸。在这一意义上，智能投资顾问系统类似于自动售货机，设置智能投资顾问系统的使用者承担相应的法律后果。需要区分提供交易和决策模型的金融从业者与程序设计者。前者应当认定为受托人，承担信义义务；后者仅是受托人的辅助人，应承担产品设计者的义务，不承担信义义务。〔3〕但是，在特殊的情形下，设计者的行为具有独立性，并非服务或辅助使用行为。第三方科技公司可以通过算法设计将特定主体提供的金融产品置于优先位置。这需要考察使用行为能否切断设计行为与使用结果之间的关联。因果关系被切断，使用者承担责任；因果关系未被切断，设计者或使用者根据因果关系各自承担相应的责任。

（2）连带责任或不真正连带责任规则

美国数据创新研究中心采用"有效控制+识别与纠正"双层标准判断智能投资顾问受托人是否需要承担责任。第一，智能投资顾问受托人是否对智能投资顾问行为进行了有效控制。第二，智能投资顾问受托人是否对智能投资

---

〔1〕 高丝敏："智能投资顾问模式中的主体识别和义务设定"，载《法学研究》2018 年第 5 期。
〔2〕 高丝敏："智能投资顾问模式中的主体识别和义务设定"，载《法学研究》2018 年第 5 期。
〔3〕 参见高丝敏："智能投资顾问模式中的主体识别和义务设定"，载《法学研究》2018 年第 5 期。

顾问行为的有害结果进行识别和纠正。如果二者均未做到，智能投资顾问受托人承担全部责任；如果只做到其中之一，承担部分责任。需要注意的是，这里的责任主要是智能投资顾问受托人对监管者负有的责任。[1]智能投资顾问业务中运营者因过失从第三方购买存在缺陷的算法并导致损失，倘若该算法缺陷是设计时可以采取措施予以避免的，运营者需要与第三方承担不真正连带责任，内部按照各自的过错承担责任。智能投资顾问业务中运营者故意从第三方购买存在缺陷的算法，运营者需要承担连带责任。

（3）介入规则

澳大利亚的《电子顾问监管指南》明确要求，智能投资顾问运营者需要配备具有金融和数字技术的专业人员，负责对智能投资顾问系统进行日常维护和调适。这些人员在法律地位上属于智能投资顾问运营者的辅助人。负责维护和调试的金融人员的行为指向过程还是结果？在以过程监督检查为主的模式下，金融人员需要保障算法和模型在运算过程中满足适当性义务、忠实义务、勤勉义务等要求；在以结果监督检查为辅的模式下，金融人员根据算法结果调试算法。金融人员通常不直接与投资者接触，其主要义务是维护和调试智能投资顾问系统，使其持续满足提供适当服务的要求。当智能投资顾问系统所提供的服务在程序或结果上存在瑕疵时需要自然人介入，包括直接为投资者提供金融服务。

（4）算法合谋的民事法律责任规则

智能投资顾问是以算法和数据为基础为投资者提供服务的，算法趋同会导致"一致行动人现象"产生。《上市公司收购管理办法》第83条[2]对"一致行动"进行了界定。倘若在智能投资顾问服务中，众多投资人选择了同一智能投资顾问系统，则算法和模型的趋同会使互无关联的投资人之间在行动上出现一致性，进而增加市场风险。"如果某智能投顾为其所有用户提供的投资于某只上市公司股票的投资建议合计达到5%时，就需进一步判断该智能投顾是否有谋求对该只股票甚至该家上市公司施加影响力的意图。"[3]算法合

---

[1]　See Joshua New, Danniel Castro, How Policymakers Can Forster Algorithmic Accountability.

[2]　《上市公司收购管理办法》第83条通过概括与列举相结合的方式对"一致行动"的概念进行界定。

[3]　李文莉、杨玥捷："智能投顾的法律风险及监管建议"，载《法学》2017年第8期。

谋在竞争法规制方面已经受到关注。但是，算法合谋致损的民事法律责任规则没有得到足够的关注，需要建构或完善。

（5）智能投资顾问运营者与经纪—交易商的责任承担规则

仅有权提供投资咨询服务业务的智能投资顾问经营者需要与经纪—交易商合作，共同为投资人提供资产管理服务。智能投资顾问经营者与经纪—交易商往往会通过协议的方式成为利益共同体。智能投资顾问经营者在为投资者提供投资建议时，可能优先考虑经纪—交易商发售的金融产品。"在收取交易佣金的收费模式下，投资顾问为了从经纪—交易商那里尽可能多地赚取交易费，可能会诱使投资者进行频繁交易而损害投资者利益。"[1]这就需要设置过度交易禁止规则。

二、归责原则

（一）过错责任原则说

机器自主学习使智能机器（人）能够在环境中自主生成算法或模型，智能机器（人）的行为结果可能与预先设定的目标之间出现差异。智能投资顾问系统导致的部分损失超出了设计者或运营者的预料，无法进行预防。苛责智能投资顾问系统的运营者承担责任，将增加运营者的负担进而阻碍技术进步与创新。过错责任规则限定了智能投资顾问系统运营者的经营风险，有利于智能投资顾问系统的应用和创新，也有利于鼓励金融科技创新。"在过错标准上，可以适用一般过失标准，而不要求故意，否则智能投资顾问的控制人就很容易逃避责任。过错责任很好地平衡了两个目标：保护创新和避免责任缺位。"[2]智能投资顾问的专业性加之算法的秘密性使得证明运营者主观过错非常困难。基于这一认识，主张过错责任原则说的学者大多认为在智能投资顾问活动中应当根据过错推定原则追究智能投资顾问运营者的民事法律责任。

算法尤其是学习算法是否存在缺陷是一个相当复杂的技术性问题，这使就算法缺陷举证变得复杂。智能投资顾问运营者与金融消费者在专业知识、人力和物力方面差异显著，认定智能投资顾问运营者是否需要承担民事责任时应采用举证责任倒置的方法。举证责任倒置的证明制度能够起到矫正正义

〔1〕李文莉、杨玥捷："智能投顾的法律风险及监管建议"，载《法学》2017年第8期。

〔2〕高丝敏："智能投资顾问模式中的主体识别和义务设定"，载《法学研究》2018年第5期。

的作用,为处于弱势地位的投资者提供倾斜保护。金融消费者就智能投资顾问业务中存在损害以及算法缺陷与损害结果之间可能存在因果关系等初步证据举证后,举证责在转移至运营者一方,运营者需要对其主观上没有过错、行为的正当性以及免责事由等进行举证。

(二) 无过错责任原则说

智能投资顾问运营者是算法设计和应用的源头,具有防控技术风险的能力,其对算法缺陷导致的损害需要承担无过错责任。对智能投资顾问业务中的运营者采用无过错责任原则有利于保护投资者利益。"当投资者财产遭受智能投顾相关营运者不法行为损害时,相关营运者对投资者均承担无过错责任"。[1]"对于违反信义义务的法律责任的成立,只需智能投顾运营者违反法定的信义义务即可,智能投顾运营者在主观层面上是否具有过错在所不问。"[2]

(三) 相关学说评析

算法的复杂性和不可解释性使得智能投资顾问运营者在主观上是否存在过错的问题难以通过举证的方式证明或证伪,与其争论不休,不如基于保护弱势群体利益的理念将可能的损失转嫁至处于相对优势地位的一方即智能投资顾问运营者。因而,智能投资顾问运营者民事法律责任的构成要件为"须存有智能投顾法律关系、须有违反信义义务之行为和投资者须因信义义务之违反而受有损害"[3]。主观过错被排除在智能投资顾问运营者违反信义义务的民事责任构成要件之外。为防止无过错原则对智能投资顾问运营者过于严苛,法律应当规定一定的例外情形。"如果投资者所受损害,是因其自身原因、市场行情变化所致,或者智能投顾运营者的行为符合投资目的的要求,那么投资者所受的损失与智能投顾运营者违反信义义务的行为之间则无法律上的因果关系。"[4]

---

〔1〕 李晴:"智能投顾的风险分析及法律规制路径",载《南方金融》2017年第4期。

〔2〕 郑佳宁:"论智能投顾运营者的民事责任——以信义义务为中心的展开",载《法学杂志》2018年第10期。

〔3〕 郑佳宁:"论智能投顾运营者的民事责任——以信义义务为中心的展开",载《法学杂志》2018年第10期。

〔4〕 郑佳宁:"论智能投顾运营者的民事责任——以信义义务为中心的展开",载《法学杂志》2018年第10期。

第七章
人工智能时代责任规则的嬗变

　　风险可以分为合法风险和非法风险，因智能技术创新而产生的风险通常属于合法风险。人工智能技术的研发与应用在推动社会进步和经济繁荣方面起到了重要作用，在此过程中发生的部分事故并非人为原因导致，不受到人的意志控制，参与人工智能技术研发和应用的主体并无道德上的可责难性。将损害转嫁给道德上并无可责难性的参与主体并不能对其产生威慑作用，也不会使参与主体更加注意提升技术安全水平。相反，让无道德可责难性的参与主体承担损害结果会限制技术创新。因而，人工智能时代民事法律责任规则设计的重心从责任承担转向损害分配。民事法律责任制度分散损失的功能强化，而惩戒功能弱化。自主智能机器（人）致害的法律责任中追责的意义减弱，而救济成为核心和关键。人工智能时代，责任规则发生嬗变，责任制度的部分功能转移至责任保险和赔偿基金等方面。

第一节　责任保险制度

　　"人工智能" + "保险"的方式具有多面性。一方面，人工智能的出现对传统保险行业造成冲击，改造或重塑了保险行业，如将人工智能技术应用于风险预测与防范、数据管理、费率厘定、核保理赔、监管领域。另一方面，保险作为一种分散风险和损失补偿的工具对人工智能时代新型的民商事法律责任制度产生影响。本书将保险作为分散人工智能机器或设备造成损失的工具，研究保险与法律责任制度的互动关系，通过保险分散风险的社会功能使权利救济和保障行业创新能力的需要同时得到满足。

　　人工智能时代智能机器（人）的决策和行为具有技术性、隐秘性等特征。

证明缺陷、致害原因以及因果关系的困难使责任配置陷入困境。在鼓励人工智能技术研发与应用的同时要防范处于技术优势地位的一方当事人逃避责任，保障受害人获得充分救济，因此有必要发挥保险的风险转移功能。《欧盟机器人民事法律规则》议案对强制保险计划进行了设计，目的在于解决智能机器（人）致损的损失分担问题。在美国的部分州，投保责任保险是路测的基本条件。例如，内华达州 2011 年通过的《511 法案》（Assembly Bill NO. 511-Committee on Transportation）。日本的《公路测试无人驾驶车辆规则》规定，无人驾驶车辆测试人员对交通事故承担法律责任，但是该责任被纳入汽车保险的赔付范围。[1]英国的《自动与电动汽车法案》（Automated and Electric Vehecles Bill）第一部分针对智能驾驶汽车的保险与责任进行规定。其中，机动车强制责任保险条款被修改，智能驾驶汽车也可以投保。

在智能投资顾问领域，因技术创新导致的部分损害不能苛责智能投资顾问运营者承担，但是由金融消费者承担也不具有合理性。倘若金融消费者遭受的损失无法获得有效填补，其对智能投资顾问机构和人员的信任度会降低，群体性"用脚投票"可能影响智能投资顾问市场的稳定性。这就需要通过强制保险的方式，将智能技术创新与发展过程中的部分风险分散出去。

一、责任制度与保险制度的关系

侵权责任法存在的意义"主要在于填补损害，同时具有保护民事权益、教育和惩戒加害人以及分担损失平衡社会利益的功能"[2]。人工智能时代需要重新思考侵权责任制度的功能定位。侵权责任的预防和警示功能在人工智能时代出现弱化趋势，而作为一种管控方法的功能需求增强。"民事责任制度是民法对人工智能成果进行管控的主要方法。"[3]

"侵权行为法诞生于没有社会保障制度和保险制度的时代，而现在它却受到了这些损失分配制度崛起的威胁。"[4]责任制度因保险制度的出现和发展需要进行调整。人工智能时代权利救济的有效性与充分性还需要配套制度建设，

---

〔1〕　参见张玉洁："论无人驾驶汽车的行政法规制"，载《行政法学研究》2018 年第 1 期。
〔2〕　张新宝：《侵权责任法原理》，中国人民大学出版社 2005 年版，第 11 页。
〔3〕　杨立新："民事责任在人工智能发展风险管控中的作用"，载《法学杂志》2019 年第 2 期。
〔4〕　王卫国：《过错责任原则：第三次勃兴》，中国法制出版社 2000 年版，第 231 页。

如强制责任保险和共同赔偿基金等制度，它们将在人工智能时代民事法律责任分散中起到越来越重要的作用，有利于保障人工智能行业健康发展以及社会秩序稳定。责任保险的存在增强了人工智能产品生产者的赔付能力，生产商能够运用价格机制分摊成本，在责任保险的保障下主动承担企业社会责任，扩大损失赔偿的范围。

责任保险制度不会弱化或取代民事责任制度。责任保险的保险标的为责任，而这一责任恰恰需要通过民事责任制度来确定，责任保险为民事责任的分配和承担提供了新的思路和解决方案。换言之，民事责任制度具有行为指引和损害转移的功能，而责任保险制度关注损害填补和责任转移。民事责任制度是责任保险制度存在的前提，两者相辅相成，并不存在相互替代的关系。"尽管不少学者认为责任保险的存在对侵权法构成威胁，但实际上保险人支付的一切赔偿都是以侵权法确定致害人的责任为前提的，责任保险只不过是损害赔偿的一种承担方式而已。"[1]

二、责任保险的类型与模式

智能机器（人）责任保险是以智能机器（人）致害需要承担的民事法律责任为标的的保险。智能机器（人）致害，责任保险的保险人首先需要向受害人进行赔偿，然后基于代位求偿权向导致责任产生的第三人进行追偿。

（一）智能机器（人）事故责任保险

我国机动车交通事故责任保险涵盖了机动车保有人责任保险和使用者责任保险。《民法典》第1213条就机动车交通事故强制责任保险的适用进行了规定。《道路交通安全法》第76条确立了机动车交通事故强制责任保险优先赔付规则。根据《机动车交通事故责任强制保险条例》第2条第1款的规定，机动车所有人或管理人能够作为交通事故责任强制保险的投保主体。

人工智能时代智能机器（人）事故责任保险包括两种类型：第一，以保有人责任为标的的责任保险。智能机器（人）的保有人基于保有智能机器（人）需要对第三人遭受的损害承担责任。"但现有的法律认为无人驾驶汽车如同所有者的工具，所有者应该对自动汽车的非主观以及不可预见的行为承

---

〔1〕 张俊岩："风险社会与侵权损害救济途径多元化"，载《法学家》2011年第2期。

担责任。"〔1〕智能汽车保有人在交强险责任限额外需要承担的赔偿责任则需要通过商业保险进行分散。这就有必要为适应人工智能时代的需要而改造传统的机动车责任保险制度，要求智能驾驶汽车的车主强制购买交通事故责任强制保险，并鼓励其购买商业第三者责任险。第二，以使用人责任为标的的责任保险。"使用或监督人工智能的人需要承担责任。"〔2〕使用智能机器（人）的主体想要将该责任风险分散出去就需要投保相应的责任保险。

（二）智能机器（人）产品责任保险

人工智能时代，以保有人和使用人责任为基础构建的责任保险制度，难以涵盖智能机器（人）设计者和制造者的责任。以智能驾驶为例，驾驶权从人类转移至智能机器（人），在人类驾驶员不存在主观过错甚至身份转变为乘客的情况下，从智能驾驶行为的控制和利益的角度考虑，智能机器（人）造成的损失不应归咎于保有人或使用人，机动车交通事故责任的救济机制就会出现缺陷，分散智能汽车设计者或制造者责任的产品责任保险机制应运而生。因人工智能产品缺陷造成损失的受害人不需要向产品生产者索赔，可以直接向保险公司索赔。

（三）责任保险模式的更新

传统机动车第三者责任保险中的责任指向对象是对第三者的侵权责任，产品责任不在机动车责任保险范围内。交通事故责任与产品责任截然分离，分别属于不同类型的保险所承保的范围。人工智能时代产品责任保险与机动车第三者责任保险能否以及如何进行整合成为关注的重心。固守传统的学者认为，产品责任风险与第三者责任风险属于不同类型的风险，在风险预防和定价等方面存在差异，纳入同一保险产品中存在技术困难。此外，"为了避免自动驾驶技术的研发者承担过多的法律责任，可以建立'双轨制'的保险模式。"〔3〕一方面由智能驾驶汽车生产者为智能驾驶汽车设备投保；另一方面由智能驾驶汽车的保有人对其因未尽到审查、维修、养护、接管等义务而可能造成交通事故的风险进行投保。伴随智能技术的发展和应用升级，人类驾驶

---

〔1〕　许中缘："论智能机器人的工具性人格"，载《法学评论》2018 年第 5 期。

〔2〕　[美] 约翰·弗兰克·韦弗："人工智能机器人的法律责任"，郑志峰译，载《财经法学》2019 年第 1 期。

〔3〕　侯郭垒："自动驾驶汽车风险的立法规制研究"，载《法学论坛》2018 年第 5 期。

员的角色逐渐发生转变，不同类型的保险出现统一化趋势。冯珏博士认为："可以考虑在时机成熟时，将自动驾驶领域的产品责任和机动车保有人责任合并升级为辅之以保险的制造商的无过错责任，而不再考虑产品缺陷的认定问题。"[1]英国的《自动与电动汽车法案》采用了"单一承保模型"（a single insurer model），智能汽车保险涵盖人类驾驶员和智能驾驶系统导致的损失，包括将驾驶控制权转移给智能驾驶系统的司机在内的受害人可以从保险公司获得赔付，依产品责任法或侵权责任法等法律法规负有直接责任的主体可以基于保险机制转移损失。

总而言之，责任保险模式与智能技术研发与应用的程度密切相关。"单一承保模型"适用于生产者与行为控制者同一或重叠的情形，"双轨制承保模型"适用于生产者与行为控制者相区分的情形。也就是说，在智能机器（人）生产与智能服务分离的情形，"双轨制承保模型"具有优势；相反，在智能机器（人）生产与智能服务合一的情形，"单一承保模型"具有优势。由于智能产品生产与提供智能服务相融合的趋势明显，"单一承保模型"的社会需求增强。

三、限额赔偿

对智能机器（人）的设计者、生产者或使用者在设计、制造和使用智能产品的过程中是否存在主观过错以及行为与结果之间的因果关系等问题的判断因智能技术的专业性、复杂性变得异常困难，遭受损失的主体往往会陷入因难于举证而无法获得救济的尴尬境地。减轻遭受损失的主体的义务和责任体现了法律对弱势群体利益的关照，具有正当性。保险制度的出现使智能机器（人）应用领域的归责原则发生从过错责任原则向无过错责任原则的转变，强化了对受害人的救济。但是，救济受害人不能成为智能产业创新的障碍，需要通过配套制度予以平衡和协调。

在智能驾驶领域，部分国家或地区已经开始采用限额赔偿制度。在英国，就涉及自动驾驶汽车的任何事故所造成的财产损失而言，保险人或车主所承担的法律责任的数额限于《1988 年道路交通法》第 145 条第 4 款（b）项所规

---

〔1〕 冯珏："自动驾驶汽车致损的民事侵权责任"，载《中国法学》2018 年第 6 期。

定的数额。[1]保险公司承担赔付责任的数额限定在 100 万英镑内。《德国道路交通法》将智能驾驶汽车造成人身伤亡和财产损失的赔偿上限分别提高到了 1000 万欧元和 200 万欧元。我国需要在数据统计和分析的基础上，确定适当的赔偿限额，在受害人权利救济与智能产业创新和持续健康发展之间寻求平衡。

受害人使用智能产品时故意或过失违反安全注意义务，保险人的限额赔付责任全部或部分免除。第一，共同过失（contributory negligence）。被保险人或第三人因主观过错而在不适当的情况下使用智能产品或智能功能导致损失。第二，篡改智能软件。被保险人或第三人擅自对智能软件进行更改，进而导致事故发生。第三，未更新智能软件。被保险人或第三人未按照保险条款的约定更新与安全密切相关的智能软件，进而导致事故发生。

第二节 双层保险制度设计

"价格—安德森法案"由美国国会于 1957 年通过，旨在储备充分的责任基金以补偿核能事故中的受害者，该法案设计了"双层保险框架"（two tiers insurance structure）。该"双层保险框架"兼顾受害人和核能运营公司的利益。一方面，"双层保险框架"简化了受害人的权利救济程序。受害人无需就加害人是否存在过错以及加害行为与损害结果之间是否存在因果关系举证。受害人证明自身存在损害即可获得相应的救济，有利于及时、充分、有效地保护受害人的合法权益。另一方面，"双层保险框架"限定了核能运营公司的责任范围，并为核能运营公司分散风险提供了可行的路径，有利于促进核能企业持续、健康发展。

人工智能风险与核能风险类似，都是科技进步产生的新型社会风险。一方面，人工智能与核能都有利于推动社会发展与进步，具有巨大的正向社会效用；另一方面，人工智能风险与核能风险均具有高度的不确定性，其可能造成的潜在损害影响范围广、后果严重。分散人工智能风险与核能风险的方式亦存在类似之处。凯尔·科洛纳提出自动驾驶汽车的事故责任和风险分担

---

〔1〕 参见曹建峰、张嫣红："《英国自动与电动汽车法案》评述：自动驾驶汽车保险和责任规则的革新"，载《信息安全与通信保密》2018 年第 10 期。

可以借鉴美国核能行业"价格—安德森法案"（Price Anderson Act）所创建的"双层保险框架"（two tiers insurance structure）。[1]

一、双层保险的框架

（一）"第一层"保险

"第一层"保险是直接责任主体为分散风险而投保的保险。"由自动驾驶汽车制造商承担并缴纳强制保险费用，明确其需缴纳的'第一层'保险费用和赔偿限额上限。"[2]车主和制造商为分散风险都可以作为投保主体。当智能产品制造与服务合一时，责任保险的投保主体由车主转变为制造商。

（二）"第二层"保险

"第二层"保险是社会救助方式的变形。有学者建议，在智能驾驶侵权责任承担中，需要"将'道路交通事故社会救助基金'转型为'自动驾驶汽车事故责任信托基金'，作为自动驾驶汽车事故的'第二层'责任保险资金池，对超出'第一层'保险限额的损害提供赔偿救济"[3]。"第二层"保险以智能机器（人）为联结点，根据受益人共担风险的原则，由智能机器的制造者、设计者、销售者、所有者、使用者等利益相关主体预先缴付用以设立保险资金池的特定资产，将智能产品设计者、制造者、智能投资顾问运营者等主体的部分盈利转化为共同赔偿基金，用于弥补被侵权主体或金融消费者等遭受的不可归责于其他主体的损失。

有学者认为："如果受害人在'双层保险框架'下获得赔偿后不满意，仍享有根据产品责任提起诉讼的权利。"[4]这一观点值得商榷，需要区分具体情境进行分析。在事故责任保险与产品责任保险分离的情境下，以事故责任保险为中心的"双层保险框架"分散的是保有人或使用人的民事法律责任。受

---

〔1〕 参见付新华："自动驾驶汽车事故：责任归属、法律适用与'双层保险框架'的构建"，载《华东政法大学学报》2018 年第 4 期。

〔2〕 付新华："自动驾驶汽车事故：责任归属、法律适用与'双层保险框架'的构建"，载《华东政法大学学报》2018 年第 4 期。

〔3〕 付新华："自动驾驶汽车事故：责任归属、法律适用与'双层保险框架'的构建"，载《华东政法大学学报》2018 年第 4 期。

〔4〕 付新华："自动驾驶汽车事故：责任归属、法律适用与'双层保险框架'的构建"，载《华东政法大学学报》2018 年第 4 期。

害人在"双层保险框架"下未获得充分救济，有权基于产品责任法律关系继续主张权利。但是，在事故责任保险与产品责任保险一体化的情境下，"双层保险框架"所分散的风险已经覆盖了事故责任和产品责任，受害人以"双层保险框架"下未获得充分救济再向产品制造者等主体主张权利缺乏正当性。

二、"第一层"保险与"第二层"保险的关系

"第一层"保险与"第二层"保险是人工智能时代分散社会风险的两种不同的方式。"第一层"保险分散的风险具有同质性特征，资金池中的资金来源于需要分散同类风险的主体。人工智能产品的制造商、所有者或使用者就人工智能产品的特定风险投保，因该风险产生的损失由同种类型的投保人分担。"第二层"保险分散的风险具有跨行业和整体性特征，资金池中的资金来源于参与人工智能产品研发和应用的各类主体。上述主体为了某一共同目的集合在一起，为填补不特定事项的损失提供财产基础。

"第一层"保险的保险标的是特定被保险人的责任，被保险人在具体的法律关系中负有法律责任是保险人支付保险金的前提条件。因发展抗辩等免责事由而无法获得救济的受害人无法通过"第一层"保险获得救济。这就需要以救济而非责任为中心的"第二层"保险进行补充。换言之，通过"第一层"保险分散风险或损失的功能是有限的，填补被侵权主体或金融消费者遭受的损失需要辅之以"第二层"保险。

第八章

人工智能时代新型民事法律责任规则设计

　　人工智能技术的进步改变了人类的认知，该技术的应用深刻影响了社会生活。传统的法律规则体系和思维方式在应对人工智能时代出现的新型社会现象和风险时捉襟见肘，需要构建符合新的时代特征的法律规则体系和思维方式。换言之，在前人工智能时代智能机器（人）并不存在于现实社会生活中，当时形成的法律框架和体系未将人工智能作为考虑的对象。因而，简单套用传统法律框架和体系来确定智能机器（人）的法律地位以及法律责任无异于削足适履。

第一节　规则设计的路径选择

　　人工智能时代，传统民事法律责任规则体系遭遇挑战，需要采取相应措施进行应对。以欧盟和德国为代表的国家或地区采用了完善民事法律规则的私法路径方案，而以美国为代表的国家采用了政府主导制定行业标准的公法路径方案。两种路径在前瞻性、体系化以及制度成本方面存在差异。

一、私法路径主导的激进模式：以修改或新设规则为中心

　　私法路径的激进模式注重法律的前瞻性和体系性。它强调人工智能对社会生活和法律制度的革命性影响，认为现有的民事法律责任体系难以解决人工智能带来的冲击，试图通过修改或新设民事法律责任规则的方式构建一套区别于传统民事法律责任规则的新型责任体系。其逻辑基点是人工智能技术革命引发的社会生活变化与既有民事法律责任规则体系之间的鸿沟难以通过体系内修整的方式弥合，人工智能时代的社会生活需要全新的民事法律责任

规则体系。

欧盟议会法律事务委员会（JURI）于 2016 年 5 月和 10 月分别发布了《就机器人民事法律规则向欧盟委员会提出立法建议的报告草案》和《欧盟机器人民事法律规则》。2017 年，欧盟议会将人工智能立法作为立法议程的核心，明确提出为智能机器（人）重构责任规则的立法建议。反对该路径的学者则认为："欧盟和德国直接修改民事规则和交通法规的做法，是在事实不清、需要解决的问题不明朗的情况下做出的仓促选择，既不利于鼓励创新，也不利于保障公民的权利。"[1]

二、公法路径主导的保守模式：以风险规制为中心

公法路径的保守模式并不否认人工智能技术变革对社会生活的影响，但是，它认为现有法律规则体系与人工智能技术的研发与应用之间尚不存在难以弥合的鸿沟，社会生活变化并未达到需要构建全新的民事法律责任规则体系的程度。

美国倾向于由政府部门负责确立人工智能相关行业的技术标准、安全标准和个人数据保护标准，以弥补传统民事法律责任规则的不足。"美国交通部 2017 年 9 月发布的自动驾驶汽车指南《自动驾驶系统：安全愿景 2.0》针对自动驾驶系统提出了 12 项安全标准。"[2]美国众议院通过的《自动驾驶法案》（Self Drive Act）并未改变道路交通规则和侵权法规则，而是划分了联邦与州规制自动驾驶汽车的责任，"明确了交通部在确立自动驾驶汽车硬件安全标准、网络安全标准、公众知情标准等方面的具体义务和履行时间表"[3]。具体而言，美国通过在联邦层面进行统一立法来规范自动驾驶行为，制定统一标准，目的是避免因各州规则不一致而增加技术研发和应用的成本，影响行业发展和创新。《自动驾驶法案》并不绝对排斥各州对自动驾驶进行登记、安全检查以及事故调查等，但是，联邦法律具有优先性，各州法律规定不得低于联邦法律规定的性能标准。

---

〔1〕 郑戈："人工智能与法律的未来"，载《探索与争鸣》2017 年第 10 期。

〔2〕 曹建峰："全球首例自动驾驶汽车撞人致死案法律分析及启示"，载《信息安全与通信保密》2018 年第 6 期。

〔3〕 郑戈："算法的法律与法律的算法"，载《中国法律评论》2018 年第 2 期。

公法路径模式侧重于风险防范而非纠纷解决。以风险防范为中心的人工智能法律规制的重心在于人工智能技术研发与应用的边界、技术标准、安全标准以及数据权利保护标准等，至于责任承担与分配并非其直接关注点。一方面，人工智能技术研发与应用带来的未知风险需要通过公法设定技术伦理边界；另一方面，公法路径通过行政机关或行业协会设定人工智能技术研发与应用的标准，约束人工智能设计者、使用者等主体的行为，避免人工智能技术的研发与应用造成损害。民事法律责任的配置是主体之间利益博弈的结果，为解决纠纷而设计民事法律责任规则并不具有紧迫性。

总之，公法路径是经由一定的权力体系实现的，主要包括审批权和监管权。审批权侧重源头预防和控制风险，监管权侧重过程预防和控制风险。人工智能技术的研发与应用涉及人类道德、隐私和个人信息保护、安全等，既需要在研发与应用前进行评估并取得开发审批权，也需要在过程中接受监督管理以保证其符合要求。

三、公法路径与私法路径的比较分析

公法路径与私法路径关注的侧重点有所差异，反映了规则设计者对人工智能技术研发与应用的差异性态度。公法路径侧重于设定或修正技术研发与应用的方向；而私法路径侧重于民事法律责任的设定与分配。以标准化设计为中心的公法路径偏重现实性；而以民事法律责任规则设计为中心的私法路径偏重前瞻性。公法路径与私法路径在理论上并不存在绝对矛盾或排斥的关系，而是一种立法政策上的选择。

表 8-1　私法路径与公法路径比较

	私法路径	公法路径
典型国家或组织	欧盟、德国	美国
特点	激进、前瞻	保守、稳定
关注重点	纠纷解决	风险防控
制度设计侧重点	民事法律责任规则体系	伦理标准、技术标准、安全标准、数据权利保护标准

在人工智能风险规制的过程中，公法路径和私法路径不是绝对对立或排斥的关系。审批和监管是不是人工智能系统开发和应用的必要程序？从人工智能系统可能诱发不可控的社会风险角度出发，对人工智能系统的开发与应用需要进行审批和监管。但是，从鼓励创新的角度出发，对人工智能系统的开发与应用进行审批和监管会增加开发者和应用者的成本。将公法路径与私法路径相结合的方式在控制风险与鼓励创新之间找到了平衡点。公法路径不可过度，审批和监管并非人工智能技术应用的前提条件。人工智能系统的开发者和生产者可以选择在未经审批的情况下进行人工智能系统的开发和生产，也可以选择经审批在监管之下进行人工智能系统的开发和生产。这就需要区分类型规定不同的审批和监管要求。对涉及生命、健康和安全的人工智能技术的研发与应用必须进行审批和监管；反之则不必强制要求审批或监管，而将是否申请审批或监管的权利赋予开发者或制造者。公法路径需要辅之以私法路径，即区分人工智能系统是否经过监管机构审批或监管确定归责原则。经监管机构批准的智能系统造成损害的，设计者、制造者、使用者承担过错责任；未经监管机构审批的智能系统造成损害的，设计者、制造者、使用者等相关主体连带承担严格责任。[1]

四、我国的路径选择

"网络法在中国的变迁大致遵循两类逻辑：外生性的政治/监管逻辑和内生性的商业逻辑。"[2]当目光游离于人工智能宏大叙事与具体应用之间时，政治逻辑主导下的管理性规则与商业逻辑主导下的生产性规则都是需要关注的重点。

法律与科技之间存在"相生相克"的微妙关系。一方面，在技术研发与应用相对稳定的时期，技术进步需要法律保障，法律在技术进步中不断丰富和完善；另一方面，在技术研发或应用变革的时期，法律掣肘技术进步或者技术进步游走于法律边缘甚至突破法律设置的藩篱。法律与科技之间的关系处于动态变化过程中，设计人工智能技术研发与应用的法律规范体系需要考虑科技发展的状况并进行动态调整。

---

〔1〕　参见〔美〕马修·U.谢勒："监管人工智能系统：风险、挑战、能力和策略"，曹建峰、李金磊译，载《信息安全与通信保密》2017年第3期。

〔2〕　胡凌："人工智能的法律想象"，载《文化纵横》2017年第2期。

我国掀起了人工智能技术研发与应用的高潮。技术变革日新月异，场景化技术应用的范围不断扩张，法律与社会生活之间的鸿沟随之产生。人工智能技术研发的边界、应用场景的范围、致害行为的预防与责任分配等问题在原有的法律体系框架内难以找到完满的答案，需要调整规则设计。在人工智能研发与应用的场景和前景尚不明朗的阶段，为行业发展设定安全底线和方向是法律规则设计最为紧迫和主要的目标，超前设计民事法律责任的归属与分配有制约行业发展之嫌。政府制定技术标准、安全标准等规范人工智能行业的行为，能够保证人工智能技术的研发与应用坚守伦理和安全的底线，有利于行业发展和规划布局。郑戈教授认为，我国应当在人工智能技术研发和应用的实践基础上，衡量公共利益、行业利益和个人利益，由政府部门制定行业发展的相关技术标准。[1]

人工智能技术的研发与应用涉及程序设计、数据采集、产品制造等环节，技术标准也围绕这些环节展开，包括设计标准、数据采集标准、安全标准、制造标准等。具体而言：第一，设计标准。算法是人工智能程序设计中的重要环节，算法标准在设计标准中举足轻重。在人工智能技术的研发与应用过程中，需要确定算法标准，防范因算法缺陷或漏洞出现危及安全的技术问题。此外，人工智能技术的研发与应用在设计上需要符合共识性基本伦理道德的要求。第二，数据采集标准。数据采集和分析涉及隐私权和个人信息权，为防止隐私和个人信息泄露或被滥用，需要为相关技术设置法律规则，使得人工智能技术的研发和应用符合隐私保护和个人信息保护的要求，保障隐私和个人信息安全。第三，安全标准。建立人工智能产品标准化体系，保障消费者人身及财产安全。"美国《联邦自动驾驶汽车政策》在'安全评估'章节中具体提出了自动驾驶汽车设计、测试与应用所涉及的十五项安全标准"[2]，《自动驾驶法案》《自动驾驶系统2.0：安全愿景》《准备迎接未来交通：自动驾驶汽车3.0》《邮政行业标准：智能快件箱》等规范性文件对人工智能产品的安全标准都进行了规定。第四，制造标准。人工智能是无形的，但是人工智能机器或设备是有形的，制造人工智能产品的有形载体需要符合一定的制造标准。

---

〔1〕 参见郑戈："人工智能与法律的未来"，载《探索与争鸣》2017年第10期。
〔2〕 张童："人工智能产品致人损害民事责任研究"，载《社会科学》2018年第4期。

通过公法路径制定人工智能技术研发与应用的行业标准确有必要，但是，这并不妨碍我国从私法路径反思和重构民事法律责任规则体系。人工智能的普遍应用将诱发法律体系的颠覆性变革。[1]而这一变革首先或直接体现在民事法律责任规则体系方面。人工智能的研发和应用中产生的新型民事法律责任应当由谁承担以及如何承担等问题出现。人工智能时代智能机器（人）的行为可能出现脱离设计者控制、自主独立运行的特征，既有的合同责任规则与非合同责任规则暴露出缺陷和不足。从合同责任方面而言，人工智能时代因智能机器（人）的参与导致合同当事人的选择、合同条款的磋商以及合同执行出现变化，合同责任规则的适用环境发生变化要求对相应的规则进行调整。从非合同责任方面而言，以行为人为中心的侵权责任和以生产者为中心的产品责任在分散人工智能时代智能机器（人）造成的财产损失和人身损失方面存在局限性，人工智能时代需要建立新型民事法律责任规则体系，保障人工智能科技创新与产业发展。

第二节　规则设计的逻辑基点

一、规则设计的前瞻性与保守性

完善或构建人工智能时代新型民事法律责任规则体系应当持未雨绸缪的态度提前考虑，还是待人工智能技术成熟与普及之后再弥合既有规则与技术和社会生活之间的差距？这涉及对法律与社会生活的关系、法律的稳定性与滞后性、法律的创新性限度等理论问题的思考，直接关系到人工智能时代民事法律责任规则研究与设计的基本定位。

法律的稳定性与技术的创新性之间的矛盾永恒存在，这就使法律与技术不同步成为常态现象，法律滞后于技术发展在所难免。过度超越现实甚至以纯粹想象为基础设计法律规则，即便完美也缺乏适用的空间；而缺乏对技术发展趋势进行关注的法律规则设计难以应对社会生活的变化。在现实性与前瞻性之间进行平衡在人工智能时代法律规则设计中显得尤为重要。《格里申法

---

〔1〕 See Mattew U. Scherer, "Regulating Intelligence Systems: Risks, Challenges, Competence, and Strategies", *Harvard Journal Law & Technology*, Vol. 29, 2016, Spring, p. 363.

案》在智能机器（人）民事法律规则设计方面进行了有益探索，将智能机器（人）法律制度设计从理念推进到法律技术和文本的层面。

人工智能时代技术发展日新月异，这就要求法律保持一定的开放性，以应对技术创新产生的新问题。弹性立法是人工智能时代为缓和法律的僵化性与适应社会生活的多变性而采用的立法技术，是在一定程度上牺牲法律的确定性，从而保证立法的前瞻性。

二、规则化的可行性及其限度

法律理念、法律价值和法律规则的形成是因应社会生活需要的结果。社会生活发生变化，法律理念、法律价值和法律规则随之变化。但是，这并不意味着只要社会转型或新生事物出现，就会导致法律体系变革。法律理念、法律价值和法律规则的形成不是一蹴而就的，需要经过一段时间的沉淀；相应地，其发展和演变也需要具有延续性。演进式法律发展模式有利于维护社会秩序，保持稳定；而革新式法律发展模式往往会对传统的法律秩序构成冲击，学者或立法者通常对断层式法律发展持谨慎的怀疑态度。[1]

法律应对社会生活的变化的方式有经验主义路径和建构主义路径之分。经验主义路径强调法律规则体系的稳定性和延续性，主张维持既有法律规则体系的现状，通过扩张解释的方式拓展法律规则的适用范围；建构主义路径强调法律规则体系的创新型，主张突破既有法律规则体系，通过立法或司法解释的方式重构法律规则体系。新生事物（如人工生殖技术、人工智能技术）出现时，是否需要重建法律理念、法律价值和法律规则体系取决于原有的法律体系能否满足科技发展产生的新需求。倘若通过扩张性解释能够将新生事物纳入法律体系中，则无须重构法律体系，以防止新旧法律理念、价值和规则之间出现冲突，导致失序。只有在新生事物无法通过涵摄或类比等方式被纳入既有法律体系时，才需要重构法律理念、法律价值和法律规则体系。

三、规则设计的阶段性分析

人工智能技术的研发和应用具有阶段性特征，不同阶段人工智能的自主

---

〔1〕 参见杨立新："用现行民法规则解决人工智能法律调整问题的尝试"，载《中州学刊》2018年第7期。

性、意向性和不确定性的程度及表现形式存在差异，重构民事法律责任规则体系的必要性以及民事法律责任的主体、类型和分配亦有所不同。"人工智能技术是由弱变强的，有明显的阶段性，法律不应跳过任一阶段。"[1]否认人工智能技术进步在不同阶段对民事法律责任制度造成冲击的差异，不区分人工智能民事法律责任规则设计的阶段性，会造成无争议的争议。目前，关于人工智能时代民事法律责任规则设计的必要性以及责任功能、责任性质、责任归属等问题的讨论大多因为未区分规则设计的阶段性而犹如盲人摸象，若欲将某一阶段的规则设计通过无限放大或以偷梁换柱的方式转移至另一阶段则会出现以偏概全或偷换概念的逻辑错误。

（一）编程设计阶段

在编程设计阶段，人工智能的研发者和使用者对人工智能产品具有完全的控制力。人工智能产品按照研发者或使用者设计或设定的程序运行，在决策或行为方面不具有自主性，缺乏进行独立判断的能力。人工智能产品与其他的物在本质上并无区别，只是人类认识或改造世界的工具。"这一阶段的人工智能只有简单的功能意义而没有任何独立机器学习的可能性，所以应将其导致的损害责任视为产品质量责任。"[2]

（二）机器学习阶段

"机器学习"和"深度学习"等方式推动了人工智能技术的发展与进步。拥有自主学习能力的人工智能产品虽然仍未摆脱研发者或使用者的控制，但是，其能够在一定范围内进行独立思考和判断。滥用人工智能的法律人格或地位，将其作为研发者或使用者的"替罪羊"的现象出现。"对人类自身种群命运的实质危害并不在莫须有的机器人'人格'本身，而是在机器人'人格'掩护下极少数创造算法、通过人工智能驱动社会运转的业内人对大多数人的算法独裁与技术绑架。"[3]

在这一阶段，人工智能产品的行为是研发者或使用者预先设定的程序和

---

〔1〕　袁洋："人工智能的民事法律主体地位及民事责任问题研究"，载《中州学刊》2019 年第 8 期。

〔2〕　袁洋："人工智能的民事法律主体地位及民事责任问题研究"，载《中州学刊》2019 年第 8 期。

〔3〕　袁洋："人工智能的民事法律主体地位及民事责任问题研究"，载《中州学刊》2019 年第 8 期。

机器学习共同作用的结果，需要考察研发者和使用者对人工智能产品的控制能力，分类设计民事法律责任规则，即区分行为原因是划分责任的前提。智能机器（人）的智能化特征，改变了人与机器之间的关系。主体与客体二元划分下的控制与被控制关系的理论预设的根基发生动摇，机器的"行为"被区分为自主行为和控制行为，需要在区分自主行为与控制行为的基础上确定民事法律责任的方案。《欧盟机器人民事法律规则》特意强调，当机器人的"有害行为"实际归因于人的身份时，经过训练得来的技能不应与自主学习获得的技能相混淆，并建立了责任承担与特定人的干预程度的正比关系规则。[1]

（三）机器自主意识阶段

人类对作为人类智能衍生物的人工智能负有管控义务，是其需要对人工智能造成损害承担责任的基础。在机器自主意识阶段，人工智能的行为摆脱了研发者或使用者的控制，是其自由意志的结果。研发者或使用者为人工智能致损承担责任的基础丧失，人工智能作为独立意思表示的主体需要对其行为产生的法律后果承担责任。

四、规则设计的考量因素

人工智能侵权责任规则设计关系到社会安全、科技创新、应用、行为自由和权利救济等问题，它直接影响人工智能产品设计者、制造者、使用者以及社会大众的利益。"责任承担的背后隐藏着上述主体的利益博弈，更体现着对技术进步与社会安全、创新者激励与受害人救济、行为自由与权益保护的综合考量。"[2]

（一）人工智能技术进步与产业发展和繁荣

为鼓励人工智能技术的研发与应用，需要对技术创新带来的负面效应予以适当容忍。在进行侵权责任规则设计时，将鼓励技术创新作为基本价值理念，就需要在责任分配方面向技术研发和应用的主体适当倾斜，避免因侵权赔偿数额巨大妨碍人工智能技术创新。

---

〔1〕 参见张建文、贾章范："《侵权责任法》视野下无人驾驶汽车的法律挑战与规则完善"，载《南京邮电大学学报（社会科学版）》2018年第4期。

〔2〕 张建文、贾章范："《侵权责任法》视野下无人驾驶汽车的法律挑战与规则完善"，载《南京邮电大学学报（社会科学版）》2018年第4期。

民事责任具有损害转移的功能，即受害人遭受的损失转由加害人承担。这种损害转移能够起到促使成本内部化的作用。人工智能研发和应用的主体为降低承担民事责任的风险，会尽到更多的注意义务，进而保障人工智能技术研发和应用的安全性。

（二）受害方获得救济的充分性

技术创新和进步不应成为阻止受害人获得救济的正当理由。"从价值立场来看，充分救济自动驾驶汽车致损事故的受害人应该成为法律机制调整或创新的主要出发点。"〔1〕无论选择什么样的法律方案来解决机器人的责任问题，在涉及财产损害之外的损害案件中，都不应该限制损害的种类或者程度，也不应该基于损害是由非人类行动者造成的这一理由限制受害人可能获得的赔偿。〔2〕

产业发展与受害者救济并不绝对矛盾。"如果不要求自动驾驶汽车的设计者或制造商承担符合公平正义观念的责任，消费者可能会怀疑设计者或制造商为了产业利益而将未臻成熟的自动驾驶汽车推向市场，从而使其购买或使用自动驾驶汽车的信心受到打击，导致消费者对自动驾驶汽车采取敬而远之的态度，这反而会影响产业的发展。"〔3〕消费者对人工智能产品市场信心的培育在一定程度上依赖于行业和产品形象，如沃尔沃、谷歌等企业基于企业社会责任自愿承担部分责任，通过市场的力量影响责任配置。

人工智能时代侵权责任制度设计不能过于严苛，否则会使其成为人工智能产业发展的短板。20 世纪 90 年代，美国为适应互联网时代的新形势对版权法和侵权法进行了重大制度变革，降低了互联网平台的法律风险，激发了硅谷企业和程序设计者的创造力，为互联网技术创新提供了有利的制度环境。目前，人工智能产品的应用处于探索和发展初期，需要培育人工智能行业的创新精神，不宜过度限制人工智能产品的设计者、制造者等主体的行为自由选择度，影响人工智能行业的整体发展。当然，培育创新精神也需要兼顾对受害人的权利保护和救济，不能让社会大众成为科技进步或创新的牺牲品。

---

〔1〕 冯珏："自动驾驶汽车致损的民事侵权责任"，载《中国法学》2018 年第 6 期。

〔2〕 参见司晓、曹建峰："论人工智能的民事责任：以自动驾驶汽车和智能机器人为切入点"，载《法律科学（西北政法大学学报）》2017 年第 5 期。

〔3〕 冯珏："自动驾驶汽车致损的民事侵权责任"，载《中国法学》2018 年第 6 期。

第三节　《民法典》之后新型民事法律责任规则设计的思考

在《民法典》起草过程中就人工智能时代的法律责任问题，如智能驾驶的侵权责任进行了探索，但是出于谨慎和周全的考虑，最终并未将研究成果体现在《民法典》中。[1]这一"留白"的立法技术为未来研究和设计人工智能民事法律责任规则预留了空间。《民法典》之后，法律如何应对如火如荼的人工智能技术浪潮、人工智能时代的民事法律责任如何规则化等问题亟需思考和探索。

一、将"对人终极关怀"作为规则设计的基本理念

智能革命使得人们对"智能""意识""主体性"等基础概念的认识发生根本性变化。这将在民事法律责任领域引发从概念体系、规则设计到价值理念的变革，为新型民事法律责任规则化创造了条件。但是，新型民事法律责任规则化受到人工智能技术发展、理性思维能力、法律技术等因素的限制。如人工智能的意向性和自主意识对人类中心主义理论预设下的法律责任主体制度造成了冲击，但是，在规则设计的层面，如何看待人类中心主义、能否通过新型法律规则重建解构人类中心主义后的法律秩序等问题值得思考。

（一）价值迷失

人工智能让人们看到了共产主义的曙光，产生了"人工智能共产主义"思想，即人工智能将人类从繁重的体力和脑力劳动中解放出来，创造极为丰富的社会财富，作为个体存在的人实现按需分配。"劳动不再是痛苦的而成为人们的第一需要，人们自愿劳动，并且在劳动之余从事反思性的'批判'。"[2]劳动成为人类自觉自愿的一部分。

"劳动创造了人本身"是劳动价值论的基本观点。劳动对于人而言，并非仅仅是一种谋生的手段，而且是生活中不可或缺的组成部分。劳动作为"生

---

〔1〕　参见董柳："周光权回应民法典立法：有些问题没解决但不等于没研究过"，载 https://3g. 163. com/news/article/FF9C8UIL0514R9OM. html？from＝history－back－list，最后访问日期：2020 年 6 月 16 日。

〔2〕　赵汀阳："人工智能'革命'的'近忧'和'远虑'——一种伦理学和存在论的分析"，载《哲学动态》2018 年第 4 期。

活内容"存在。"假如失去了劳动,生活就失去了大部分内容,甚至无可言说。"[1]当人工智能在体力劳动和脑力劳动方面全方位替代人类之后,需要重新思考人存在的价值。实践证明,无所事事往往比忙碌更容易让人产生焦虑、不安的情绪。此外,人的生活价值和意义是在人与人的关系中,而非人与物的关系中被定义的。"当人工智能成为万能技术系统而为人类提供全方位的服务,一切需求皆由技术来满足……人对于人将成为冗余物……人不再是人的生活意义的分享者,人对于人失去了意义,于是人对人也就失去了兴趣。"[2]

人工智能时代以人类中心主义为基础构建的价值体系遭到质疑和冲击。"动物权利论""机器人权利论"崛起,多元价值体系思潮甚嚣尘上,陷入价值虚无主义的困境。不可否认,极端的人类中心主义存在弊端。但是,进行冷静的理性思考后不难发现,所谓的动物权利、机器权利不过是人类综合考量短期利益和长期利益、个体利益与整体利益的结果,其根本还是为了人类利益。人工智能时代的种种不确定性使得我们必须重申并强调人文主义、人本主义的重要性。因为很难想象作为类存在的具有独立意识的人工智能会一直保持利他状态,服从和服务于人类。以人为终极价值理念的思想在人工智能时代需要强调而不是弱化。

(二)法律价值体系再思考

法律价值是对法律现实进行总结、凝练和抽象的结果,它蕴含着主体对法律的美好期待,具有目标指引的功能。法律价值具有鲜明的时代性特征。吴汉东教授将人工智能时代的法律价值分为一般法价值与特别法价值两个层面,其中人工智能法律的特别价值"主要是安全、创新和和谐"[3]。人工智能时代民事法律责任规则设计需要着重考虑安全、创新、和谐和自由等法律价值。

〔1〕 赵汀阳:"人工智能'革命'的'近忧'和'远虑'——一种伦理学和存在论的分析",载《哲学动态》2018年第4期。
〔2〕 赵汀阳:"人工智能'革命'的'近忧'和'远虑'——一种伦理学和存在论的分析",载《哲学动态》2018年第4期。
〔3〕 吴汉东:"人工智能时代的制度安排与法律规制",载《法律科学(西北政法大学学报)》2017年第5期。

1. 安全价值

"安全是人工智能时代的核心法价值。"[1]人工智能技术未来发展的不确定性影响社会秩序。人工智能超越人类智能的可能性、人工智能产生的危害后果的严重性以及人工智能技术本身内在的不确定性，这些因素足以构成法律以及其他法律规范防止风险的必要性。[2]人工智能时代安全价值的实现需要依赖集体理性构筑人类命运共同体。个体理性行为的总和并不简单等同于集体理性行为，有时候甚至是集体非理性行为。人类首先需要一种世界宪法以及运行世界宪法的世界政治体系，否则无法解决人类的集体理性问题。[3]

2. 创新价值

"创新是人工智能法律的价值灵魂。"[4]人工智能科学与技术进步是一个不断被证伪的过程，不能让法律制度成为限制科学和技术进步的牢笼。对人工智能技术的研发与应用进行监管是必要的，但是，监管应当适时、适度。"早期的技术研发需要宽松的土壤以满足科学家无尽的想象力，过早地介入无异于将技术扼杀在摇篮里。"[5]

人工智能法律规则设计需要在安全与创新价值之间寻求平衡。技术进步的步伐不可阻挡，人类无力拒绝技术变革营造的新世界。但是，技术变革应当限定在人类可以控制的限度内。狂热冒进不如冷静审慎。但是，法律又不能过于保守，需要为创新预留空间，不能成为创新的障碍。"在技术发展和社会—经济结构变化缓慢的农业社会和早期工业化社会，这种保守倾向使法律发挥了很好的维持社会稳定的作用。但在人工智能时代，它却使法律滞后于技术和经济的发展，使那些把握先机的人获得了巨大的边际回报。"[6]

---

〔1〕 吴汉东："人工智能时代的制度安排与法律规制"，载《法律科学（西北政法大学学报）》2017 年第 5 期。

〔2〕 参见吴汉东："人工智能时代的制度安排与法律规制"，载《法律科学（西北政法大学学报）》2017 年第 5 期。

〔3〕 参见赵汀阳："人工智能'革命'的'近忧'和'远虑'——一种伦理学和存在论的分析"，载《哲学动态》2018 年第 4 期。

〔4〕 吴汉东："人工智能时代的制度安排与法律规制"，载《法律科学（西北政法大学学报）》2017 年第 5 期。

〔5〕 腾讯研究院等：《人工智能》，中国人民大学出版社 2017 年版，第 329 页。

〔6〕 郑戈："人工智能与法律的未来"，载《探索与争鸣》2017 年第 10 期。

3. 和谐价值

"和谐是人工智能时代的终极价值追求。"[1]人工智能对社会生活造成的冲击是全方位和根本性的。社会生活的秩序将经历解构和重构的过程。在新旧秩序更迭的过程中，和谐价值显得弥足珍贵。如何防止或缓和人工智能产品使用者与被替代的劳动者之间发生的激烈冲突、如何平衡人工智能与人类智能之间的关系、如何维持人类在社会生活中的话语权、如何防范人类滥用人工智能产品等问题需要在和谐价值理念下进行思考。

4. 自由价值

在社会资源尚未丰富到按需分配的程度，资源处于排他性占有的情况下，普惠的技术革命带来的未必是福音，而可能是灾难。垄断技术会占有更多的社会资源。技术精英与权力阶层结合，技术彻底重塑世界将导致社会走向专制而非民主，科技时代的奴隶制会随之产生。"自由与必然之间的关系，因人工智能的出现而越发成了一个由社会分层（阶级）决定的事务：越来越少的人享有越来越大的自由，越来越多的人受到越来越强的必然性的束缚。"[2]换言之，技术垄断会造成社会压制。

总而言之，在技术至上的人工智能时代美化甚至神化人工智能技术、或是丑化甚至妖魔化人工智能技术都属于脱离社会现实的极端化思维方式，并不可取。反思人工智能技术并不必然阻碍人工智能技术的研发和应用，相反能够保障人工智能技术在安全的轨道中前行。这就需要拨开技术的迷雾，祛除对人工智能技术的神化或妖魔化，将关注人本身作为法律的终极价值。人工智能时代人类中心主义遭到质疑和冲击。在人类存在思维方式下，人类是命运休戚相关的共同体，人文主义和人本主义精神在人工智能时代显得尤为重要，在人工智能和人的关系中人类而非人工智能应当且必须占据中心位置，将人类利益作为规则设计的出发点和归宿。

二、以智能机器（人）有限行为自主性为基础的规则体系设计

机器智能化程度直接影响智能机器（人）与人的关系，决定其在民事法

---

〔1〕　吴汉东："人工智能时代的制度安排与法律规制"，载《法律科学（西北政法大学学报）》2017 年第 5 期。

〔2〕　郑戈："人工智能与法律的未来"，载《探索与争鸣》2017 年第 10 期。

律责任体系中的基本定位，为责任主体、归责原则、责任形态、责任承担方式等规则设计设定基调。本着"立足现实，着眼未来"的基本思想，当下应当以智能机器（人）有限行为自主性为基础进行民事法律责任规则体系设计，解决现实生活中亟需解决的问题，又为未来规则设计预留空间。[1]

（一）新型民事法律责任一般规则设计

① ［智能机器（人）的法律定位］智能机器（人）是人类制造的智能化工具，其行为具有完全或局部自主性。

智能机器（人）不具有独立法律人格，但具有独立意识的除外。

② ［智能机器（人）的民事责任能力］智能机器（人）不能独立承担民事法律责任，造成的损失由其制造者、保有者或使用者等主体依法承担。

③ ［智能机器（人）登记］智能机器（人）的制造者、保有者或使用者等主体可以向智能机器（人）登记机构申请登记。

登记的智能机器（人）致人损害的，首先以登记在其名下的财产承担民事法律责任，不足部分由制造者、保有者或使用者依法补充。

④ ［因果关系的认定］智能机器（人）行为与结果之间的因果关系根据智能系统记录的数据的相关性进行判定。

受害人证明其实际遭受的损害与智能机器（人）的行为之间存在事实上的因果关系即可。

生产和使用智能机器（人）的过程中，需要强制操作留痕和定期报告。智能机器（人）的制造者、保有者或使用者能够证明损害结果是因不可预见的智能机器（人）的行为导致的，智能机器（人）行为与致害结果之间的因果关系被切断。智能机器（人）基于学习算法而作出的自主决策和行为不属于不可预见的行为。

⑤ ［以智能机器（人）为联结点的责任承担方式］智能机器（人）导致损害的民事责任承担方式限于财产形式，包括缴出赔偿、召回和销毁智能机器（人）、支付赔偿金等。

⑥ ［智能机器（人）保险］国家推行智能机器（人）强制责任保险制

---

〔1〕 人工智能时代民事法律责任规则体系的设计是一个庞大的系统性工程。本书试图在总结本土已有经验的基础上，借鉴国外或地区的立法状况，为人工智能民事法律责任规则设计提供基本的思路和框架。更为详尽的规则体系设计将是笔者后续研究的重点。

度。智能机器（人）的制造者或保有者必须为在公共领域使用且具有一定规格物理外观的智能机器（人）投保第三者责任保险。

国家鼓励商业保险公司探索和开展智能机器（人）损失保险、商业责任保险业务。

⑦［智能机器（人）责任基金］智能机器（人）的设计者、制造者和保有者等主体根据设计、制造和保有智能机器（人）的数量或价值向智能机器（人）基金组织交纳费用，形成责任基金。

智能机器（人）致人损害，但无法确认责任主体或责任主体无力承担责任时，责任基金起到补充救济受害人的作用。

（二）新型侵权法律责任规则设计

①［高度危险来源占有人责任］智能机器（人）因设计特性或系统参数而导致行为不完全受人类控制并可能导致他人损害时，视为具有高度危险。

智能机器（人）的占有人对智能机器（人）自主行为致人损害需要承担民事法律责任。这里的占有人包括合法占有人和非法占有人。

②［管理人责任］智能机器（人）致人损害，而其管理人未尽到管理义务的，需要承担民事法律责任。

③［产品责任］生产智能机器（人）应当符合国家标准、行业标准以及消费者的合理预期，不存在致人损害的不合理危险。智能机器（人）产品存在缺陷的，制造者承担产品责任。

算法缺陷，是指设计者设计的算法存在致人损害的不合理风险。因算法缺陷致人损害的，由制造者承担产品责任。算法设计者故意设计缺陷算法致人损害的，承担连带责任。

④［算法的可解释性］智能机器（人）的制造者、保有人和使用人负有解释算法的义务，其不得以算法不可解释为由主张免除责任。

⑤［免责事由］智能机器（人）的制造者无需对制造智能机器（人）当时科学技术水平无法发现的缺陷承担责任。

（三）智能驾驶中法律责任规则设计

①［智能驾驶类型与驾驶权］智能驾驶分为智能驾驶系统辅助、部分智能驾驶和完全智能驾驶三种类型。

在智能驾驶系统辅助中，人类驾驶员控制驾驶权；在部分智能驾驶中，人类驾驶员与智能驾驶系统共同控制驾驶权；在完全智能驾驶中，人类驾驶员转变为乘客，智能驾驶系统控制驾驶权。

②［人类驾驶员的注意义务］在部分智能驾驶中，人类驾驶员负有警惕义务和接管义务，需要监控道路交通状况和智能汽车运行状况并随时准备接管。在完全智能驾驶中，人类驾驶员仅在预先被告知的情况下在智能驾驶系统发出接管请求时负有接管义务。

③［道路交通事故责任］智能驾驶工具的使用人基于人类驾驶员的过错承担责任。

智能驾驶工具的保有人对第三人的损失在法律限定的赔偿额度内承担无过错责任。保有人履行了安全检查义务的，在承担责任后有权向智能驾驶工具的制造商追偿。

④［智能驾驶中的产品责任］因智能驾驶工具存在产品缺陷而导致损害的，智能驾驶工具制造者需要承担责任。

智能驾驶工具被改装，且损害结果是改装导致的，由改装的主体承担责任，原制造商无需承担责任。

智能驾驶工具的制造者负有通知保有人或使用人等主体更新智能系统的义务，因其未履行通知义务而导致智能驾驶工具致损的，制造者需要承担责任。智能驾驶工具的制造者履行了通知义务，但智能驾驶工具的保有人或使用人仍未及时更新并造成损失的，制造者在赔偿限额内与保有人或使用人对第三人承担连带责任，其承担对第三人的赔偿责任后有权向保有人或使用人追偿。

⑤［智能驾驶中的高度危险责任］智能驾驶工具的制造者是从源头控制智能驾驶高度危险的主体，对存在高度危险的智能驾驶活动在法律限定的额度内承担责任。

（四）智能投资顾问运营者法律责任规则设计

①［智能投资顾问运营者的业务范围］智能投资顾问运营者的业务包括投资咨询和资产管理。

②［智能投资顾问运营者的义务］在智能投资顾问活动中运营者需要遵循客户最佳利益原则，履行投资者适当性义务、胜任性义务、谨慎义务和忠实义务等。

③［穿透识别责任主体］因智能投资顾问系统导致的损失应当归咎于智能投资顾问系统运营者。

第三方提供缺陷算法导致投资者利益受损的，智能投资顾问运营者不知情的，承担补充责任；智能投资顾问运营者知情的，承担连带责任。

④［智能投资顾问系统调试和维护义务］智能投资顾问运营者应当配备必要的技术人员和金融人员对智能投资顾问系统进行维护和调试，并在系统存在瑕疵时由自然人投资顾问介入。智能投资顾问运营者未履行调试和维护义务导致投资者利益受损的，需要承担责任。

⑤［抗辩理由］因投资者自身原因、市场行情变化或符合投资目的的行为导致损失的，智能投资顾问运营者不承担责任。

结 语 A

　　智能主体多元化开启了人类社会的新纪元。人类作为唯一具有思维、意志、情感、灵性的社会存在的理论预设被打破，主体与客体严格二元区分的框架被解构，人类社会的未来走向呈现高度不确定性的态势。人工智能能否与人类智能媲美？智能机器（人）是人吗？"奇点"是否会来临？人类能否与智能机器（人）和谐共处？未来社会是人类主宰还是智能机器（人）主宰抑或是人机共主？乐观主义者信心满满，而悲观主义者忧心忡忡。对人工智能时代的想象充满了玄幻色彩。在对人工智能时代人类社会图景缺乏科学论证和描述的情况下，对人工智能这一新生事物需要保持相对宽容的态度。毕竟在汹涌澎湃的人工智能技术浪潮下尚未出现社会控制权整体移转的迹象，而人工智能技术应用带来的便利和高效显而易见。"我们的目光所及，只能在不远的前方，但是可以看到，那里有大量需要去做的工作。"[1]

　　人工智能技术应用的洪流势不可挡，政策和法律不应成为人工智能技术创新的桎梏。"科学技术的智慧之光与法律制度的理性之光，将在人工智能时代交相辉映。"[2]美国、欧盟、韩国、日本等国家或组织在关注人工智能技术研发与应用的同时，制定了人工智能战略并在相关法律领域进行了探索和尝试。我国同样掀起了人工智能研发和应用的热潮。智能驾驶、智能家居、智能诊疗、智能投资顾问等应用场景的出现为人工智能时代法律制度体系的建构与完善提供了条件。其中，关于新型民事法律责任制度的研究成为关注的

---

　　〔1〕　〔英〕A. M. 图灵："计算机器与智能"，载董军：《人工智能哲学》，科学出版社 2011 年版，第 162 页。

　　〔2〕　吴汉东："人工智能时代的制度安排与法律规制"，载《法律科学（西北政法大学学报）》2017 年第 5 期。

焦点。

　　智能机器（人）行为自主性是当下研究人工智能时代新型民事法律责任规则设计的逻辑基点。人工智能的不确定性指向较为宽泛且分歧较大，而人工智能的意向性颇为抽象、复杂，均难以作为新型民事法律责任规则设计的逻辑基点。人工智能时代的不确定性在当下主要表征为智能机器（人）行为的自主性，人工智能的意向性是智能机器（人）行为自主性的解释方式之一。以智能机器（人）行为自主性为逻辑基点设计新型民事法律责任规则兼顾了智能性质领域的基本范畴，且与法律调整行为的一般原理一致。

　　设计人工智能时代新型民事法律责任规则以预设理论场景为前提。人工智能威胁论与福音论孰是孰非？"奇点"是否以及何时来临？人工智能自我意识觉醒是否可能以及后果如何？相关分析尚处于想象层面，缺乏科学论证。上述问题的答案依赖于技术上的可能性。但是，法律想象并非是杞人忧天的无稽之谈。人工智能时代社会风险的结构性、不可逆性和颠覆性使技术研发和应用造成的损害可能是人类社会无法承受之重，这就要求人工智能时代的法学研究必须具有前瞻性。新型民事法律责任规则的设计体现了法律人对人工智能技术本身以及技术伦理的态度。强人工智能关系场景与弱人工智能关系场景的理论预设以未来图景理论预设和自我意识觉醒理论预设为基础。强人工智能关系场景下关于新型民事法律责任规则的思考具有面向未来的特点，而弱人工智能关系场景下关于新型民事法律责任规则的思考具有立足现实的特点。

　　智能机器（人）具有法律主体地位是其作为民事法律责任承担主体的前提。智能机器（人）能否取得法律主体地位关系到对"人之本质"的认识。弱人工智能时代智能机器（人）在思维、意识、灵性等方面尚无法与人类比肩，属于客体性存在，不能作为民事法律责任的承担主体。虚构或牵强附会的智能机器（人）恶意伤人事件，经不起科学论证和推敲。强人工智能时代人工智能可能媲美甚至超越人工智能，智能机器（人）与人类之间的秩序建构是不同类存在之间协商、斗争的结果，难以在人类中心主义的法律框架中寻求方案。无所谓智能机器（人）的人格，更谈不上由其作为民事法律责任主体。智能机器（人）的法律人格不过是人类的一厢情愿的结果，难以转化为法律规则。赋予智能机器（人）准人格法律地位并非承认其主体性，而是通过工具化的法律人格实现人类的目的，该制度设计并未突破人类中心主义的框架。工具性法律人格能够起到将智能机器（人）作为民事法律责任联结点的作用，但是这需要相应的制度配合而且存在被滥用的可能，需要进行周密设计。

基于对智能机器（人）的属性认知和定位不同，可以从侧重物之属性与侧重人之属性对个角度将人工智能时代的民事法律责任形态进行分析。侧重物之属性的民事法律责任形态以解释论为视角，将人工智能时代的民事法律责任通过类推适用、扩张解释等法律解释方法纳入原有的法律责任体系下。高度危险来源占有人责任、产品责任和动物管理人责任为分析人工智能时代民事法律责任形态提供了框架。侧重人之属性的民事法律责任形态以立法论为视角，智能机器（人）自负责任和替代责任在未来如何设计虽缺乏实证基础但确有预先思考的必要。

算法和数据等技术元素的加入使人工智能时代因果关系的认定和举证变得困难。因果关系呈量化趋势，因果关系判断转变为相关关系分析，即关注因素与结果之间的变量关系。以已有经验为基础的描述性因果关系的解释力弱化，转向创构性因果关系。人工智能时代因果关系规则的完善需要从识别规则、法定或行业标准规则、可预见性规则、合理期待规则、替代原因切断规则等方面进行思考。

人工智能时代的民事法律责任承担方式可以分为以人类主体为联结点的民事法律责任承担方式和以智能机器（人）为联结点的民事法律责任承担方式，具体包括：缴出赔偿、召回或销毁智能机器（人）、智能机器（人）支付赔偿金、限制智能机器（人）的自由等。前者侧重规制人类主体的行为，财产责任是救济的重心；后者侧重规制智能机器（人）的"行为"，不限于财产责任。后者的必要性在目前遭到质疑，被认为仅具有形式意义上的效果，最终承担的仍是财产责任。

智能机器（人）的行为自主性使传统侵权责任法律规范体系对人工智能产品的调整作用有限，有必要反思和构建人工智能时代新型侵权责任规则。在人工智能时代，归责原则从过错责任向无过错责任转变，其在受害人救济、风险的预防与分散、节省交易成本、有利于事实查明等方面存在正当性。

机器智能化弱化了制造者和使用者行为与损失之间的关联，新型的免责理由随之出现。人工智能时代需要对将机器自主学习、"事故不可解释性"、技术中立、发展风险抗辩等作为免责事由的正当性进行分析，明晰免责事由适用的条件和限度。

智能驾驶经历了从禁止到有限许可的转变，人类驾驶员作为单一驾驶主体的格局被改变，驾驶主体呈现多元化态势。根据智能化程度不同，可以将智能驾驶进行分级，不同智能驾驶等级中驾驶控制权以及人车关系存在差异。在辅助驾驶阶段，人类驾驶员控制驾驶权。在共同驾驶阶段，人类驾驶员与智能驾驶系统共同控制驾驶权。在智能驾驶系统控制阶段，人类最终实现从"驾驶员"到"乘客"的身份转变。从道路交通事故责任的角度看，需要区分机动车保有人责任与驾驶人责任，使用人承担基于驾驶员过错的责任，保有人承担无过错责任并附有安全检查义务。从产品责任的角度看，制造商需要承担基于合理期待原则产生的民事法律责任。制造商的民事法律责任因他人改装或未及时更新智能系统而减轻或免除。智能驾驶系统程序设计者恶意植入危险算法的，需要根据一般侵权责任而非产品责任承担侵权责任。产品责任的主体不应扩张至设计者。智能驾驶汽车测试者与制造者需要就致害行为承担不真正连带责任，在对外承担连带责任后，可以根据协议和过错进行内部追责。在智能机器（人）尚未取得独立民事主体资格的情况下，智能机器（人）承担责任缺乏必要基础。消费者责任自担说既违背公平原则，又不利于人工智能技术的未来发展。从高度危险责任的角度看，机器智能化引发的新型风险不能被涵盖在《民法典》"侵权责任编"第8章关于高度危险责任的具体类型中，但是，在开放类型体系解释下，受害人可以根据高度危险责任一般条款获得救济。

投资顾问的形式经历了从人工投资顾问到在线投资顾问再到智能投资顾问的转变。就发展趋势而言，未来智能投资顾问业务将包括投资咨询和资产管理。智能投资顾问具有虚拟化、自主性、技术性与秘密性、排除或削弱非理性因素等特征。智能投资顾问业务中运营者的法律义务可以信义义务为中心构建，即以"客户最佳利益原则"为理论基础，构建义务群。

智能投资顾问中，智能投资顾问机器（人）不作为责任主体。在智能投资顾问运营者自主设计算法时，设计者和使用者合一，智能投资顾问运营者需要作为责任主体承担相应的民事法律责任。智能投资顾问运营者使用第三方算法时，以技术中立为前提，前置金融行为主体需要承担民事法律责任。智能投资顾问系统的设计行为作为使用行为的辅助，设计者没有完全独立于使用者的意图，智能投资顾问行为的法律后果归属于使用者。智能投资顾问系统设计者的行为具有从属性或附属性的特征，是使用者意图的延伸。智能投资顾问系统类似于自动售货机，设置智能投资顾问系统的使用者承担相应的法律后果。在设计者的行为具有独立性的情形下，设计者的行为并非服务或辅助使用行为，需要根据因果关系各自承担相应责任。智能投资顾问业务中运营者因过失从第三方购买存在缺陷的算法并导致损失，倘若该算法缺陷是设计时可以采取措施予以避免的，运营者需要与第三方承担不真正连带责任，内部按照各自的过错承担责任。智能投资顾问业务中运营者故意从第三方购买存在缺陷的算法，运营者需要承担连带责任。负责监督检查的金融人员一般不直接与投资者接触，其主要义务是对智能投资顾问系统进行维护和调试，使其持续满足提供适当服务的要求。当智能投资顾问系统所提供的服务在程序或结果上存在瑕疵时需要自然人介入，包括直接为投资者提供金融服务。智能投资顾问中还需要限制算法合谋以及禁止运营者与经纪—交易商过度交易。算法的复杂性和不可解释性使得智能投资顾问运营者主观上是否存在过错难以通过举证的方式证明或证伪，需要基于保护弱势群体利益的理念将可能的损失转嫁至处于相对优势地位的一方即智能投资顾问运营者，将无过错责任原则作为确定智能投资顾问运营者责任的规则具有正当性。但是，为避免无过错原则对智能投资顾问运营者过于严苛，法律应当规定一定的例外情形。

风险社会中部分行为的可责难性被弱化，人工智能时代民事法律责任规则的设计重心从责任承担转向损失分配。人工智能时代责任规则发生嬗变，责任制度的部分功能转移至责任保险和赔偿基金等制度。责任制度因保险制度的出现需要进行调整，但是责任保险制度不会弱化或取代民事责任制度。人工智能时代的责任保险类型包括智能机器（人）事故责任保险、智能机器（人）产品责任保险等。在智能机器（人）生产与智能服务分离的情形，"双轨制承保模型"具有优势，相反，在智能机器（人）生产与智能服务合一的情形，"单一制承保模型"具有优势。救济受害人不能成为智能产业创新的障碍，需要通过限额赔偿等配套制度予以平衡、协调。我国需要在数据统计和分析的基础上，确定适当的赔偿限额，在受害人权利救济与智能产业创新和持续健康发展之间进行平衡。人工智能风险与核能风险类似，都是因科技进步而产生的新型社会风险，可以借鉴核能领域的"双层保险"规则。双层保险中的"第一层"保险是直接责任主体为分散风险而投保的保险，"第二层"保险是社会救助方式的变形。

　　人工智能时代的帷幕已经被拉开。无论是出于自觉还是出于无奈，关于人类与智能机器（人）之间的关系的思考都无法避免。"人类命运共同体"的命题在人工智能时代被赋予了新的时代意义。"不谋万事者，不足以谋一时"，人工智能时代必须重视技术对社会生活造成的结构性和颠覆性冲击，处理好技术进步与制度创新之间的关系，立足当下并预测未来。民事法律责任规则设计需要在保障人类作为"类存在"福祉的前提下为科技进步扫清障碍。穿梭于现实与想象之间设计和构建民事法律责任规则体系是新时代法学人的"奇幻之旅"。

参考文献 A

一、专著类

1. 赵万一、侯东德主编:《法律的人工智能时代》,法律出版社 2020 年版。

2. 〔日〕福田雅树、林秀弥、成原慧:《AI 联结的社会:人工智能网络化时代的伦理与法律》,社会科学文献出版社 2020 年版。

3. 崔亚东:《人工智能与司法现代化》,上海人民出版社 2019 年版。

4. 〔意〕乌戈·帕加罗:《谁为机器人的行为负责》,张卉林、王黎黎译,上海人民出版社 2018 年版。

5. 〔美〕约翰·弗兰克·韦弗:《机器人是人吗?》,刘海安、徐铁英、向秦译,上海人民出版社 2018 年版。

6. 〔美〕瑞恩·卡洛、迈克尔·弗鲁姆金、〔加〕伊恩·克尔:《人工智能与法律的对话》,陈吉栋、董慧敏、杭颖颖译,上海人民出版社 2018 年版。

7. 〔德〕克里斯多夫·库克里克:《微粒社会——数字化时代的社会模式》,黄昆、夏柯译,中信出版社 2018 年版。

8. 魏振瀛主编:《民法》,北京大学出版社、高等教育出版社 2017 年版。

9. 王利明等:《民法学》,法律出版社社 2017 年版。

10. 〔英〕玛格丽特·博登:《AI:人工智能的本质与未来》,孙诗惠译,中国人民大学出版社 2017 年版

11. 腾讯研究院等:《人工智能》,中国人民大学出版社 2017 年版。

12. 李彦宏等:《智能革命:迎接人工智能时代的社会、经济与文化变革》,中信出版集团股份有限公司 2017 年版。

13. 李开复、王咏刚:《人工智能》,文化发展出版社 2017 年版。

14. 徐曦:《机器 70 年:互联网、大数据、人工智能带来的人类变革》,人民邮电出版社 2017 年版。

15. ［美］卢克·多梅尔：《算法时代：新经济的新引擎》，胡小锐、钟毅译，中信出版社 2016 年版。

16. 吴军：《智能时代：大数据与智能革命重新定义未来》，中信出版集团 2016 年版。

17. ［美］尼古拉斯·卡尔：《玻璃笼子：自动化时代和我们的未来》，杨柳译，中信出版集团 2015 年版。

18. ［美］I. R. 诺巴克什：《机器人与未来》，刘锦涛、李静译，西安交通大学出版社 2015 年版。

19. 高新民、付东鹏：《意向性与人工智能》，中国社会科学出版社 2014 年版。

20. 柴玉梅、张坤丽主编：《人工智能》，机械工业出版社 2012 年版。

21. ［美］约翰·奇普曼·格雷：《法律的性质与渊源》，马驰译，中国政法大学出版社 2012 年版。

22. 董军：《人工智能哲学》，科学出版社 2011 年版。

23. 刘凤岐编著：《人工智能》，机械工业出版社 2011 年版。

24. ［美］劳伦斯·莱斯格：《代码 2.0：网络空间中的法律》，李旭、沈伟伟译，清华大学出版社 2009 年版。

25. 史忠植、王文杰编著：《人工智能》，国防工业出版社 2007 年版。

26. ［美］卢格尔：《人工智能：复杂问题求解的结构和策略》，史忠植、张银奎、赵志昆等译，机械工业出版社 2006 年版。

27. ［美］艾萨克·阿西莫夫：《机器人短篇全集》，汉声杂志译，天地出版社 2005 年版。

28. ［美］艾萨克·阿西莫夫：《机器人与帝国》，汉声杂志译，天地出版社 2005 年版。

29. ［美］H. L. A. 哈特、［美］托尼·奥诺尔：《法律中的因果关系》，张绍谦、孙钱国译，中国政法大学出版社 2005 年版。

30. ［德］卡尔·拉伦茨：《德国民法通论（上册）》，王晓华等译，法律出版社 2003 年版。

31. ［西班牙］曼纽尔·卡斯特：《网络社会的崛起》，社会科学文献出版社 2001 年版。

32. ［英］玛格丽特·博登：《人工智能哲学》，刘西瑞、王汉琦译，上海译文出版社 2001 年版。

33. ［德］迪特尔·梅迪库斯：《德国民法总论》，邵建东译，法律出版社 2000 年版。

34. ［英］安东尼·吉登斯、［英］克里斯多弗·皮尔森：《现代性−吉登斯访谈录》，尹宏毅译，新华出版社 2001 年版。

35. 王卫国：《过错责任原则：第三次勃兴》，中国法制出版社 2000 年版。

36. ［法］拉·梅特里：《人是机器》，顾寿观译，商务印书馆 1999 年版。

37. Hendler J, Mulvehill A M, *Social machines：The coming collision of artificial intelligence*, so-

cial networking, and humanity, Apress, 2016.

38. Copeland B J, Proudfoot D., *Artificial intelligence：History, foundations, and philosophical issues*, Philosophy of Psychology and Cognitive Science. North-Holland, 2007.

39. Yonck R., *Heart of the Machine：Our Future in a World of Artificial Emotional Intelligence*, Arcade, 2017.

二、论文类

1. 袁曾："基于功能性视角的人工智能法律人格再审视"，载《上海大学学报（社会科学版）》2020 年第 1 期。

2. 徐慧丽："人工智能法律人格探析"，载《西北大学学报（哲学社会科学版）》2020 年第 1 期。

3. 朱艺浩："人工智能法律人格论批判及理性应对"，载《法学杂志》2020 年第 3 期。

4. 李恒阳："美国人工智能战略探析"，载《美国研究》2020 年第 4 期。

5. 杨立新："民事责任在人工智能发展风险管控中的作用"，载《法学杂志》2019 年第 2 期。

6. 彭诚信、陈吉栋："论人工智能体法律人格的考量要素"，载《当代法学》2019 年第 2 期。

7. 环建芬："人工智能工作物致人损害民事责任探析"，载《上海师范大学学报（哲学社会科学版）》2019 年第 2 期。

8. ［美］约翰·弗兰克·韦弗："人工智能机器人的法律责任"，郑志峰译，载《财经法学》2019 年第 1 期。

9. ［英］约翰·金斯顿："人工智能与法律责任"，魏翔译，载《地方立法研究》2019 年第 1 期。

10. 袁洋："人工智能的民事法律主体地位及民事责任问题研究"，载《中州学刊》2019 年第 8 期。

11. 左卫民："热与冷：中国法律人工智能的再思考"，载《环球法律评论》2019 年第 2 期。

12. 赵汀阳："人工智能的自我意识何以可能?"，载《自然辩证法通讯》2019 年第 1 期。

13. 董彪："论民事法律关系中人工智能的法律人格"，载《商法研究》（2018 年卷），中国政法大学出版社 2019 年版。

14. 王利明："人工智能时代对民法学的新挑战"，载《东方法学》2018 年第 3 期。

15. 王利明："人工智能时代提出的法学新课题"，载《中国法律评论》2018 年第 2 期。

16. 左卫民："关于法律人工智能在中国运用前景的若干思考"，载《清华法学》2018 年第

2 期。

17. 於兴中：“算法社会与人的秉性”，载《中国法律评论》2018 年第 2 期。

18. 马长山：“人工智能的社会风险及其法律规制”，载《法律科学（西北政法大学学报）》2018 年第 6 期。

19. 江必新、郑礼华：“互联网、大数据、人工智能与科学立法”，载《法学杂志》2018 年第 5 期。

20. 冯珏：“自动驾驶汽车致损的民事侵权责任”，载《中国法学》2018 年第 6 期。

21. 高丝敏：“智能投资顾问模式中的主体识别和义务设定”，载《法学研究》2018 年第 5 期。

22. 杨立新：“用现行民法规则解决人工智能法律调整问题的尝试”，载《中州学刊》2018 年第 7 期。

23. 赵汀阳：“人工智能‘革命’的‘近忧’和‘远虑’——一种伦理学和存在论的分析”，载《哲学动态》2018 年第 4 期。

24. 杨立新：“人工类人格：智能机器人的民法地位——兼论智能机器人致人损害的民事责任”，载《求是学刊》2018 年第 4 期。

25. 郑戈：“算法的法律与法律的算法”，载《中国法律评论》2018 年第 2 期。

26. 马长山：“智能互联网时代的法律变革”，载《法学研究》2018 年第 4 期。

27. 许中缘：“论智能机器人的工具性人格”，载《法学评论》2018 年第 5 期。

28. 吴烨、叶林：“‘智能投顾’的本质及规制路径”，载《法学杂志》2018 年第 5 期。

29. 蔚赵春、徐剑刚：“智能投资顾问的理论框架与发展应对”，载《武汉金融》2018 年第 4 期。

30. 付新华：“自动驾驶汽车事故：责任归属、法律适用与‘双层保险框架’的构建”，载《华东政法大学学报》2018 年第 4 期。

31. 游文亭：“人工智能民事侵权责任研究”，载《学术探索》2018 年第 12 期。

32. 余成峰：“法律的‘死亡’：人工智能时代的法律功能危机”，载《华东政法大学学报》2018 年第 2 期。

33. 张童：“人工智能产品致人损害民事责任研究”，载《社会科学》2018 年第 4 期。

34. 刘小璇、张虎：“论人工智能的侵权责任”，载《南京社会科学》2018 年第 9 期。

35. 李西冷：“人工智能与侵权责任之冲突与应对——以自动驾驶汽车为例”，载《私法》2018 年第 2 期。

36. 冯洁语：“人工智能技术与责任法的变迁——以自动驾驶技术为考察”，载《比较法研究》2018 年第 2 期。

37. 郝铁川：“不可幻想和高估人工智能对法治的影响”，载《法制日报》2018 年 1 月 3

日，第 10 版。

38. 郑志峰："自动驾驶汽车的交通事故侵权责任"，载《法学》2018 年第 4 期。

39. 郑佳宁："论智能投顾运营者的民事责任——以信义义务为中心的展开"，载《法学杂志》2018 年第 10 期。

40. 倪楠："人工智能发展过程中的法律规制问题研究"，载《人文杂志》2018 年第 4 期。

41. 殷秋实："智能汽车的侵权法问题与应对"，载《法律科学（西北政法大学学报）》2018 年第 5 期。

42. 张清、张蓉："论类型化人工智能法律责任体系的构建"，载《中国高校社会科学》2018 年第 4 期。

43. 张建文、贾章范："无人驾驶汽车致人损害的责任分析与规则应对"，载《南京邮电大学学报（社会科学版）》2018 年第 4 期。

44. 张建文、贾章范："无人驾驶汽车致人损害的责任分析与规则应对"，载《重庆邮电大学学报（社会科学版）》2018 年第 4 期。

45. 张建文："格里申法案的贡献与局限——俄罗斯首部机器人法草案述评"，载《华东政法大学学报》2018 年第 2 期。

46. 刘宪权、胡荷佳："论人工智能时代智能机器人的刑事责任能力"，载《法学》2018 年第 1 期。

47. 张成岗："人工智能时代：技术发展、风险挑战与秩序重构"，载《南京社会科学》2018 年第 5 期。

48. 曹建峰："全球首例自动驾驶汽车撞人致死案法律分析及启示"，载《信息安全与通信保密》2018 年第 6 期。

49. 曹建峰、张嫣红："《英国自动与电动汽车法案》述评：自动驾驶汽车保险和责任规则的革新"，载《信息安全与通信保密》2018 年第 10 期。

50. 张玉洁："论无人驾驶汽车的行政法规则"，载《行政法学研究》2018 年第 1 期。

51. 陈吉栋："论机器人的法律人格——基于法释义学的讨论"，载《上海大学学报（社会科学版）》2018 年第 3 期。

52. 房绍坤、林广会："人工智能民事主体适格性之辨思"，载《苏州大学学报（哲学社会科学版）》2018 年第 5 期。

53. 陶盈："机器学习的法律审视"，载《法学杂志》2018 年第 9 期。

54. 侯郭垒："自动驾驶汽车风险的立法规制研究"，载《法学论坛》2018 年第 5 期。

55. 贾开、蒋余浩："人工智能治理的三个基本问题：技术逻辑、风险挑战与公共政策选择"，载《中国行政管理》2017 年第 10 期。

56. 腾讯研究院："人工智能各国战略解读：英国人工智能的未来监管措施和目标概述"，

载《电信网技术》2017年第2期。

57. 腾讯研究院："人工智能各国战略解读：英国人工智能的未来监管措施和目标概述"，载《电信网技术》2017年第2期。

58. 吴汉东："人工智能时代的制度安排与法律规制"，载《法律科学（西北政法大学学报）》2017年第5期。

59. 郑戈："人工智能与法律的未来"，载《探索与争鸣》2017年第10期。

60. 易继明："人工智能创作物是作品吗?"，载《法律科学（西北政法大学学报）》2017年第5期。

61. 张韬略、蒋瑶瑶："德国智能汽车立法及《道路交通法》修订之评介"，载《德国研究》2017年第3期。

62. 熊琦："人工智能生成内容的著作权认定"，载《知识产权》2017年第3期。

63. 袁曾："人工智能有限法律人格审视"，载《东方法学》2017年第5期。

64. ［英］霍斯特·艾丹米勒："机器人的崛起与人类的法律"，李飞、敦小匣译，载《法治现代化研究》2017年第4期。

65. 李文莉、杨玥捷："智能投顾的法律风险及监管建议"，载《法学》2017年第8期。

66. 齐昆鹏："'2017人工智能：技术、伦理与法律'研讨会在京召开"，载《科学与社会》2017年第2期。

67. 司晓、曹建峰："论人工智能的民事责任：以自动驾驶汽车和智能机器人为切入点"，载《法律科学（西北政法大学学报）》2017年第5期。

68. 曹建峰："10大建议! 看欧盟如何预测AI立法新趋势"，载《机器人产业》2017年第2期。

69. 苏令银："论机器人的道德地位：一种关系式的道德解释学范式"，载《自然辩证法研究》2017年第7期。

70. 吕超："科幻文学中的人工智能伦理"，载《文化纵横》2017年第4期。

71. 金观涛："反思'人工智能革命'"，载《文化纵横》2017年第4期。

72. 高奇琦："人工智能时代的世界主义与中国"，载《国外理论动态》2017年第9期。

73. 王文亮、王连合："将法律作为修辞视野下人工智能创作物的可版权性考察"，载《科技与法律》2017年第2期。

74. 程显毅等："大数据时代的人工智能范式"，载《江苏大学学报（自然科学版）》2017年第2期。

75. 石月："人工智能各国战略解读：欧盟机器人研发计划"，载《电信网技术》2017年第2期。

76. 尹昊智、刘铁志："人工智能各国战略解读：美国人工智能报告解析"，载《电信网技术》2017 年第 2 期。

77. 于文菊："我国智能投顾的发展现状及其法律监管"，载《海南金融》2017 年第 6 期。

78. 李晴："智能投顾的风险分析及法律规制路径"，载《南方金融》2017 年第 4 期。

79. 胡凌："人工智能的法律想象"，载《文化纵横》2017 年第 2 期。

80. ［美］马修·U. 谢勒："监管人工智能系统：风险、挑战、能力和策略"，曹建峰、李金磊译，载《信息安全与通信保密》2017 年第 3 期。

81. 张玉洁："论人工智能时代的机器人权利及其风险规制"，载《东方法学》2017 年第 6 期。

82. 蔡自兴："中国人工智能 40 年"，载《科技导报》2016 年第 15 期。

83. 王天思："大数据中的因果关系及哲学内涵"，载《中国社会科学》2016 年第 5 期。

84. 贺琛："我国产品责任法中发展风险抗辩制度的反思与重构"，载《法律科学（西北政法大学学报）》2016 年第 3 期。

85. 陈晓林："无人驾驶汽车对现行法律的挑战及应对"，载《理论学刊》2016 年第 1 期。

86. 於兴中："当法律遇上人工智能"，载《法制日报》2016 年 3 月 28 日，第 7 版。

87. 何哲："通向人工智能时代——兼论美国人工智能战略方向及对中国人工智能战略的借鉴"，载《电子政务》2016 年第 12 期。

88. 曹建峰："人工智能：机器歧视及应对之策"，载《信息安全与通信保密》2016 年第 12 期。

89. 杜严勇："人工智能安全问题及其解决进路"，载《哲学动态》2016 年第 9 期。

90. 杜严勇："论机器人权利"，载《哲学动态》2015 年第 8 期。

91. 姜海燕、吴长凤："智能投顾的发展现状及监管建议"，载《证券市场导报》2016 年第 12 期。

92. 翁岳暄、［德］多尼米克·希伦布兰德："汽车智能化的道路：智能汽车、自动驾驶汽车安全监管研究"，载《科技与法律》2014 年第 4 期。

93. 张新宝、任鸿雁："我国产品责任制度：守成与创新"，载《北方法学》2012 年第 3 期。

94. 杨春福："风险社会的法理解读"，载《法制与社会发展》2011 年第 6 期。

95. 张俊岩："风险社会与侵权损害救济途径多元化"，载《法学家》2011 年第 2 期。

96. 高圣平："论产品责任的责任主体及归责事由——以《侵权责任法》'产品责任'章的解释论为视角"，载《政治与法律》2010 年第 5 期。

97. 王利明："论高度危险责任一般条款的适用"，载《中国法学》2010 年第 6 期。

98. 郭锋、胡晓柯："强制责任保险研究"，载《法学杂志》2009 年第 5 期。

99. ［英］图灵："计算机器与智能"，载马格利特·博登：《人工智能哲学》，刘西瑞、王汉琦译，上海译文出版社 2006 年版。

100. 易继明："评财产权劳动学说"，载《法学研究》2000 年第 3 期。

101. Karanasiou A P, Pinotsis D A., "A study into the layers of automated decision-making: emergent normative and legal aspects of deep learning", *International Review of Law, Computers & Technology*, Vol. 2, 2017, pp. 170-187.

102. Beck S., "The problem of ascribing legal responsibility in the case of robotics", *AI & society*, Vol. 4, 2016, pp. 473-481.

103. Chinen M A., "The co-evolution of autonomous machines and legal responsibility", *Va. JL & Tech.*, Vol. 20, 2016, pp. 338-393.

104. Scherer M U., "Regulating Artificial Intelligence Systems: Risks, Challenges, Competencies, and Strategies", *Harvard Journal of Law & Technology*, Vol. 29, 2016, pp. 353-400.

105. Beck S., "The problem of ascribing legal responsibility in the case of robotics", *AI & society*, Vol. 4, 2016, pp. 473-481.

106. Vladeck D C., "Machines without principals: liability rules and artificial intelligence", *Wash. L. Rev.*, Vol. 89, 2014, pp. 117-150.

107. Robertson J., "Human rights vs. robot rights: Forecasts from Japan", *Critical Asian Studies*, Vol. 4, 2014, pp. 571-598.

108. McCutcheon J., "The vanishing author in computer-generated works: a critical analysis of recent Australian Case Law", *Melb. UL Rev.*, Vol. 36, 2012, pp. 915-969.

109. Bostrom N., "The superintelligent will: Motivation and instrumental rationality in advanced artificial agents", *Minds and Machines*, Vol. 2, 2012, pp. 71-85.

110. Warwick K., "Implications and consequences of robots with biological brains", *Ethics and information technology*, Vol. 3, 2010, pp. 223-234.

111. Bostrom N., "How long before superintelligence?", *linguistic and philosophical investigations*, Vol. 5, 2006, pp. 11-30.

任何时代的技术革命都无法与人工智能时代的技术革命相比拟。以往的技术革命增强了人类征服大自然的能力，在主体与客体二元区分的框架中不断强化人类中心主义。人工智能技术革命模糊了主体与客体的界限，二元区分框架被解构，人类中心主义遭遇现实挑战。智能机器（人）的出现使得思维、意识甚至情感、灵性不再专属于人类，人造物具有了人的属性，关于人的本质的思考再次成为必要。更为严峻的是，智能主体多元化是否会改变甚至颠覆当下对现实世界的控制权结构？人类能否以及如何与智能机器（人）和谐相处？"奇点"是否会来临？人类是否会被智能机器（人）替代或奴役？人工智能技术革命将人类置于生死攸关的十字路口，当下的选择关乎未来人类社会的命运和走向。法律学人不应也不能在这一选择过程中缺位，思考法律与科技、法律与伦理的关系，在此基础上进行规则设计是其不可推卸的责任和使命。

无知者无畏。纯粹出于好奇，义无反顾地迷恋上了研究人工智能时代的法律规则。课题初获教育部人文社会科学青年基金立项时的喜悦记忆犹新。但是，凭一腔热情开启的学术之旅在研究中难免困难重重。研究过程中，我总有力不从心和后人一步的感觉。在代码和算法构筑的虚拟空间里，我犹如迷宫中的孩童，充满好奇而又无比恐慌，跌跌撞撞不得要领，在希望中狂奔，在失望中徘徊。与人工智能技术、伦理和法律相关的论文和专著层出不穷，疲于奔命地收集和整理资料成为学术探索的常态，灵光一现的思想火花尚未思考成熟便已经被师友或同行表述为文字。当然，举步维艰的学术研究之旅也是愉悦的。在带有想象色彩的未知法学领域畅想和设计，感悟法律与伦理、技术之间的关系，体会法律的严谨和技术的玄妙，着实令人心驰神往。喜悦与失落、茅塞顿开与迷茫困惑不分先后地接踵而至，让人时常处于喜怒无常的癫狂状况。

感谢中国人民大学的龙翼飞教授、王轶教授、姚辉教授、汤维建教授，中国政法大学的赵旭东教授，国家检察官学院的石少侠教授，北京大学的钱明星教授、刘凯湘教授，清华大学的崔建远教授，吉林大学的李建华教授，对外经济贸易大学的王国军教授，中央民族大学的匡爱民教授、段威教授，首都经济贸易大学的张世君教授、郑文科副教授，北京工商大学的李仁玉教授、吕来明教授以及在学术之路上曾给予我支持和鼓励的师友们。本书出版得到了北京工商大学学科评估专项经费（项目编号：19008020131）的资助，特此感谢。

感谢父母、岳父母和妻儿无私的支持和鼓励。你们包容了我无数次无中生有的情绪宣泄，也让我习惯了相对健康的生活方式。你们的陪伴是化解苦难和煎熬的良药。

春去秋来、花开花谢，无暇亦无心观赏。晨昏颠倒，在想象与现实之间穿梭。探寻未知世界的法律规则犹如堂吉诃德大战风车，虽看起来可笑却隐含着勇气和坚持。

董　彪

2020 年 9 月 18 日